WORDSEARCH

WORDSEARCH

OVER 500 PUZZLES

ARCTURUS

ARCTURUS

This edition published in 2017 by Arcturus Publishing Limited
26/27 Bickels Yard, 151–153 Bermondsey Street,
London SE1 3HA

AD005212NT

Printed in the UK

HOW TO SOLVE A
WORDSEARCH PUZZLE

Wordsearch puzzles can be great fun and solving them requires a keen eye for detail…!

Each puzzle consists of a grid of letters and a list of words, all of which are hidden somewhere in the grid. Your task is to ring each word as you find it, then tick it off the list, continuing until every word has been found.

Some of the letters in the grid are used more than once and the words can run in either a forwards or backwards direction; vertically, horizontally or diagonally, as shown in this example of a finished puzzle:

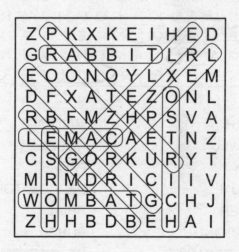

BADGER ✓   LEOPARD ✓

CAMEL ✓   OSTRICH ✓

GAZELLE ✓   PANTHER ✓

GIRAFFE ✓   RABBIT ✓

HORSE ✓   WOMBAT ✓

Containers

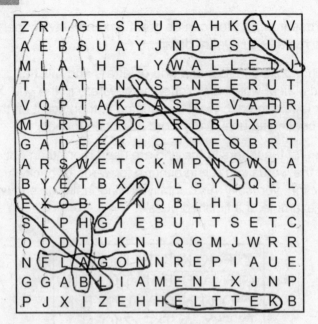

BATH	MAILBAG
BOWL	NOSEBAG
BOX	PACKET
DRUM	PERCOLATOR
EWER	PHIAL
FLAGON	PURSE
HAVERSACK	RELIQUARY
IN-TRAY	STEIN
JUG	TEST TUBE
KEG	TRUNK
KETTLE	TUREEN
LADLE	WALLET

Electrical Appliances

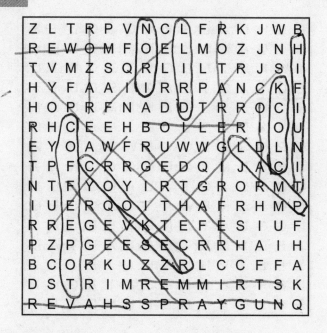

```
Z L T R P V N C L F R K J W B
R E W O M F O E L M O Z J N H
T V M Z S Q R L I L T R J S I
H Y F A A I I R R P A N C K F
H O P R F N A D D T R R O C I
R H C E E H B O I L E R I O U
E Y O A W F R U W W G L D L N
T P F C R R G E D Q I J A C I
N T F Y O Y I R T G R O R M T
I U E R Q O I T H A F R H M P
R R E G E V K T E F E S I U F
P Z P G E E S E C R R H A I H
B C O R K U Z Z R L C C F F A
D S T R I M R E M M I R T S K
R E V A H S S P R A Y G U N Q
```

BOILER	LAMP
CLOCK	LIGHTS
COFFEE POT	MOWER
COOKER	PRINTER
DRILL	RADIO
FIRE	RAZOR
FREEZER	REFRIGERATOR
FRYER	SCREWDRIVER
GUITAR	SHAVER
HEATER	SPRAY GUN
HI-FI UNIT	STRIMMER
IRON	TYPEWRITER

3

Boxes

```
B S H P A U S K A Q U Q F I E
G J G B M S S E R P J E H B K
T W K A T E B O V Y Z C R T U
E C I A Q I E A A S R D B I J
N L H J Y U C Z H P M U N S F
O V X R P T L O B J N A J O B
I R O S E P O Y F W S A U P Z
T F E D M T O R C Q C I K E T
C O V D I S T I U K R O W D N
N O T N N B W A I L A X L E G
U Q G U A I W N H R B B S F S
J F F L N K T D F C A R T A D
Y F L J V H U N U A J E L S J
H O R S E U B A S S I A G H F
T M J M F Y E B E H M D Y L V
```

BALLOT

BAND

BREAD

CASH

CHATTER

FIRE

FUSE

GEAR

HORSE

ICE

JACK-IN-THE

JUKE

JUNCTION

JURY

MAIL

PRESS

SAFE-DEPOSIT

SHOOTING

SNUFF

SOAP

SQUAWK

TINDER

TOOL

WORK

8

D Words

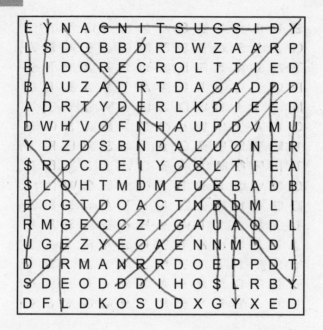

E Y N A G N I T S U G S I D Y
L S D O B B D R D W Z A A R P
B I D O R E C R O L T T I E D
B A U Z A D R T D A O A D D D
A D R T Y D E R L K D I E E D
D W H V O F N H A U P D V M U
Y D Z D S B N D A L U O N E R
S R D C D E I Y O C L T I E A
S L O H T M D M E U E B A D B
E C G T D O A C T N D D M L I
R M G E C C Z I G A U A O D L
U G E Z Y E O A E N N M D D I
D D R M A N R R D O E P P D T
S D E O D D D I H O S L R B Y
D F L D K O S U D X G Y X E D

DABBLE	DIPLOMACY
DADDY	DIRECTORY
DAIRY	DISGUSTING
DAISY	DODDLE
DAKOTA	DODECAHEDRON
DAMPLY	DOGGEREL
DEATH	DOMAIN
DEDUCE	DRAGNET
DEEDS	DREAD
DEEMED	DUNES
DEVOLUTION	DURABILITY
DINNER	DURESS

Rodents

```
H G O H E G D E H W G J V N Y
X W O O D C H U C K E E E U R
J H A M S T E R Q R F K V T G
Y X I C Q A R A B Y P A C R O
F V T I U F J O X R P M P I D
T G A A I W A T O M R A M A E
M U R C R T T F X D U R K T I
U I K E R E R D H N E Y N T R
S N S S E R R E V A E B U I I
Q E U U L E T N H U Q O M B A
U A M O L V Q K H P G X P B R
A P S M W E J N L A O T I A P
S I Y R X L E M M I N G H R U
H G Y O G E R B I L I M C Y G
B H C D C E N I P U C R O P C
```

AGOUTI	JERBOA
BEAVER	LEMMING
CAPYBARA	LEVERET
CAVY	MARMOT
CHIPMUNK	MUSKRAT
COYPU	MUSQUASH
DORMOUSE	NUTRIA
GERBIL	PORCUPINE
GOPHER	PRAIRIE DOG
GUINEA PIG	RABBIT
HAMSTER	SQUIRREL
HEDGEHOG	WOODCHUCK

Ancient Egypt

```
U X B G I B O E S I Y Z B M C
S F U J S Z U E K L R B U W T
F A D G B D E I S Q D F U L
T S N E R U H S A D I S S P Y
R O H U A K N E M E L P I G C
N M M P B P N S M F E Q O S O
V D D B Y I P S E H Q L G U C
Y J F I S L S J S B O O G R A
M T U Y S A G T U T E M X T R
N S Z M M Q A O P P S H L L T
A P K M G H B Y R C M Y T S O
R H Y U I B G I R E P Z Z B U
M I N M Z E E I O S I R I S C
E N D D A S B J N C J H B I H
R X M F T E L I N B A K A R E
```

ANUBIS	MASKS
ASYUT	MEIDUM
BAKARE	MENKAUHOR
CARTOUCHE	MUMMY
DASHUR	NARMER
EDFU	NILE
EGYPTOLOGY	OSIRIS
GIZA	PRIEST
GOLD	SCRIBE
HATSHEPSUT	SPHINX
HIEROGLYPHS	THEBES
ISIS	TOMBS

Cities of England

```
S N Z D N O M Z R R D S D J D
S N A B L A T S K E E D V P H
A N O T S E R P P T W E P F C
G O C X Y D I Z H S E E L U I
V T E W N E C F L E L L Y A W
X T B N Q R L A H H L C M D R
P I E A X B N S M C S L O Y O
L N L G T Y V V I B I D U O N
O G U M A H R U D L R L T R M
T H O Z Y R S L O O R I H K W
S A Y T E L O Q F R M A D C B
I M U T V N E X Y U U X C G W
R C E I D N O P I R I R Q L E
B X U O V T D C O V E N T R Y
E V N E E L T S A C W E N U L
```

BATH

BRISTOL

CAMBRIDGE

CARLISLE

CHESTER

COVENTRY

DERBY

DURHAM

ELY

EXETER

LEEDS

LICHFIELD

LONDON

NEWCASTLE

NORWICH

NOTTINGHAM

OXFORD

PLYMOUTH

PRESTON

RIPON

ST ALBANS

TRURO

WELLS

YORK

Gemstones

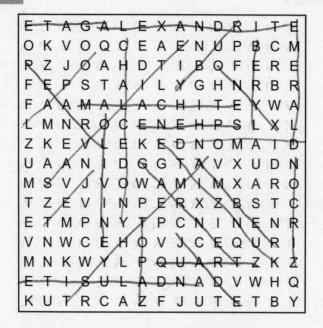

E	T	A	G	A	L	E	X	A	N	D	R	I	T	E
O	K	V	O	Q	C	E	A	E	N	U	P	B	C	M
R	Z	J	O	A	H	D	T	I	B	Q	F	E	R	E
F	E	P	S	T	A	I	L	Y	G	H	N	R	B	R
F	A	A	M	A	L	A	C	H	I	T	E	Y	W	A
L	M	N	R	O	C	E	N	E	H	P	S	L	X	L
Z	K	E	V	L	E	K	E	D	N	O	M	A	I	D
U	A	A	N	I	D	G	G	T	A	V	X	U	D	N
M	S	V	J	V	O	W	A	M	I	M	X	A	R	O
T	Z	E	V	I	N	P	E	R	X	Z	B	S	T	C
E	T	M	P	N	Y	T	P	C	N	I	N	E	N	R
V	N	W	C	E	H	O	V	J	C	E	Q	U	R	I
M	N	K	W	Y	L	P	Q	U	A	R	T	Z	K	Z
E	T	I	S	U	L	A	D	N	A	D	V	W	H	Q
K	U	T	R	C	A	Z	F	J	U	T	E	T	B	Y

AGATE

ALEXANDRITE

AMBER

AMETHYST

ANDALUSITE

BERYL

CHALCEDONY

DIAMOND

EMERALD

GARNET

JADE

JET

KUNZITE

MALACHITE

OLIVINE

ONYX

OPAL

PEARL

QUARTZ

RUBY

SPHENE

TOPAZ

TSAVOLITE

ZIRCON

Creatures

```
C J K S S T O H R G E U O R Y
B M A L S Z L R E K N O X W M
C P Y N H D E O K C U V Z Z X
H N A E H T V T C X I O T P T
X K L X T F E T B I E E Q A L
E W S O L Y A T E G Y B O K X
M P T E B V V N W H N T I Q X
V B A L J O K E T Z S F U N P
B J G S N L H D A E P N X J I
U E L G A E E O W M L R A K F
L M Z C N Y O R U A S O N I D
M H T E H F N V M L G I P X L
A M Y R L P C O W H Z W B E I
S U M A T O P O P P I H U I O
W X C P N L M I P V Z F P M N
```

ANTELOPE	MOLE
CALF	OTTER
COLT	OWL
DINOSAUR	OXEN
EAGLE	PONY
FLEA	RODENT
HIPPOPOTAMUS	SNAIL
IBEX	SNAKE
IBIS	STAG
LAMB	STOAT
LION	VOLE
LYNX	YAK

Hard to See

```
N T U M I S T Y Y D U O L C X
T N I A F J I M K K F L K K S
Y Z A H Y E L K G S O O E H V
C O N C E A L E D G U M A A Q
Y M M Y I B L U R R E D S T N
D I U F Z L I O U Q O A K Q N
D N R R I Z L Z U W Z M V E W
U D R A K L U D Y N Y M B I O
M I D W S Y M F E M C U Y T T
X S E B G P P E O F L L J H T
C T D Y A I A O D O I R E V M
Y I A K G K L L U O G N A A U
Q N F O R G Y S E A V G E O R
K C S A W T O X V J U E E D G
A T D K V C A F M E M A R O U
```

BLURRED	ILL-DEFINED
CLOUDY	ILL-LIT
CONCEALED	INDISTINCT
DARK	MISTY
DUSKY	MUDDY
FADED	MURKY
FAINT	NEBULOUS
FILMED OVER	PALE
FOGGY	SHADOWY
FUZZY	SMOKY
GLOOMY	UNCLEAR
HAZY	VAGUE

Orchestra Conductors

```
X M D M M T V O N O M I S R F
M D C E F X D M N O L N O C L
I E O L D F Y E A Q N I A E J
O H D O T W Z S T H Z A V J Y
B R N M W N A U S S C I D D K
N L A K O G E R C U N E X G S
E I Z A R T O G D E A N E T N
R N J R M G T H R S R R E B I
A G D A A O I L A A L B K T V
B W E J N O O R T L S H G P A
F L P A D S J E T O H X J B R
C T M N Y S O C L N J R B M M
W P E Q B E I N E E T A Y U G
N Q K M D N D A S N D T F T N
D C W R V S E B I O W C L I C
```

ABBADO	KEMPE
ANCERL	KRAUSS
BARENBOIM	LEVINE
BEECHAM	MOTTL
CONLON	MRAVINSKY
DANON	MUTI
EDWARDS	ORMANDY
EHRLING	RATTLE
GOOSSENS	SALONEN
HOGWOOD	SARGENT
JANSONS	SIMONOV
KARAJAN	TENNSTEDT

Portmanteau Words

```
N J O S N U D G H L G Q V F F
E T D O I R F C K R O P S A T
G A G M E T N S O E O B J N S
A I I G T U C B N L K F E Z T
T U I K R I Y O D K H M D I A
U L G B N C L K M E N E S N G
M F C O S H M V C I P C L E F
E L I M T P K O A A M O T E L
N V O A P F R T C O J N M W A
A G I S A J U P S K O R T E T
M B K P O D C A S T N N A B I
M S I L E G N A V E L E T C O
R E V I E C S N A R T N Y A N
S G V T S O R F A M R E P M K
C D A B V H E S I C R E X O B
```

AVIONICS

BIATHLON

BOXERCISE

BRUNCH

CARJACK

CYBORG

EDUTAINMENT

FANZINE

LIGER

MOCKNEY

MOPED

MOTEL

MUTAGEN

PERMAFROST

PODCAST

SITCOM

SKORT

SMOG

SPORK

STAGFLATION

TELEVANGELISM

TIGON

TRANSCEIVER

WEBCAM

Made of Leather

```
T K F L B E A Y T T E K C A J
S C N C A R S E A T I K E F J
V K V T M F L A E K E Y F O B
Z Z L O N L E H C T A S L S N
P E L L A B T O O F T J P S L
B S R W P S A D D L E E K T L
V G E V X B B U H S V I S T A
E S A P R O N R S P R E R A B
L T S K R K V E A T V M H B Y
Z Y B O X I N G G L O V E S B
Z L I J U R R B E E L Q E O G
U R J H A X Y A V E W O O L U
M G S H O E S N I E R T C S R
T O O R T H L Z V L S W M P Z
S R E S U O R T E L E C A R B
```

APRON	LEASH
BELT	MUZZLE
BOOTS	REINS
BOXING GLOVES	RUGBY BALL
BRACELET	SADDLE
BRIEFCASE	SATCHEL
CAR SEAT	SETTEE
COLLAR	SHOES
FOOTBALL	SKIRT
HARNESS	SOFA
JACKET	TROUSERS
KEY FOB	WALLET

Think About It

```
O L N I A R B E H T K C A R R
I R G A N R M A X T Y R S D E
M N M I P S P R E C A L L W G
U G F Y L P E X P E C T O W A
E N J E T A R T N E C N O C R
S I W Z R Y C A R Y D V F Y D
I J E U N D E A I E R P C R A
R F C G O U I Z R S A T O X S
O Q O K A T V F T E E V N F S
M I Y R N S E K H W C B S Z E
E S N E E O I P O R X U I G S
M S S V V S S V V O R H D D S
U U X I E R E A N S R U E E D
M J U S C N U E E E J B R K D
E A U E B Y T S U R M I S E Y
```

APPRAISE	MEMORISE
ASSESS	MUSE
BROOK	PERCEIVE
CONCENTRATE	RACK THE BRAIN
CONSIDER	REASON
DEDUCE	RECALL
ENVISAGE	REGARD
EXPECT	REVISE
FORESEE	STUDY
INFER	SURMISE
INVENT	SURVEY
JUDGE	WONDER

Punctuation Marks and Signs

```
O N W N Q L I O R G U A D T A
T H O Q Q K B E T A R O N Q E
S S M I R T A N E D L O B T V
U A S G T T H M R K L L W I I
D H D O U A N X A O Y G O L R
I C M N R I C E C C H X R D G
L S N X A C U I C L R S R E U
O B E L I S K Y L R K O A M L
S C G L T D R S U P E Q N L E
W J G F U T L E L L I P S I S
E U R O I A M P P N I T L A G
D O R C U P I I P M O H L X I
A F K Q L L Z E N M A B H U E
S K E U J U M L A U T L J X M
H N S E U Q I L B O S K S R V
```

AMPERSAND	MINUS
ARROW	MULTIPLICATION
CARET	OBELISK
COLON	OBLIQUE
CROSS	PER CENT
DASH	PLUS
DOLLAR	SLASH
ELLIPSIS	SOLIDUS
EQUALS	TICK
EURO	TILDE
HASH	UMLAUT
MACRON	VIRGULE

Ceremonies

```
D I G G B O Z M P B G J M E C
A O N V N L A R E N U F K R I
N H S D A I L F I E S T A U U
O P A E U E D L A D Y H K T V
I A C V H C I D T Z D C C I M
S G V E Z E T N E Y N T H T M
S E M Y V T E I N W U A R S U
E A T N M M I O O C A L I E Y
C N U I A N M M H N M T S V O
O T H R R I U U T P P O T N N
R H C V R M P U U A Z P E I A
P A R T I P A M B Y B M N G H
S P A M A T S U R I Q S I N C
Z M A H G L U S T R U M N A L
W R H I E I R E T P I N G T A
```

AMRIT

BAPTISM

BAT MITZVAH

CHANOYU

CHRISTENING

CHUPPAH

DOSEH

FIESTA

FUNERAL

INDUCTION

INVESTITURE

LUSTRUM

MARRIAGE

MATRIMONY

MATSURI

MAUNDY

NIPTER

PAGEANT

POTLATCH

PROCESSION

SACRAMENT

TANGI

UNVEILING

WEDDING

Fabrics

```
I K A H K R E K C U S R E E S
V G O N I R E M W P O T L I T
V T E R M I N E M N T O L O F
Q Q Z F M T P C T E O K W W L
J F T I D M I M Y N I E X O E
I V N A Q L C E C J L P O T E
S E I E Y C C B G L E W D L C
D H H R G N G G I P M Y L E E
A O C L I M Q N L S B I S A I
M A E W D F G U E R N C A T V
A D Z P S E M Y O E N R E H I
S R I F Y F F C H E O E C E V
K T A A E T A C D G C J N R V
W U B L L D L I N E R A L I Q
X M T Y E P J A C J H W L S L
```

ACRYLIC	LACE
ANGORA	LEATHER
BAIZE	LINEN
BROCADE	MERINO
CHENILLE	PEPLUM
CHINTZ	PLAID
DAMASK	SEERSUCKER
DENIM	SILK
ERMINE	TOILE
FELT	TOWELLING
FLEECE	WINCEYETTE
KHAKI	WOOL

Communication

```
C E L R I L R T E L E G R A M
G T Z E B G E E T Y I O D K K
I E W T G R G T P C U S B S E
E X R T C T A N R O A K T R T
G T Q U E I S I D A R T U E R
L I I E W D S A L Q N T N O N
X N R R A E D T L S S F O G
K G V O W L M E A E E L M O C
K E C E P I A E G E L A L I C
V E P J S D D T M A R B C T T
R C I S D G N B C O Y B H V U
F Z I R T C E J O R P A L H U
M V E Z S S S N D H K O R W A
E S D D Q Q Z L A N G I S P Q
S H C E E P S F D O F D C Y V
```

ADDRESS	PROJECT
BLOG	READ
BRAILLE	RECORD
CALL FOR	REPORT
CONTACT	SEND A MESSAGE
GESTURE	SIGNAL
GREET	SPEECH
LISTEN	TELEGRAM
LOGO	TEXTING
MISSIVE	TRANSMIT
PLEAD	UTTER
PRAY	WRITE

Birthday Party

```
S J E E U Q R A M Z Y S C M X
X N S K N W O L C C Q N V E V
A E I O A N E I I A V O G S W
G S F K U C Q N S N Q I S U A
G I N W P T S D U D C T O R U
L A F V S A D O M L M A N P W
A P M T Q H N O L E Y R G R S
S L A E S T F R O S G O S I T
S H W I S H E S W R S C C S N
E M Z D E H L T R T S E V E E
S T O W T C C E S C C D O M S
P O S R A Z H E E R H W E W E
F G Q R L Y U Z E R W H U Q R
D B D Z P G C A O P T R Z V P
Z S W U K R M B L J S Y J E M
```

CAKE	INDOORS
CANDLES	MARQUEE
CARDS	MUSIC
CLOWN	NAPKINS
DECORATIONS	OUTDOORS
FOOD	PLATES
GAMES	PRESENTS
GIFTS	SONGS
GLASSES	SPEECH
GUESTS	SURPRISE
HATS	THEME
ICE CREAM	WISHES

Elements

```
N E T S G N U T M A D N P T V
N I T F T U F Z W U L O M N E
A H N C D M K B Y E I B O L Q
U M N L N U K P A Z M R E Q E
I Z O M X I B D T M I A T S K
E G J U E N Z H E G U C B T D
S T G I N O H T Y A F I E N Y
E M F L O C K U N L A E M M X
N R Y E N R N M O D M R U S K
A O H B I I O S M U U L G Y O
G G E O O Z D I I H A E I O R
N K K N D M A B T T J N U R N
A R B G I I R L N W B O R O N
M Z U J N E U A A R S E N I C
F L O V E X T M Z O A R W P C
```

ANTIMONY	NEON
ARGON	NOBELIUM
ARSENIC	OSMIUM
BISMUTH	RADON
BORON	RHODIUM
CARBON	TANTALUM
ERBIUM	TIN
GOLD	TUNGSTEN
IODINE	XENON
IRON	YTTRIUM
LEAD	ZINC
MANGANESE	ZIRCONIUM

Fictional Places

```
W L H T A H C Z H G X F F O
S O H C R A M E L D D I M Z H
D V L P M A F O L I U E E R C
K N E K A H V O L M Z N W I I
C X A O H R D A R O D N O G W
O M W L K A L R L A L B B M D
R G P M R A H A D O Q H U A I
D A I O A E T X I R N V G R M
E T D A M T D U L N O Y T O Z
B L B N S R K N P U T F O L A
E A F A G O I I O A T H W E Y
A N A R N F C U T W L O N E O
D T L N I B M R Q E F X P F N
D I M I K R P M A O Z Z V I Y
Q S E A H T O H I C K H E K A
```

ALALI	KLOW
ATLANTIS	LAPUTA
AVALON	MIDDLEMARCH
BEDROCK	MIDWICH
BUGTOWN	NARNIA
CARCOSA	NEWFORD
EL DORADO	PARLAINTH
FALME	QUIRM
GONDOR	RIGMAROLE
HOTH	UTOPIA
KINGS MARKHAM	WONDERLAND
KITEZH	ZENDA

Gases

```
M B V Z N E F S F P N O N E X
A I N O M M A J H Q R O D A N
X C D Y P G N O T P Y R K N Y
O A E B L M S C P B O X I A B
R Z J A R G A I H N U T T R B
S C O E E M P D E L R T C G N
E C H N H J E G E O O Y A O G
B T E Y E F Y N U K A R L N Q
E E H A D X L S A N O A I O E
D G M Y O R O U O H H H E N N
N T N T L X O G O A T R C V E
O E E Y I E E G H R S E P J T
O Q O D T N N H E L I U M Z E
N D E N R M B E A N M N Y W K
Y P M A D E R I F U R T E D E
```

AMMONIA	HELIUM
ARGON	HYDROGEN
BUTANE	KETENE
CHLORINE	KRYPTON
CHOKEDAMP	METHANE
COAL GAS	NEON
CYANOGEN	NITROUS OXIDE
ETHER	OXYGEN
ETHYLENE	OZONE
FIREDAMP	PHOSGENE
FLUORINE	RADON
HALON	XENON

Moons of the Solar System

```
A G A D M M S E A R H T A E I
I M A L L Y T F Y N N I C A Z
L Q Y D H U O B H W U J W H Z
E A U T N H J E N E L L A P M
H M E C A A N D B A D E L I Q
P T E J U H R H I E Q C I S A
O E N N A D O I C O L G Z A L
E C A F O S F A M C N I T P I
N N T X A H L F X N Q E N H B
E N I L Y Y T M R H E A T D I
R T T C P E D E M Y N A G D A
E A U S A M I M M Q K P H J N
I S O A N O M E D S E D H U C
D E I M O S X N U C L E I R A
W Q Y D W L P M G U Y A E I E
```

ARIEL	METHONE
ATLAS	MIMAS
BELINDA	MIRANDA
BIANCA	MNEME
CALYPSO	NEREID
DEIMOS	OPHELIA
DESDEMONA	PALLENE
DIONE	PASIPHAE
FORNJOT	RHEA
GANYMEDE	SKATHI
LEDA	TETHYS
LUNA	TITAN

New York

```
T E E R T S L L A W X A S C O
I D V C P A R K A V E N U E S
M M N C D K B R K P J I B W N
E S L A A S S I N L V Y W G E
S R L N L R T F G E C W A E E
S M A C Y S N R O A U G Y N U
Q K H U C L I E I H P N K M Q
U A Y A Q H K Y G B O P H Y M
A E T L C S I O E I E S L Q E
R S I O I K D N O N E C F E L
E L C A D N Z L A R O H A R R
X E F W F G E H A T B C A U A
T H E A T E R S B R O N X L H
O C S Y N A F F I T E W O R L
E L L I S I S L A N D H N I J
```

BIG APPLE	PARK AVENUE
BRONX	QUEENS
BROOKLYN	SAKS
CARNEGIE HALL	SKYLINE
CHELSEA	SOHO
CHINATOWN	SUBWAY
CITY HALL	THEATERS
CONEY ISLAND	TIFFANY'S
ELLIS ISLAND	TIMES SQUARE
HARLEM	TRIBECA
HERALD SQUARE	UN HQ
MACY'S	WALL STREET

Holes and Spaces

```
M S A X Q N S D T R E T A R C
W O L L O H R E N Q U U W B W
E E J M E T L U G R Z N A C G
O X S E S N R Z F T F N R R B
P W U A I H V E G O D E R S M
E W T O T S Z M N I M L E E Y
N K A E R W Z E E C Z G N N S
I D I V O T Q Y K I H A N R H
N T H U M B H O L E C A B D C
G I L Q U C L E F T R M I I N
K J M N I A R D P C E O Y T V
T N S P A S S A G E V T O F O
H N A W O R R U B T I S S I W
C F E L O S L P U N C T U R E
P P K V B F O F I Q E H P F W
```

BLANK	MORTISE
BURROW	OPENING
CLEFT	PASSAGE
CRANNY	PUNCTURE
CRATER	RIFT
CREVICE	STOMA
DIVOT	THUMB HOLE
DRAIN	TRENCH
GULF	TUNNEL
HIATUS	VENT
HOLLOW	VOID
INLET	WARREN

Machines

```
X M R M E L I M I S C A F U T
G G Q J L R E P Y T E L E T W
G N I D R O C E R B Y E G I J
A E C I T A T S O R T C E L E
M M G N I R U T O L S T I X E
I I L G N I H S E R H T Y V J
N T H Z F X T Q G R H S A U T
G N I L L I M N G O Y W T E E
S C X C U I I N G T Q I X J S
A I E R N K I R F C C T E E G
U Y F C N P A L M K I N W W N
S P I A M P Y K E L I I U N I
A N R A H I Y T E G N C R P T
G F T K N X D T M G W H U D O
E S K G E U K A I A O U X B V
```

ELECTROSTATIC
ENIGMA
FACSIMILE
FLYING
FRANKING
FRUIT
GAMING
LITHOGRAPH
LOTTERY
MILLING
MINCING
RECORDING

SAUSAGE
SEWING
SLOT
STAMPING
TELETYPE
TEXTILE
THRESHING
TICKET
TIME
TURING
VOTING
WAVE

Novelists

```
F F M E L Y B A G N O L D L Q
E I Y A I E I P A B A X B C O
S H G U O R R U B Y G U O Z R
R P X S F O R O Q N I S D E Y
K O B T B C W A A M V E H E Y
I P V E W E Z H B O A C U T N
P X U N N J C Z G P R R T T S
L L E R R U D W R A S W S A G
F E P M B R V M O L H W D H P
A L J S T B K M S E E A I U T
S T O C C O N R A D M X C F W
Q O Y O B Q P T E S A H K N T
B N C T W G L A L S A Y E R S
U B E T Y E L X U H W N N V X
Q Q D T Y A T E S Q L Y S J M
```

ADAMS	DURRELL
ARCHER	ELTON
AUDEN	HUXLEY
AUSTEN	JOYCE
BAGNOLD	LEASOR
BARRIE	MARSH
BOWEN	SAYERS
BUCHAN	SCOTT
BURROUGHS	SWIFT
CONRAD	WHEATLEY
COREY	WOOLF
DICKENS	YATES

Sweet and Sour

```
H M Z S Y E E D R A T S U C N
G A Q U Z L L M R A G U S G O
R R J J K G R C O U Y L Y O M
A Z T C W I E X A L U J R O E
P I I A Q P M S Z E A P U S L
E P B Y M S M C O W R S P E C
F A A B R A B U H R G T S B Z
R N F D R U R G H I C R D E X
U Q J C E R I J G N U V R S
I N K Z R R T A N Q R G S R H
T A C T Y K T T G D Y O X I E
R D A E J R W W I E E Y S E R
R N N J Z A C C A B N M H S B
H O D D S U G P V O D I V K E
H F Y G S T A U Q M U K V Q T
```

BITTER	PICKLE
CANDY	RHUBARB
CUSTARD	SAUERKRAUT
FONDANT	SHERBET
GOOSEBERRIES	SORGHUM
GRAPEFRUIT	SUCROSE
HONEY	SUGAR
KIMCHI	SYRUP
KUMQUATS	TAMARIND
LEMON	TREACLE
MARZIPAN	VINEGAR
MOLASSES	YOGURT

Roman Deities

```
Z L S A E S C U L A P I U S Z
P N E P T U N E D E X A L T S
M O R P H E U S I N R U T A S
S A P R O S E R P I N E I F L
W A T I U H M O U X M S S I M
S P L S J Y A F C Z E D B G K
M U G U E B R E L R E I N A D
R M N U S V S X E O T C R U H
M O S U N E V C F I R E H R M
E T T P A D I A N A T A V O S
R C E P P F L A T I M U R R K
C B P L O L F G P Q L L O A G
U U M B L L H U Q C D M Y E F
R B K F L U J K A H Y M E N G
Y T I A O M S N L U Z C Y G D
```

AESCULAPIUS	MARS
APOLLO	MERCURY
AURORA	MORPHEUS
CERES	MORS
CUPID	NEPTUNE
DIANA	PROSERPINE
FAUNUS	SALUS
FLORA	SATURN
HYMEN	TELLUS
JUNO	VENUS
JUPITER	VESTA
LIBITINA	VULCAN

Straits

```
M M O M X Q M V I J Q N R K G
N A W E L L I V N I A G U O B
V C V D X T G P V W R C G O K
L A P E R O U S E I W V O C L
B S C V I B R H A I N A N M A
T S D C I A A K A N M O N E P
O A W O A C T M A M K J H S R
R R I I V L L P B A S S Q S K
R A Y W F E A R V N U G A I R
E H R G A P R M H N N N U N A
S D O A W N B S W I D M K A M
P H I R K W I K R N A S M E N
O H L Q M V G E D G G K N G E
P C A R A U B R R A T A T S D
Q I B D D O Z H R K I Y G B W
```

BASS	KARA
BERING	LA PEROUSE
BOUGAINVILLE	MACASSAR
CABOT	MALACCA
COOK	MANNING
DAVIS	MENAI
DENMARK	MESSINA
DOVER	PALK
GIBRALTAR	SUNDA
HAINAN	TAIWAN
HORMUZ	TATAR
KANMON	TORRES

Things We Love

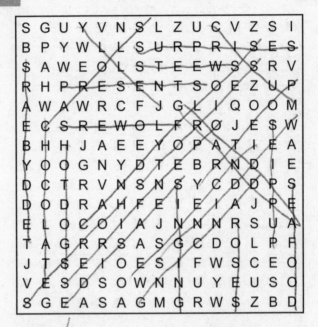

```
S G U Y V N S L Z U C V Z S I
B P Y W L L S U R P R I S E S
S A W E O L S T E E W S S R V
R H P R E S E N T S O E Z U P
A W A W R C F J G L I Q O O M
E C S R E W O L F R O J E S W
B H H J A E E Y O P A T I E A
Y O O G N Y D T E B R N D I E
D C T R V N S N S Y C D D P S
D O D R A H F E I E I A J P E
E L O C O I A J N N N R S U A
T A G R R S A S G C D O L P F
J T S E I O E S I F W S C E O
V E S D S O W N N U Y E U S O
S G E A S A G M G R W S Z B D
```

CANDYFLOSS	POETRY
CAROLS	PRESENTS
CHOCOLATE	PUPPIES
DANCING	ROSES
FLOWERS	SEAFOOD
GRANDPA	SEASIDE
HORSES	SINGING
HOT DOGS	STORIES
INCENSE	SURPRISES
JELLY	SWEETS
MUSIC	TEDDY BEARS
OPEN FIRES	WEDDINGS

TV Quiz Show

```
S U U S J T V Y S N P E V T J
J C M F S B S P J S S Z E H Q
Y R E Z Z U B O S F E I C G I
V I C T O R P M H P M R N I S
R L E S U A L P P A E P E R S
S E D M S K Q B O I H E I K E
Y T C I P O T U N R T Q D R N
H W N A Q P L S I S T U U O S
A I D I L A S C L Z S E A W U
O N O Q O L O R W A S S R S O
G N O R W P X K E D V T T S V
M E M O R Y G K N W G I R E R
D R N X U Z S U X H S O R U E
E G D E L W O N K G J N F G N
F S S P G R U V Q Z R S A L I
```

ANSWERS	QUIZ
APPLAUSE	RECALL
AUDIENCE	RIGHT
BUZZER	RIVALS
GUESSWORK	ROUNDS
HOST	SPEED
KNOWLEDGE	SUPPORTERS
MEMORY	THEMES
NERVOUSNESS	TOPIC
POINTS	VICTOR
PRIZE	WINNER
QUESTIONS	WRONG

Musical Instruments

```
G W I V E N O H P O L Y X R O
A I I E R Y L U K U C R R E K
I O C A R I N A D E C I T C T
G U I T A R E E Y Z B R G O T
T T R O M B O N E A O N N R B
E U A K E B B V S F I T U D A
N K I E Y Q O S O L O M L E L
R E R T E N O N O N P G K R A
O L R T X O A I T E R C G O L
C E U L N I V O T H X A N Y A
V L D E P R A H S R O U A D I
F E N D U L C I M E R R V D K
L H A R M O N I C A E S N P A
E L B U C S T E N A T S A C H
C T A M B O U R I N E Z L A X
```

ANGKLUNG	KETTLEDRUM
BALALAIKA	LYRE
BANDURRIA	OBOE
BASSOON	OCARINA
CASTANETS	PIANOFORTE
CORNET	RECORDER
DULCIMER	TAMBOURINE
FLUTE	TROMBONE
GUITAR	TRUMPET
HARMONICA	UKELELE
HARP	VIOLIN
HORN	XYLOPHONE

Perfect

```
E X C E T N E L L E C X E R E
N R A B S O L U T E L A E D I
R T U H E L B A C C E P M I D
L C L P G L R E S I C E R P K
U E T P N U R B M B L H G D R
F R I B C W O M Q U P F R E A
H R M C L R A R F U S Z E R E
T O A M V C K R O K W H A R E
I C T T U I E O I H S N I A T
A G E L R D S L O I T T Y M E
F L A Q N E F U L B N A D N L
G T E O A U P U P E T N K U P
E C W D L E B X V E D X C G M
F A A C O V S S E L R E E P O
D E H S I M E L B N U B E T C
```

ABSOLUTE	PEERLESS
ACCURATE	PRECISE
COMPLETE	PURE
CORRECT	SHEER
ENTIRE	SKILFUL
EXCELLENT	SUPERB
EXPERT	TEXTBOOK
FAITHFUL	THOROUGH
IDEAL	ULTIMATE
IMMACULATE	UNBLEMISHED
IMPECCABLE	UNMARRED
MODEL	WONDERFUL

E Words

```
E D C M P H E I A D A S E Y E
E S T E E M E D E Q U A L S C
N T S A I S U H T N E E G G B
G S L I E C N E D I V E A L Y
E P E I Y D Z C E Y K E E D V
G R X F W E U X E F O F M Q D
G E G Q Z T Y T I U Q E F N Q
E S G O R C H Z E E X P E L Y
S C T E T E A M E C H M U A N
Q K D I P J B R U R E M T V O
U L L P X E L S E W H E R E B
E Q J E R E E V I T C E F F E
L Q X H E M J S P Y S A E Z Y
F N O I S L U M E E T A T S E
E T A Q F A E F P E X P E C T
```

EAGLE
EASTER
EBONY
EFFECTIVE
EJECTED
ELDER
ELKS
ELSEWHERE
EMBER
EMEND
EMULSION
ENTHUSIAST

EPEES
EQUALS
EQUITY
ERGOT
ESTATE
ESTEEMED
ETUDE
EVIDENCE
EXCUSE
EXITS
EXPECT
EXPEL

Bridges

```
G Q S R U H T O K K S E R E V
L G R E A T B E L T Y F I X I
R F H M V U F M Y N O D N O L
O I C F R E M O N T U L A Y E
T E A H G Y R T R P M A W I D
H T N L Q O W N G T I D E S N
N L H Y T W L N M N H C S O A
Y E U L T O A D N R U T T J R
L A M T R Y Q A E Z B F M V G
K B B Y S M T W B N I X I M O
O E E X I I O X I L G G N M I
O R R N R T N F C H K A S U R
R O A B T H O G A K U S T E N
B T W Z C A L B M E P C E E J
O S C B Q O Y N N A M T R O P
```

BRITANNIA	PORT MANN
BROOKLYN	RIALTO
CLIFTON	RIO GRANDE
FORTH	SEVERN
FREMONT	STOREBAELT
GOLDEN GATE	TAY
GREAT BELT	TOWER
HOGA KUSTEN	TSING MA
HUMBER	TYNE
KOTHUR	VERESK
LONDON	WESTMINSTER
MINATO	YANGPU

EARTH Words

```
N X F N D Z R E H T O M O R T
A Z U U O Q U A K E E S H B R
X W D E W L I G W C J H T O M
V V B G H O L A N T L A K U N
R E V O M I R E R T R K J N N
P V B D I D I M H G O I X D T
Z N W D S C T N S N M N L R R
J U R E S R U M G I E G O T X
P T E S O L C I E R R Z X L F
L C F S L W S L O E T U K L L
W M Z W T H H T B T T V L Y C
N R O S I B N P U T J I E N E
W R T N R W U Y C A G N R O B
K A E E O R A R E H E K I P S
R D D D S E U G T S I A V W Z
```

BORN	RARE
BOUND	SCIENCE
BRED	SHAKING
CLOSET	SHATTERING
DOWN TO	SHINE
GODDESS	SIGN
HELL ON	SPIKE
LIGHT	STAR
MOTHER	TREMOR
MOVER	WARDS
NUTS	WORK
QUAKE	WORMS

Islands of the Cyclades

```
T  S  C  H  O  I  N  O  U  S  S  A  H  K  X
K  B  R  S  F  C  O  H  A  M  M  Y  I  L  M
W  A  T  A  O  X  S  N  V  O  Z  M  R  S  P
Y  J  N  K  F  G  T  E  R  D  O  T  O  O  D
N  A  S  D  O  O  R  G  R  L  E  R  K  W  S
S  E  I  J  R  U  S  O  O  I  E  L  N  F  O
Y  O  D  I  K  O  F  S  M  K  F  P  O  Y  N
S  S  N  O  R  I  S  O  P  A  H  O  E  S  F
R  I  O  H  N  A  S  O  N  I  T  I  S  F  I
J  U  L  X  T  O  K  N  B  I  M  I  L  O  S
P  Q  V  F  A  Y  U  L  I  Q  S  F  L  F  S
A  D  I  S  D  N  K  S  E  K  R  I  A  B  M
R  S  I  K  I  N  O  S  S  I  E  W  A  Z  J
O  S  O  N  O  K  Y  M  N  A  A  A  S  P  G
S  I  J  S  O  R  D  N  A  G  E  L  O  F  E
```

AMORGOS	KYTHNOS
ANAFI	MILOS
ANDROS	MYKONOS
DELOS	NAXOS
DONOUSSA	PAROS
FOLEGANDROS	SANTORINI
IOS	SCHOINOUSSA
IRAKLEIA	SERIFOS
KEA	SIFNOS
KEROS	SIKINOS
KIMOLOS	SYROS
KOUFONISIA	TINOS

Mountain Ranges

```
B Y V A H C U A G A R R E S K
Z Y M V M L B S S X O O N K N
H I E C X Y S P A C U O D I Q
B O U L D E R F K R C I T F G
F Q O J G I I Y A A C S O A A
I J N S N L N L E K R X R M Q
F I O G A C I B S A U K N C K
N V A H I C N O S G B R G N O
T B A U D O N N A M A J A E K
H C O O C O A R E N O F T Y A
F P M E A R F R Y L X K Y M N
K I R L E I R B N E S A Y K E
J B T K E M E C G N K O V K E
J A U L U B A G E C H U N A D
I B D S A L T A M W C G T Y L
```

ALTAI	KRAG
ATLAS	KURAY
BAUDO	MCKAY
BOULDER	NELSON
BRECON BEACONS	OCOOCH
BYNAR	ROCKY
DICKSON	SERRA GAUCHA
FANNIN	SMOKY
GARFIELD	SPRING
HALIFAX	TORNGAT
HOOSAC	URAL
KOKANEE	VOSGES

In the Shed

```
G L R X M X N C L Z R R J F M
C H J H E O Y J S A E D A P S
G S E Y A M D K A B D R N D T
N U N N Y M C Z B J E D U R W
J R E N H A M I F W O V E H I
R B K K S L D E O T G D E R N
T T G R A V E L R A I E U I E
S N V L O R B T B P L H N T S
O I P Y U F E W S B O A R C S
B A K B A K O T A S C E V S A
O P S E C R R R E L S N H C J
W N L U G E R P I T R O W E L
S I B K F O I O L N V B Z J M
A I C L W P C E Q E H U O O J
W C N J E Z M A L T E L L A M
```

BOWSAW	PAINTBRUSH
BUCKET	RAKE
DIBBER	SACKS
FORK	SHOVEL
GRAVEL	SIEVE
GROWBAG	SPADE
HAMMER	SPIDER
HOSEPIPE	STRING
LADDER	TRESTLE
LEAF BLOWER	TROWEL
MALLET	TWINE
OILCAN	WHEELBARROW

Narrow Things

```
M B D H D R T Z M X R J P K C
A X G X D E P R E Q E E U C T
E E K S H T T L Q R I D R S K
B P R W L N K P J U P A T J E
M I U P W I R E M T C A B C M
D R O J F L V Q R K V O I R C
E T P W T P F E P E T V N O C
Y S R R G S P E R T E W R R V
M N G D E A P E L R B R E H C
S I A E T T M E C L I A R Y M
A P I I T Z N R T D S W D G Y
H N S O L E T P O E V S O K Y
C C L I C A Y R L U I E N I L
X Q E K M I N T O L S N I O C
D I T C H E R E L O W W F N Q
```

AISLE	LINE
BEAM	PIER
BOTTLENECK	PIN STRIPE
CHASM	RAIL
COIN SLOT	RUT
CORRIDOR	SILL
CRACK	SLIVER
CREASE	SPLINTER
CREVICE	STAVE
DITCH	TAPER
FJORD	VEIN
LANE	WIRE

Silent H

```
H Q R E M Y H T M S G Y Z T I
K C M D M G S R C H L G E M W
R L O W W S O R E C O N I H R
J H H L S H O U R L Y I I V W
C A O A I Q O C C W E N Q H P
M H R D S A F O I I E E X Y L
O A O C O F T G P L M T L M G
H K L I H D P X H A I S S E M
N A E C R Z E H E I D I A U Z
V D D T R P W N U O U R X H H
W V T K I B L N D X H H O K C
W A W J C H G U O R S C N H A
C A Z U X R W Y P I O A E U C
D I H C R O F A K K E N X K A
P Y P R H Y T H M A F G H A N
```

AFGHAN

ANKH

CHASMIC

CHOIR

CHORD

CHRISTENING

CIRRHOSIS

ECHO

HOURLY

LOCH

MESSIAH

ORCHID

RHINOCEROS

RHODODENDRON

RHYTHM

ROUGH

SARAH

SIKH

THYME

WHAM

WHEY

WHINE

WHITE

WHOOP

SET Inside

```
S T C T U O T E S W S E T E S
E U E R A U Q S T E S E H L I
T O T D S T E T E S S S E H C
T B C E B E T N T D D K M T M
E A L Z S S T E A S E T E F I
T T O F G S S E E J E S N J N
T E S D N A H T A S E H J F D
E S E I E B A I O G T E V T S
S A S T E S N I A R T L O E E
S H E I I L D T O D E T F S T
E J T D L A S F O S O T F R E
N S E Z R L T R L D E E S O S
K S E T T E S O L C L S E C T
O T E S S E G U S S E T T E E
G N I T T E S P U D W L S E T
```

BASSET	RADIO SET
CHESS SET	SET ABOUT
CLOSE-SET	SET ASIDE
CLOSET	SET FORTH
CORSET	SET OUT
DORSET	SET SQUARE
GUSSET	SETTEE
HANDSET	SETTLE
HEADSET	STAGE SET
KNESSET	TEA SETS
MINDSET	TRAIN SETS
OFFSETS	UPSETTING

Vitamins and Minerals

```
F Q N I M A L A B O C L Y N A
L O R E H P O C O T D M I D Q
E M F L U O R I D E B V I D H
C A M P T E R O I C A C I D E
N G U X N W V G P L A O E N E
E N I D O I H B F C N H I M E
M E S S I N C O I O C L I U T
U S S C K I B L V O O Q Z I H
I I A H T I O A P H T W K C I
N U T R R F L P C D W I U L A
E M O O Z F E S E N A G N A M
L U P M O R N I R T I C Q C I
E E N I X O D I R Y P K N J N
S Q B U R E T I N O L V M I E
H K N M O L Y B D E N U M O Z
```

BIOFLAVONOID	MAGNESIUM
BIOTIN	MANGANESE
CALCIUM	MOLYBDENUM
CHOLINE	POTASSIUM
CHROMIUM	PTEROIC ACID
CITRIN	PYRIDOXINE
COBALAMIN	RETINOL
COPPER	RIBOFLAVIN
FLUORIDE	SELENIUM
FOLIC ACID	THIAMINE
IODINE	TOCOPHEROL
IRON	ZINC

Strong Smells

```
D G P R S S A R F A S S A S Y
Q A S X A W U A Y A Y N L I E
O I W F U G M L W H C I R F E
X N P O Y M E D S A I E M N G
V E T E O R U N M A B X I G V
F D N N C S A P I B G P Y A A
M R I I T I H M U V C E N R N
Y A A I L O U R E I D I A C A
R G P I R O G J L S L Z T L N
R J L O E N S R E L O O E O A
H A I O I A A A A L A R R V B
C Q O N C G M G G L P C U E P
J Q R F T I X U R R A P N S N
C U K V F R E E S I A U A G E
B R E V I T E V E K V J M F J
```

AMMONIA	MUSK
APPLE JUICE	MYRRH
BANANA	NEROLI
BURNING RUBBER	OIL PAINT
CAMPHOR	PINE
CLOVES	ROSEMARY
FREESIA	SAGE
GARDENIA	SASSAFRAS
GARLIC	SAWDUST
GASOLINE	VANILLA
LILAC	VETIVER
MANURE	VINEGAR

Tools

```
E Q U Q D X A E E S J C O L D
J F O R E Y K F H R R O T U R
K E I G E A I S P E C R O F P
A L U N R N U L G I F K P E Z
L O N Y K E N U O L L S I S W
G E A N G G A A I P H C N U P
S H E A R S N S P V P R C Z Y
B P R A I W T I E S I E E G T
L W J S P A R E N G U W R P S
E W H P P L K O L U U W S S A
S M B L E R E Q T M R N J S K
I G E A R Z A V K A I P V V C
H R P N I K J Y O L T G V J I
C G Y E X E Q Z E H U O P B P
I N V W F N V K S R S Z R D L
```

AUGER	PICK
CHISEL	PINCERS
CORKSCREW	PLANE
DRILL	PLIERS
FORCEPS	PRUNING KNIFE
GIMLET	PUNCH
GOUGE	ROTATOR
GREASE GUN	SHEARS
GRIPPER	SHOVEL
HAY RAKE	SPANNER
LOPPERS	SPRAYER
PENKNIFE	STAPLER

US Presidents

```
R O L Y A T R S N L O C N I L
E K T N P W E Z O T R U M A N
R F E M O Y A M A B O E V I V
O O U I A S R U K M O K L O P
M U S H S L N W X R S V V D T
L C W T F E I H N K E R A F T
L E X A T L N O O D V F A T E
I R N H S N M H R J E T R N C
F E A O X H O I O E L A U A R
W A N H X O I S D W T C S R E
T G D S E I W N I X E R M G I
Y A R U X G N K G R W R A E P
L N W B G Y M H H T R F D C X
E D L E I F R A G I O A A D M
R P X J O M N B G P L N H N C
```

ADAMS	NIXON
BUSH	OBAMA
CARTER	PIERCE
EISENHOWER	POLK
FILLMORE	REAGAN
GARFIELD	ROOSEVELT
GRANT	TAFT
HARRISON	TAYLOR
HAYES	TRUMAN
JOHNSON	TYLER
LINCOLN	WASHINGTON
MONROE	WILSON

Plain and Simple

```
A K V T J A I C Y T V T C U U
U R K C L E A R V D S S N U P
N A N E H A I Q M B F E B N H
D T A R O V E R T D M D N L N
E S R I F B A O X B O O S O M
R L F D L Q O P E V C M P V H
S W U U Y U E L P M I S A E Y
T U N F A C L O E A T Q R L K
A T O T H I A R Z N R E T Y C
N J T I S T E Z E R R E A A B
D O N H V T U D S E M K N A C
A W E C S B I R C U Y D S T C
B D T U V V O N T Y I I L W M
L M A X E H I E U D C H R V F
E V P L H S D O W N R I G H T
```

APPARENT
AUSTERE
BASIC
BLUNT
CANDID
CLEAR
DIRECT
DOWNRIGHT
EVIDENT
FRANK
HONEST
MODEST

MUTED
OBVIOUS
OVERT
PATENT
SIMPLE
SINCERE
SPARTAN
STARK
TRUTHFUL
UNDERSTANDABLE
UNEMBELLISHED
UNLOVELY

Nuts and Seeds

```
W E H S A C C D T L D H V A Z
G V U D T E A Y L N E S I N A
L J W V U M R I R L I Z A R B
P E C A N A D J R E E M E Y E
T R N T T S A S Y K L D U F T
H A Q N S E M N U A N E P C E
A A P H E S O J N A W I C G L
Z B U J H F M V I A S A M O P
E X M B C C E R X T T W R E P
L Y P P O P O C A D U T A A E
N S K B X C A C O L N N O G C
U J I J B A H N E N U U B L P
T F N I F I L A W T K X C O F
L H A I O K E F B I G E B N C
Z P T R E B L I F R E K R O C
```

ANISE	CUMIN
ANNATTO	DILL
BETEL	FENNEL
BRAZIL	FILBERT
CARAWAY	FLAX
CARDAMOM	HAZELNUT
CASHEW	PEANUT
CELERY	PECAN
CHESTNUT	PISTACHIO
COBNUT	POPPY
CONKER	PUMPKIN
CORIANDER	SESAME

Shades of Blue

```
Z N J L U T V V D U E I M I V
I D N O B L Q I L U U A F T X
U E C I L A J P R E J R J T R
A S S S Z B K T E O E R U Z A
U Y T A D O K G R N E T L E
F N F O D C D E C W R H S T C
L Q U Q W I L H O E G P E R H
X A T P R L B L D I U F L C Y
R P Y B E U F W L R Y A S F W
A P M O N N O H P I L F S K X
N A V Y R P B L U E N B A B Y
C A N O D T E A L A D D L D B
N F C G Y D J Z Y E C A I H W
B B H U P E A C O C K N R G D
W V J Y E E J D E N I M C K O
```

ALICE	LIGHT
AZURE	MAJORELLE
BABY	NAVY
BONDI	PEACOCK
CAMBRIDGE	POWDER
COBALT	PURPLE
CORNFLOWER	ROYAL
CYAN	SKY
DARK	STEEL
DENIM	TEAL
FRENCH	TRUE
INDIGO	TUFTS

All Alone

```
D E T A L O S I D D O T X L D
T N E D E T R E S E D N Y C E
F E U N N R L M N E E L S V
T K I E E I V G A O T D E S O
R R D U T K A N G O N N N E L
R E E E Q N A I V R A E O L N
E J R V D M D S R A W P L N U
M E U Q I N U E R M N E R O H
O C X W S S A U D O U D T I N
T T X Q T R U R F I F N J N R
E E Y G A K O L T A A I Q A O
O D A T N M W L C S C N F P L
Z N L H T E Y K O X T S U M R
S O L I T U D E F S E Y D O O
B C R Y N W A R D H T I W C F
```

COMPANIONLESS	REJECTED
DESERTED	REMOTE
DISTANT	RETIRED
EXCLUSIVE	SINGLE
FORLORN	SOLITUDE
FORSAKEN	SOLO
INDEPENDENT	STRANDED
ISOLATED	UNAIDED
LONELY	UNIQUE
MAROONED	UNLOVED
ONLY	UNWANTED
QUIET	WITHDRAWN

```
S T R E B I C P L S X K I N S
E L L U K S B T A A T F B E U
V E U W Z C R E T H E U R S I
R Q Y I O E D K A K R N A N N
E Q J R P I P L S V U F I O E
N R T X O L A N S N M R N P G
B E E A L M O M S E I E Y S T
X N N T U I E B V Z N A R E E
N R O S T S T M E Z A S N R V
J G E O K A V A T S T O E N I
A O M V A D M B X S E N T O E
B E Y C E Q P Y M O D S I W C
J Y U E T L K E E N N E S S R
N T I H M E C W U R I S C N E
E T A L U C E P S Q G V B I P
```

ACUTE

AXONS

BRAINY

CLEVER

CORTEX

EMOTIONS

EXPERT

GENIUS

GREY MATTER

IDEAS

KEENNESS

LOBES

MEMORY

NERVES

PERCEIVE

PINEAL

REASON

RESPONSE

RUMINATE

SENSE

SKULL

SPECULATE

THALAMUS

WISDOM

Fonts and Typefaces

```
T B X C R E P O O C N S M I J
R O C K W E L L R E U A B Y S
E D I N G B A T S H X J O R N
B O P I B O O K A N T I Q U A
U N I V E R S H A R I A L T S
C I C I H T O G L L E B C N C
H A F F R A N K L I N L C E I
E G G L L H P J Z Z O L Y C M
T A G B A O A I L B Q I S N O
A R J K V M I V M N I V E H C
R A R Z I A A Y X J G L A L Z
U L S T R O S E P Y T O N O M
T O P G L O I H F O N U E V A
U O N A M O R W E N S E M I T
F J M S G N I D G N I W U H Z
```

ARIAL	FUTURA
BAUER	MONOTYPE SORTS
BELL GOTHIC	NIAGARA
BODONI	NUEVA
BOOK ANTIQUA	OPTIMA
CENTURY	ROCKWELL
CHEVIN	SYMBOL
COMIC SANS	TAHOMA
COOPER	TIMES NEW ROMAN
DINGBATS	TREBUCHET
FLAMA	UNIVERS
FRANKLIN	WINGDINGS

Coal Mining

```
M R A L A X W S M A E S C Y R
Q M X Z S S W Y U C G S S T M
E G A C B E E A N S S G E S H
E P L Z K H L E I U T R V U U
C C E W C V U D O N O O R D B
K H U F E T I N N O Z T E R D
T O F I O F I H F A E C S S C
Y I N G M M Z B T U C E E H O
S S C R U Y E T C H N P R I D
G T R T T A U S C A N S J F M
S D I E M N E Q H T U N S T T
N B F J N R E T S A S I D S F
N A F E X I E Q I M Q K P N A
S A L D X M M E X D B E N C H
Z E T I C A R H T N A Y D J S
```

ADIT	METHANE
ALARM	MINERS
ANTHRACITE	RESCUE
BENCH	RESERVES
BITUMINOUS	ROOF BEAM
CAGE	SAFETY
CANDLES	SEAMS
DISASTER	SHAFT
DUSTY	SHIFTS
FUEL	TUNNEL
HOIST	UNION
INSPECTOR	VEINS

Dictators and Despots

```
V D C G A I P A X M A D D A S
O C N A R F I P E R O N F I N
O A T N I J U H Q N B A X I M
C U C E K I M J O N G I L J B
C L S L W A M T A E S A I I Z
E C F C R H O K I W T I O L V
W E A I E P S R R S N M U O D
H M L S L M O T X I P K M B U
S A Q O T N Y T E A A I O W V
N R P I I R M M R S R K X O A
A C T C H U O A H A A V Z C L
H O M P G H W E K S H A X G I
T S Q A K C N S S J Y U F Q E
J B B N S K W A M I N P S W R
C E U S O Y M T N M Q H K D P
```

AMIN

ARAP MOI

BOKASSA

CASTRO

DUVALIER

FRANCO

HITLER

HU JINTAO

KARIMOV

KHOMEINI

KIM JONG IL

LUKASHENKO

MARCOS

MUGABE

NIYAZOV

NORIEGA

PERON

POL POT

SADDAM

SHWE

STALIN

SUHARTO

THAN SHWE

TITO

Double O

```
M O O K L L A B T O O F Q J N
F O H M O V G M W P R O O F A
O B O C S O V O O D O O O L I
O X B L O S T F N O O L L A B
A S O A G O H S A J R Y F A Z
F R O N M X L L I O C L N U M
T R T O B B O E O M O D L N H
E F E O K O O B D P I C M A C
R B D T F O Q O L C E O K E B
N P J S O H G Z O O V O O I A
O O N E K O L O M B O K H K S
O S S F O O T L X L O T V O S
N O F D U B O H V O R O Q O O
O M Y M O O R B Y O G O Z P O
U Y M A N H O O D D T T L S N
```

AFTERNOON	FOOTBALL
ALOOF	GLOOM
BALLOON	GOOD
BALLROOM	GROOVE
BAMBOO	MANHOOD
BANDICOOT	MISTOOK
BASSOON	PROOF
BLOOD	ROOMY
BOOKS	SPOOK
BOOTED	TOOLBOX
COOLED	TOOTHY
FESTOON	VOODOO

Full of Beans

```
A A S I D Y C R K P Q E C H Z
U K V J Z A V P X K U X Q O X
L S N A V O O A L R B L A H W
L D D O F N W R N C N D S F R
B L J G T T T J B Q Z J J E S
E S L U V A W A U U O L O T T
A L N Z L F G X K R N I R A E
N E R A H W J I G V X I K Y L
S G D H P O H B A G N U M O O
P U E A B R O C R G Q A Y S E
R M D D M R D L B G X J E X G
O E I E A A A R A L I P N H A
U E A C K M M I N H A W D M L
T B Y H U A X E Z X D C I M F
R A G U S I B M O J J L K L Y
```

ADZUKI	LEGUME
BAKED	LIMA
BEAN SPROUT	MARROWFAT
BLACK	MUNG
BROAD	NAVY
CAROB	PULSE
DHAL	SNAP
EDAMAME	SOYA
FAVA	STRING
FLAGEOLET	SUGAR
GARBANZO	TONKA
KIDNEY	WAX

Floral Clock

```
S S A R G W G H J O P R T R X
E A L B I N P U P V L C E O X
F G S F I X A L F A G D I G Y
S W A G S L F P D S N Y A B R
R U D S Y O A X E E Q Y E K S
U E R S R G I I V P U G X S P
O V S M T N V A Y T O S I J I
H U A C O I L A L N R L G S L
M L Q H G D A F I E A N S R U
I R H A N D S A W X I U E E T
E M I T C E Q O O T L M D D C
D N L T T B L V N M X B U R D
H D U I L F R A O H Z E M O N
S B R E H I L S B V R R Y B H
D E X V M P S X J H A S S J X
```

ALYSSUM	LAVENDER
BEDDING	MCHATTIE
BEGONIA	MOSS
BORDERS	NUMBERS
EDGING	OXALIS
FLAX	PLANTING
FLOWERS	SAGE
FORMAL	SALVIA
GRASS	SEDUM
HANDS	SLOPE
HERBS	TIME
HOURS	TULIPS

Coughs and Sneezes

```
Q A K T S E B B T C L S H H C
W L S X I K Y N S U R I V M H
H L E H H O J T U S S I S E S
E E Y S F M A M D K D D L D I
E R A R O S Q L T V K T L I T
Z G C D N N O G O R A C I C I
I Y D A A C D Y N Z O R H I N
N N O I T C A E R I E C C N I
G F F G P A H J R K H N H E H
Z U Q U N O R E M A Y G G E R
G A R S T I L R T I S S U E S
C Y E B F O K L H R P T N O S
S E T A R O T C E P X E H U C
V K M U A H Z K A N Y P O M D
O O Q A Z Y R O C H V E O C A
```

ALLERGY	MEDICINE
ASTHMA	POLLEN
CATARRH	REACTION
CHILL	RED NOSE
COLD	RHINITIS
CORYZA	SMOKE
COUGHING	SYRUP
DUST	TISSUES
EXPECTORATE	TROCHE
HACKING	TUSSIS
HEADACHE	VIRUS
LOZENGES	WHEEZING

F Words

```
G N I T N E M R E F T F P T F
F N C Z G F W T C N A F F N U
O X D A E S E F A E R R F I N
S K W E C F L F N E O I M A E
R F N F U O R L R T L S L E Y
E Y O A O G T U U F A K I R R
N G P R R D I T F I F Y M F A
G G T B G F W T W F F U E F I
I O F O T E C E A F V C F L R
E F V S J M R R Q F U D R U F
R C R E V U K Y X N F A E S L
O I F P T R B B D F R O S T Y
F Y T I L E D I F F R W H E G
Y B B A L F T F E W E S T R J
F E B K W Y F T N D T F I D F
```

FAKIR	FLOOR
FARMER	FLUSTER
FATIGUED	FLUTTER
FECUNDITY	FOGGY
FEMUR	FOREIGNER
FERMENTING	FORGERY
FEWEST	FRANK
FEZ	FRESH
FIDELITY	FRIARY
FIFTEEN	FRISKY
FIRST	FROSTY
FLABBY	FURNACE

Nobel Peace Prize Winners

```
E L B M I R T R M B L E S T Q
Z M I C T D I G E B B I H S K
N A N N A O A A P T R S C T N
A N C H E Q K B M T R H T E D
B A K G G O L L E K W A E S C
Y T W C A R T R R E D I C J S
L R C A P A E Z I A I P O E U
L O A Z L M P T S R O B B C N
A H U B U E Z L A Y O U G A U
H S T H I E S A S A N C N M Y
S O K H R N S A I C P I U A U
R M U F M I J X H E I O J B N
A A L T T H U E R Z C P E O A
M R Z H U I B E G I N Z A E S
I G A S L T S U B R A N D T K
```

AHTISAARI	MARSHALL
ANNAN	OBAMA
BEGIN	PERES
BRANDT	RABIN
BUNCHE	RAMOS-HORTA
CARTER	ROTBLAT
CECIL	SADAT
DAE-JUNG	SCHWEITZER
EBADI	TRIMBLE
HUME	TUTU
KELLOGG	WALESA
LIU XIAOBO	YUNUS

Inventions

```
E  P  O  C  S  I  R  E  P  G  T  C  T  M  G
R  S  E  Y  E  S  T  A  C  T  S  S  C  M  Z
O  D  E  P  R  O  T  B  T  I  W  A  Z  R  M
E  A  S  P  I  R  I  N  D  O  M  H  E  V  U
M  Y  F  K  S  C  V  T  L  E  M  V  E  A  G
D  F  Q  M  Y  S  C  I  R  X  O  B  X  E  E
Y  E  O  C  D  A  N  A  O  L  W  L  O  V  L
N  R  L  Z  P  O  U  H  V  W  A  I  E  M  B
A  E  T  M  L  S  O  E  O  S  M  H  N  K  B
M  F  O  E  A  E  R  C  E  L  C  X  E  C  U
O  C  U  Q  S  H  C  R  E  R  O  R  L  O  B
A  M  Y  F  T  C  L  P  O  M  H  G  Y  L  T
C  O  R  D  I  T  E  T  X  M  E  R  R  C  M
B  Q  I  C  C  A  V  F  A  H  D  N  E  A  U
M  W  F  O  A  M  R  U  B  B  E  R  T  I  M
```

ASPIRIN	HOLOGRAM
ATOM BOMB	LASER
BICYCLE	LINOLEUM
BUBBLE GUM	MATCHES
CAMERA	PERISCOPE
CAT'S-EYES	PLASTIC
CEMENT	REVOLVER
CLOCK	TERYLENE
COMPACT DISC	TORCH
CORDITE	TORPEDO
DYNAMO	VELCRO
FOAM RUBBER	WHEEL

Relax

```
G T H W R E B M U L S E R X E
A N A E E Q Z S I T B A C K O
A Z Z K P H L A U D N E B N U
P T E K E S I O G O G G L F J
B P S P L I L B O R F C M F C
L O V E H L T N E S A M V O B
N I E X I Y X E E R E T M D T
X P E H E S U J A K N N S O K
X C C D S R N N E S C A U N S
T A E Z O D E O W S Y A T P H
E T L X P W A K O I W A L E U
B N L E E L N Z S Z N O A S T
D A Y D R E A M D Y E D R E E
Q P I M A G E N I G A M I D Y
S K N I W Y T R O F T H C L E
```

CATNAP	REPOSE
CHILL OUT	SHUT-EYE
DAYDREAM	SIESTA
DOZE	SIT BACK
DROWSE	SLACKEN
FORTY WINKS	SLEEP
HIBERNATE	SLUMBER
IMAGINE	SNOOZE
LIE DOWN	STARGAZE
LOOSEN UP	TAKE IT EASY
NOD OFF	UNBEND
RELAX	UNWIND

NATO Members

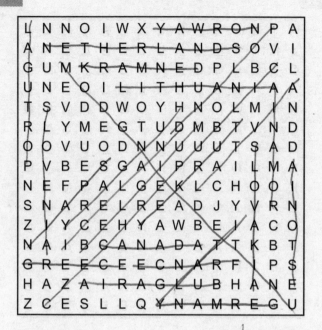

```
L N N O I W X Y A W R O N P A
A N E T H E R L A N D S Ø V I
G U M K R A M N E D P L B C L
U N E O I L I T H U A N I A A
T S V D D W O Y H N O L M I N
R L Y M E G T U D M B T V N D
O O V U O D N N U U T S A D
P V B E S G A I P R A I L M A
N E F P A L G E K L C H O O I
S N A R E L R E A D J Y V R N
Z I Y C E H Y A W B E I A C O
N A I B C A N A D A T T K B T
G R E E C E E C N A R F I P S
H A Z A I R A G L U B H A N E
Z C E S L L Q Y N A M R E G U
```

BELGIUM	LATVIA
BULGARIA	LITHUANIA
CANADA	NETHERLANDS
CZECH REPUBLIC	NORWAY
DENMARK	POLAND
ESTONIA	PORTUGAL
FRANCE	ROMANIA
GERMANY	SLOVAKIA
GREECE	SLOVENIA
HUNGARY	SPAIN
ICELAND	TURKEY
ITALY	UNITED KINGDOM

Sculptors

```
W T S B R E D L A C A Y R Q A
J R T P I G A L L E S E E N W
O K U U Q C R A G G B L O U I
A F A H C C N I L M D M N D L
N H R W M R V I O O E R A O D
O I T V C W S C V V N O S N I
N O D L E W A Z E A H G I A N
N I Q O H L M N N V D Q P T G
K E E R R O I O L I G Y V E H
E P R X O K S B B G E E B L G
M S L R D N L S N E R U A L N
P T E A A O V A G L A K G O X
F E Z H Y A E S O A C Z C F F
S I Q E P H D L N N I A V P B
U N L P H P W N B D B B B S D
```

BACON	LAURENS
BLOYE	LONG
CALDER	MOORE
CRAGG	PIGALLE
DA VINCI	PISANO
DONATELLO	PYE
EPSTEIN	RODIN
GERACI	STUART
GORMLEY	VIGELAND
HANSON	WELDON
KEMPF	WILDING
LACOMBE	ZADKINE

```
C N L O N P Q H S A U Q S H Ø
G D L G N I V I D G L N D D Y
N F A G R O W I N G O Y U A C
I I B N Q J D I R W B L L A Z
R S Y I U I C J B G R E R D V
E H E Y N N O U M R D Q R T
E I L L E G A R N C S U T A S
N N L F Q R O O Y D I S C U S
I G O O D I T C X Z T D E G B
A R V I R A L S Z R J U N H I
T W N N B I P E A S L F M T C
N G D M N G S D P I G O K S C
U K O G R L O O J E H N T Q G
O J W X S M Ø L X A I C S T A
M V U Q V L G Z F B Y B Y O O
```

BATON	GOLF
BINGO	LOTTO
CARDS	LUDO
CHESS	MOUNTAINEERING
CYCLING	POOL
DARTS	QUIZZES
DISCUS	RELAY
DIVING	ROWING
DRAUGHTS	RUGBY
FENCING	SNOWBOARDING
FISHING	SQUASH
FLYING	VOLLEYBALL

Wedding Anniversaries

```
Y R E T T O P M S X S R N I S
V X Q Q K B J A Z I E Y K I D
Y W E N C Y C G Z P L E B E T
I G O C A M S S A C R V M U W
B D C O B K C P I I H Z E Q R
L H N I L O Z R H L F I Z R M
A L Z O T B E P I Q K D N P V
R N F T M H P U L E F L O A L
O K O L T A P N A P E A R L G
C N B A S Y I E T E V R B Q I
R N E C K E R D S C I E O B V
L L U E D W O L Y R L M C H O
A X I D O C N O R L E E T S R
S C G O O X Z G C N G M J U Y
V A D L F I V R S N E N I L O
```

BRONZE	LINEN
CHINA	PAPER
CORAL	PEARL
COTTON	POTTERY
CRYSTAL	RUBY
DIAMOND	SAPPHIRE
EMERALD	SILK
GOLDEN	SILVER
IRON	STEEL
IVORY	TIN
LACE	WOOD
LEATHER	WOOL

Words Derived from German

```
J C C D D N A L R E T N I H R
N O O D L E W U S X I G B O V
N B D B X P X C A I W W A N D
I Y D X A L A G E R B S G E I
D E O V V L M K B R T T L T Z
N L P D E U T W L O S I I E B
U E I C E B E R G I C E I X Y
H S Z S X L C T E A H T T J D
S E L G P R A G T N G D C P H
H I S I U B R E E E Z T I L G
C D X S S E S R I I Z L C U A
A F H E T S H S T T S Z C N X
D A I L E A T H L N Z O G D Y
S L O N F D E A E Y O S H E F
G P M P G R W R Y Z T A S R E
```

ABSEIL	LAGER
ANGST	MUESLI
COBALT	NOODLE
CRUSH	PILSNER
DACHSHUND	PLUNDER
DELICATESSEN	POLTERGEIST
DIESEL	ROAST
ERSATZ	SCALE
FAHRENHEIT	WALTZ
GLITZ	YODEL
HINTERLAND	ZEITGEIST
ICEBERG	ZITHER

TOP Words

```
Y U G R N H A N G T N S A B T
K F I E E I P O T T N V A P N
Q O D E Z S D Q S S A L C I A
V I S H D P Y T F O C S S E L
S L A O J A J V W M C R C H L
O L U L I Q R E A F A C V X A
F I K E V L H G Z E Y Y X V G
T B X D Y S S E G T H F D N M
H E X H U C A S I J C L A F U
E H A S P N Q R W O W D X L S
F T Q S A F O S A N S C R I K
O K U N Q I H T N H E I S G R
R I A B R S M O X W S C L H A
M B R P X U K N D I O Z A T M
L T K M O I U E J U N D B T J
```

BANANA	HOLE
CAT	LESS
CLASS	MARKS
COAT	MOST
DOG	OF THE FORM
DOWN	PRIORITY
FLIGHT	QUARK
GALLANT	SAIL
GEAR	SIDE
GRADE	SOIL
HAT	STONE
HEAVY	THE BILL

Places That Start and End the Same

```
X C L E W E R L A R R O D N A
O R X N E A O F Q Z L O G R N
G W H L P S S C A S M A R A W
K A I D O K I R O P O R T O O
J H D X B W R R A N D Z O A T
G B J J B R E U P W I Y Z N W
K E S W I C K L H R A R E A E
O F T D I C Y O L R E K O T N
A E Y T A C U P A X H T C S Z
L N P N Y W K B H S H O N A B
Q M G O P S I L A V T I B E E
U O F O R A B T O O D E I V O
C Z D D L U Q U H W W J B E F
N N U D T A E I R M H S W I H
O D N A L R O F H G V S X G T
```

ANDORRA	NEWTOWN
ANGOLA	OHIO
ARABIA	OPORTO
ASMARA	ORINOCO
ASTANA	ORLANDO
COGNAC	OSLO
ENTERPRISE	OVIEDO
EUROPE	RUHR
GETTYSBURG	TASHKENT
KESWICK	TIBET
KODIAK	WARSAW
LOWELL	WICKLOW

Scottish Islands

```
W Y B G A Y Q B Y B N N C T D
M H A G H H L A M B A W R N Z
S G N I U L R L Y O D S A W E
O C R E W H N E C K U L M J M
U S E I L Z L E M N S S J L E
T A W L M L F F K I P O A G L
H N D E A S A L E A R R A N S
W S J A L I A V O D A X X C I
A E U N R V L Y L D Y B A I R
L S R S X A E T A U A L R T E
L D A H C F Y H O L P I Z Y H
S J D O U F K H X A U K G A T
Y O H N N F S G Y V S O S H O
V N S A H T I W S K X T F A R
E A R B M U C E L T T I L T B
```

ARRAN	LUING
BROTHER ISLE	MOUSA
CALVE ISLAND	SCALPAY
EIGG	SEIL
EILEAN SHONA	SKYE
FLODAIGH	SOUTH WALLS
FOULA	SWITHA
GRIMSAY	TAHAY
HOY	ULVA
JURA	VAILA
LAMBA	WIAY
LITTLE CUMBRAE	YELL

All Together

```
R R H A V V Z E K H C N U B J
G K T I H H U W U B T X S D K
T F U T Z G C L U T C H E C T
L O V H P A R T N E R S H I P
D R E H H H A K A U N Y E X I
K U S A F M A S S B H M E S D
B U L C R P P N D E P P H B W
H I P D K Z K A A V U M D L O
M V B W E C H P C O C S U O R
T E E U O L A O R K X V Y L C
Y R L L N O I T C N U J N O C
C T F D Z D N P S T R I N G B
W E K J D M L G C Z K Z M N A
X A T F U U Z E S J T D Z A N
I M T D L R H I Z S W J A G D
```

BAND	HEAP
BATCH	HERD
BUNCH	HUDDLE
BUNDLE	MASS
CLUB	PACK
CLUMP	PARTNERSHIP
CLUTCH	PILE
CONJUNCTION	STACK
CREW	STRING
CROWD	TEAM
FLOCK	TROUPE
GANG	TUFT

Climbing

```
T T N E M P R A C S E H W E B
N C U G Y B Q V J Z X U R F Z
E F R Q O K I L R H L H W P E
C C F A D J E L E V A T I O N
S A I I G N Y U L P L E Z Z I
E E E V L S K A E P T G A L F
D S U E E C R X O H I D J N I
D K D N G R Q A G G T I R X V
Y U N L Y D C I P Y U R V T Z
M V S L O P E Z A P D F A C E
P F O O T H I L L S E E R Q T
I R G U I D E M Y Y T L W F E
T R O P S B R O C K S M E H P
O P N E H H N V T V B L R N G
N N V S L J C N K X C D T R Q
```

ALTITUDE	FOOTHILLS
APEX	GUIDE
BELAY	HEIGHT
CLEFT	LEDGE
CLIFF	PEAKS
CRAGS	PITON
CREVICE	RAPPEL
DESCENT	RIDGE
ELEVATION	ROCKS
ESCARPMENT	SLOPE
FACE	SPORT
FLAG	TOEHOLDS

Hot Stuff

```
W O L A K I R P A P S T E A M
E R Y P J K E C A N R U F S N
Y T C H S I D A R E S R O H H
K M L T R O P I C S G V R T S
L L O S N L U R Q F E S G T G
Q U L I C S J K G N B R E Z N
K R O W E R I F R P G E I C O
Q N E H A L O L E X A D K S T
Q G S V N V L I E A Z N J R G
E A R Z E E A M N Z C I E E N
P M E E H F Q L H D D C H B I
S L A O C S D L O I R H E M L
J P Z L D K H L U P E P P E R
I A V J F L L M S J N L A O U
I O N A C L O V E V O T S L C
```

ASHES
CINDERS
COALS
CURLING TONGS
EMBERS
FEVER
FIREWORK
FLAME
FORGE
FURNACE
GREENHOUSE
HELL

HORSERADISH
KILN
LAVA
ONION
OVEN
PAPRIKA
PEPPER
PYRE
STEAM
STOVE
TROPICS
VOLCANO

G Words

```
D E L R A N G N R G L M K G G
G G S K Y C G L O M O S J A D
R R H M L G I R U O A G V G U
I X G J O Z G V L T Y W N G G
E P G E V E O G G J T I I L L
F S G K C R T U E D H O C E Z
E N M V G K I N E S G I N N O
G B O D A L O T U G N A T O M
X M O U T T A G N D N M G T Y
G M R E G L K N R E H M U S N
E U G T U G U M D U W A F L F
G J I N Q C Z L Q P F G F L H
H S A N G J O G F G Q F A A O
G R X H E G V F W G A X W G H
G H G I Y A Y D E E R G S F G
```

GAGGLE	GOLDEN
GALLSTONE	GORGE
GAMMA	GRANULATED
GECKO	GREEDY
GERM	GRIEF
GIGOT	GROOM
GLAND	GRUFF
GLOOM	GUFFAW
GLUTTON	GUILT
GNARLED	GUINEA
GNASH	GURU
GNAT	GUSHING

Landlocked Countries

```
B O X M P L A I K A V O L S L
E N S O U T H S U D A N M G A
L I E C H T E N S T E I N A P
A G S A D T A I B M A Z N A E
R E T V V N O K I U F A I I N
U R R S D O N S O W W V H Z G
S Q D O G C D E E S I U S M Z
T O R H S B T L T L O A C I T
E R T W H H Y O O J N V M Z D
A P F U I R B B A M V B O Q S
U P T O A M B D A E A I Y E U
O A P G A L N R O B E L R Y C
N I N L U A I T W J A B A H C
A U I A W N B E T O I H A W Y
H W W R O V Y R S A O D X W I
```

ANDORRA	MALAWI
BELARUS	MALI
BHUTAN	MOLDOVA
BOLIVIA	NEPAL
BOTSWANA	NIGER
CHAD	RWANDA
ETHIOPIA	SAN MARINO
HUNGARY	SERBIA
KOSOVO	SLOVAKIA
LAOS	SOUTH SUDAN
LESOTHO	ZAMBIA
LIECHTENSTEIN	ZIMBABWE

Round Objects

```
T W N M J W D M T J L A U J N
X L O O P S L E P D E O O C I
S N B K B K R A I R E U Z I U
L M B X J B A Q Y D H K S W Q
A E V I K Q E T I H W J F P E
B L E R E H P S S Z P T E V S
M D C K U T H E L C O N O M G
Y R S E E A G S S C N B B L R
C I J L L M K V M Y C U O I P
D G E Q E G O T O C A B T F T
T Y S T L N N L A D E M G E K
E K E G S M S A R B A I L B Z
K C U P Q Z A C B P L L T E L
A L T W H F I H A R E E H L J
P L E T T E R O A P Q J T T X
```

BANGLE	PEARL
CYMBALS	PELLET
DISH	PENNY
DISK	PLUG
EYELET	PUCK
GIRDLE	SEQUIN
GLOBE	SPHERE
LENS CAP	SPOOL
LETTER 'O'	TABLET
LIFEBELT	TYRE
MEDAL	WHEEL
MONOCLE	WOK

Baseball Players

```
E T I H W K N A R F T E B F J
P H I L R I Z Z U T O I H O Y
T N E K F F E J O J D L E U E
Y X M N B P A L C M M R N X X
E Z N A O A E J C F A S R O I
F K A L Z M B P G N S N Y F R
A L L P Z T H E D X T F A E A
H A O E I E X A R Y F J A I P
K L N I E L K K C U H C R L P
C K Y D S I U O D L T O O L E
I A R D M N B H O H D H N E V
H L A E I B G N U O Y Y C N G
C I G J T U M D E C I R M I J
B N E D H A N L O N K M U I S
P E T E R O S E D D R O U S H
```

AL KALINE	HENRY AARON
AL LOPEZ	HUGH DUFFY
BABE RUTH	JEFF KENT
BID MCPHEE	JIM RICE
CHICK HAFEY	JOE RANDA
CHUCK KLEIN	MEL OTT
CY YOUNG	NED HANLON
EDD ROUSH	NELLIE FOX
EDDIE PLANK	OZZIE SMITH
EPPA RIXEY	PETE ROSE
FRANK WHITE	PHIL RIZZUTO
GARY NOLAN	TY COBB

Canadian Lakes

```
T G K B Z W C R O S S A L F K
B G M E A E X T M O Q M T R A
M N A N H K D U Z U H A Z E N
P O L Y Q E E O S T T D D B I
W S A W L I T R L H N J Z Y M
R U C L N M T T L E I U F A A
Y G D E D A E I C R O A A E K
X R E S N Y N R E N P K N X D
E E S C A A Q E D I B N L Y N
O F B Y L M D R A N A A F X D
N G O H S N Y C R D M G N P P
B X I Q I T M U A I K A S B A
V K S E W I P I S A B R T V S
E E R C J W Y K W N E R A I D
K R A E B T A E R G Y Y N U F
```

AMADJUAK	ISLAND
AMISK	KAMINAK
AYLMER	KASBA
BAKER	LAC DES BOIS
CEDAR	POINT
CREE	REINDEER
CROSS	SELWYN
ENNADAI	SIPIWESK
FERGUSON	SOUTHERN INDIAN
GARRY	TATHLINA
GREAT BEAR	TEHEK
HAZEN	TROUT

HARD to Start

```
S G G J Z C K Q N M G S D R S
L N F E S G N I L E E F N U E
I I R R B U G W W M J Z V R E
A K F T E K H H I A A R O S U
N R Q R C D S T M I T C E M L
S O Y M Q I L P D R T E L B L
A W H C G D X U O R H U R Y E
X Z Q E N Y E C O C I X D D S
H G H R I E K P Z H A N E A B
L S E A R E R L Z T S S K N F
I O A W A C V R I P O N R D R
Q L D C E A L I U N O G E F B
U J E Y H H J T R C E U V A H
O K D K F S Y P K D N S O S C
R N K P O N W S K S I D C T P
```

AND FAST
AS NAILS
CASH
CHEESE
CORE
COVER
CURRENCY
DISK
DRINK
DRIVE
FEELINGS
HEADED

KNOCKS
LINES
LIQUOR
NOSED
OF HEARING
ROCK
SELL
SHOULDER
TIMES
WARE
WATER
WORKING

News

```
T D X C M S E N I L D A E H R
E Q F J Y O C D R X W O R L D
T L C E U G M I W O S J F E C
O E V E N T S E T A D P U J P
U F L D N V L I I I L J O D H
Q S A U R P I D S A L U D R O
W U B C E P E R C Y R O Y F T
E W U A H M I O O N L R P L O
I H L T T S L C A N A A P E G
V E L I A L C L T D M O N V R
R A E O E E I I I U O E M A A
E L T N W S F O E C R L N R P
T T I K T F S Z S N E E R T H
N H N I K M N N P T C C S O E
I M O O R S W E N C L E B F R
```

ANALYSIS	PHOTOGRAPHER
BULLETIN	PICTURES
EDUCATION	POLITICS
ENVIRONMENT	QUOTE
EVENTS	RADIO
HEADLINES	SCIENCE
HEALTH	SCOOP
INTERVIEW	SPORT
JOURNALIST	TRAVEL
LOCAL	UPDATE
MEDIA	WEATHER
NEWSROOM	WORLD

Weapons

```
N P P R L D E Z S A G R A E T
T V M C A T A P U L T F W Z L
A E V A Y E E Z I V Y O Y O P
B R C L C O P A C P X U T C F
Q M A O D H D S I Z W S X A W
S G O P X A I G Z R I O S W X
H W U B I E G N T P G S L O T
I K O B H E C G E E E U F B E
L V P R A Z R Z E G K X N S L
L C H B R Z F N A R U C T S L
E L F I R A O I A H O N O O U
L Y C C Z D R O W S D A O R B
A V P B O W I E K N I F E C O
G E C N A L B K W A H A M O T
H N U O O D E P R O T D M G D
```

AIRGUN	H-BOMB
ARROW	LANCE
ASSEGAI	MACHINE GUN
BAZOOKA	PISTOL
BLOWPIPE	RAPIER
BOWIE KNIFE	RIFLE
BROADSWORD	ROCKET
BULLET	SHILLELAGH
CATAPULT	SPEAR
CROSSBOW	TEAR GAS
DAGGER	TOMAHAWK
EXOCET	TORPEDO

Things That Can Be Driven

```
I T G V T P E J T I R H L I R
S Z R R T K R E C A T T L E E
L D U R A Q S R C V Q D H C T
Q C U T W H T R E E J E J A N
K C S O E O O E H H O N E R I
E N D E L T N D C I T I R R R
V E P S O C J S A C N G O I P
I G J M R O O R O L P N T A N
T N I O P P F M C E N E C G B
O A J H M L D D N A O W A E L
M H U O O R E I I I E Q R W N
O C R R X S O L S D B X T I D
C F Y Y I E A F G H M U A Q C
O U L R J U N E E U X R S K A
L R E O S E G D I R T R A P F
```

CARRIAGE	PARTRIDGES
CATTLE	POINT
CHANGE	PRINTER
CLOUDS	REFORM
COACH	SHEEP
DESIRE	SNOW
ENGINE	STAKE
IRON NAIL	TRACTOR
LOCOMOTIVE	TRAIN
MOTOR CAR	TRUCK
OMNIBUS	VEHICLE
OXEN	WEDGE

Tunnels

```
V D E K C U R S O B E O G I H
T R H R R R T U A L A P O F R
W O O A D H S R H G X T A E Q
F F N M H A R U N A U D D X N
R T I I Y A M A Z K O N T G E
E R H O I T V K A K A R F U G
J A C L A D E K K F O L R N N
U D I U U N K A P P I Z U Z E
S C E G A V H W M V Q U D V R
S R T S R E N O A A A V A J T
N I A E L R S E B G N G L H S
R N W I B E C H A N N E L W Z
W B I K E I S I M P L O N I K
Q F H A R N D O K K O R P B A
Z N U N G A B Y F D T J S D P
```

ARLBERG	IWATE-ICHINOHE
BOSRUCK	KAKUTO
CHANNEL	PFANDER
DARTFORD	ROKKO
ENASAN	SCILIAR
FREJUS	SEIKAN
FRUDAL	SIMPLON
GUDVANGA	SOMPORT
HAKKODA	STRENGEN
HARUNA	TAUERN
HIGO	VAGLIA
IIYAMA	VEREINA

Fractions

```
H Q D C H R H T E I T X I S Q
T R D B A T T Z O S Y O V U A
N N G N M H N R P G P T A K N
I M E F O Q E E E E H R W H Q
N Y P L N C V R T D T T T G I
F M U L A C E M A E R H X M M
D L I C W V S S R P G O P I B
E I A X O U I D Y I M R I T S
C H V H E M M U E T O O I V H
I D N I G D P C Q P R Q C T F
M L O V D O L L E E L I F J A
A V M I H E E R E D R I H T C
L G M J P B D S Q X F L V T T
T H O U S A N D T H H E S K O
P C C H T E I T N E W T T Q R
```

COMMON	NINTH
COMPARE	ORDER
COMPLEX	QUARTER
DECIMAL	SEVENTH
DIVIDED	SIMPLE
EIGHTH	SIXTH
EQUIVALENT	SIXTIETH
FACTOR	TENTH
FIFTH	THIRD
HALF	THIRTY-SECOND
IMPROPER	THOUSANDTH
MIXED	TWENTIETH

Gym Workout

```
I  A  Q  S  T  H  G  I  E  W  P  M  E  C  T
Z  C  P  D  R  B  A  R  B  E  L  L  S  M  M
C  R  B  U  H  I  W  S  S  E  N  T  I  F  B
G  B  O  H  L  E  V  E  R  A  G  E  C  D  O
A  N  Y  W  O  L  U  J  X  B  C  E  R  G  D
N  Y  I  W  I  R  E  W  O  H  S  N  E  N  Y
U  K  O  P  W  N  D  Y  D  U  E  J  X  I  B
A  H  E  G  M  R  G  Z  S  X  Y  C  E  N  U
S  E  S  J  A  U  E  M  C  I  S  V  N  I  I
E  G  R  T  S  T  J  G  A  B  C  M  L  A  L
T  O  O  O  M  U  D  P  A  C  K  K  X  R  D
A  E  H  G  B  A  B  N  T  S  H  T  X  T  I
L  W  A  R  M  I  N  G  U  P  S  I  F  J  N
I  N  S  T  R  U  C  T  O  R  S  A  N  U  G
P  H  C  N  E  B  N  S  P  E  T  S  M  E  H
```

AEROBICS	MASSAGE
BARBELL	MUDPACK
BENCH	PILATES
BODY-BUILDING	PULLEYS
DANCE	ROWING MACHINE
EXERCISE	SAUNA
FITNESS	SHOWER
HORSE	STEPS
INSTRUCTOR	TRAINING
JUMPING	WARMING UP
LEOTARD	WEIGHTS
LEVERAGE	YOGA

Camping

```
V G S E L O P T T R E R D L N
B J C W Z J C V R Z Y J O H F
F L Y S H E E T B A F I O G V
S A U C I D F E G N I N W A Y
Q T W S S T A K E S H N C B T
D R F B A C K P A C K I N G Y
W I Y Z H E I S T R E A M N K
T N S T A T C J H N K Y G I S
O E V B C I Y U S E E R L P Q
R S Q H B S I F T C I T P E O
C U G S T O P T L L Y F L E C
H T E E J Q L S L A E Q U L R
U X W C P E H K T P M R W S L
A J A Z T E H C T A H E Y C T
U B Q N U V I N K H M W V A E
```

AWNING
AXES
BACKPACKING
BEACH
CUTLERY
FLAME
FLYSHEET
GRILL
HATCHET
KETTLE
LATRINE
MATS

PEGS
PITCH
POLES
POTS
RAIN
SITE
SLEEPING BAG
STAKES
STREAM
TENT
TORCH
WOOD

Occupational Names

```
D K R H Y N A M T I P R Q U G
K Z N P T T Y L E R U J E Q G
R E P I P I H A R P E R W Y O
E R R R O J M G R E K R A B D
T R E H S I F S I T R F N C D
R B R P I R E D I R G E P V A
O R A Q O V Q W V K W C E F R
P D E R P R R N S W T N O V D
C H A M B E R L A I N S I O E
X V D W A E P C K N T H E A K
M L N E Z S R I F E Z L Q S W
C I K K A P O C R Z Z H M B Z
W P K Y M C E N D R E P A R D
R E K A M E O H S T E W A R D
O Z N J O R E N E D R A G C A
```

BARBER	MASON
BARKER	PIPER
CHAMBERLAIN	PITMAN
COOK	PORTER
DEACON	REEVE
DRAPER	RIDER
DYER	ROPER
FISHER	SHOEMAKER
FOSTER	SMITH
GARDENER	STEWARD
GODDARD	TYLER
HARPER	WAINWRIGHT

Dams

```
C I P A S A N G I L L F V L S
R T T E N N E B C A W T E K E
G M N A S H V F U V S J I R G
A L G N L M T W A C E K K V R
A Q B A T G E A E I S N K G O
D T S M B R N L R N U R E K G
S K J A S I L A I B U B A K E
A B A Z N I B T M T E K Y S E
R N E N V L A O A M H L A V R
A E N O E R U T R O O E A B H
T O R H A V A I V U B S M L T
O O S B Q B P K S E C E U G N
V F M X I T A P Y J K A H L J
N A W S A H G I H P C O A A E
K T U C U R U I N U G O R P O
```

ATATURK	NUREK
BEAS	OAHE
BORUCA	OROVILLE
CIPASANG	PATI
HIGH ASWAN	ROGUN
KAKHOVKA	SAN LUIS
KAMBARATINSK	SARATOV
KANEV	TABQA
KIEV	TARBELA
LAUWERSZEE	THREE GORGES
MANGLA	TUCURUI
MOSUL	WAC BENNETT

Punctuation Marks and Signs

```
I  S  V  H  D  N  A  S  R  E  P  M  A  J  R
H  Q  X  T  F  H  W  A  M  M  O  C  F  S  E
N  Y  F  O  T  Q  I  B  J  S  N  O  O  I  D
D  D  P  L  R  D  K  P  S  O  R  L  C  S  N
N  M  S  H  O  H  V  Z  I  L  M  O  U  E  U
C  J  Y  L  E  I  W  T  F  M  A  N  V  H  O
L  R  L  B  R  N  A  T  W  W  I  U  O  T  P
A  A  O  G  J  M  S  N  M  M  O  M  Q  N  H
R  T  U  S  A  I  T  E  N  I  E  R  Z  E  A
H  L  O  L  S  S  E  C  R  U  C  C  R  R  S
E  S  C  Y  U  E  R  R  R  P  A  D  A  A  H
P  X  A  L  D  E  I  E  B  F  R  T  A  P  U
E  M  P  L  B  U  S  P  Z  E  B  L  O  S  F
K  C  I  T  S  R  K  X  R  E  L  G  J  M  H
P  T  T  A  H  O  B  L  I  Q  U  E  J  D  E
```

AMPERSAND	HASH
ARROW	HYPHEN
ASTERISK	MINUS
BRACE	OBLIQUE
COLON	PARENTHESIS
COMMA	PER CENT
CROSS	PLUS
DASH	POUND
DOLLAR	SLASH
EQUALS	TICK
EURO	TILDE
EXCLAMATION	VIRGULE

Jewels and Trinkets

```
P S A L C B T T E L K N A N C
R G N I R G N I D D E W T S U
P O R D R A E L A W R A H K F
S I G M A W O B Z R B T K X F
N D H A S C R V V A A C C T L
W F A D K P I Y N S J H W T I
O I M E E N D G S S A N G N N
R W T A B I L U P R C M H I K
C V R B A E N B M P N A P E S
Q L T D D B R Q E I C T M S J
S N E B U O S N P Y S L U E J
L M G R O K D E P A O C I N O
H D S C H A I N E D S F B P Z
B T H N N T Q R R E K O H C P
Q I U T T T B R A L L O C Y R
```

ANKLET	CROWN
BANGLE	CUFFLINKS
BEADS	DIADEM
BREASTPIN	EARDROP
BROOCH	LOCKET
CAMEO	PEARLS
CHAIN	PENDANT
CHARM	SUNBURST
CHOKER	TIARA
CLASP	TIEPIN
CLIP	WATCH
COLLAR	WEDDING RING

Orienteering

```
E T U O R B L N T B W I L P G
D S F O R E S T A Q N W O O N
I E E G N E L L A H C H R R I
S E C R S L S P I D E I T I K
Y R E W U I L S L R D S N E L
R T T L K N G O A E N T O N A
T S A Q A E X N C P R L C T W
N Y R F R C X L P A M E I E S
U M A H O S I M P O T O R E R
O B P T N N S S U E S E C R E
C O E M A P P E Y U L T L I N
B L S T N N E J N H O A E N I
Q S I D W V T Y K T P D C G A
P O B A C K R E A D I N G S R
N E C P N H S I N I F F R T
```

ANORAK

BACK-READING

BEELINE

CHALLENGE

CIRCLE

COMPASS

CONTROL

COUNTRYSIDE

DECLINATION

FINISH

FITNESS

FOREST

LOCATE

ORIENTEERING

PHYSICAL

ROUTE

SCALE

SEPARATE

SIGNPOST

SYMBOLS

TRAINERS

TREES

WALKING

WHISTLE

Poets

```
T N E U I D N U Z Y E O D Z D
V O R S I A T D J V H R O W E
M R E H P O T S I R H C D V H
S T D I I E Q B A D O V E G X
Q J L L J H N C K G E N T P D
Q E E T U T B S X A R S A Y L
C N N B O V Q M E Q O A A E H
D E S O U Z A N A R W W Y D A
O A A L T R O E F L L C I D E
X H R Z O L R W O W I Z J A D
Q S V L R M I O J R Y G A N K
K T D U E U A M U I E P E T L
D S I Z Y Y D S I G R E Y E Q
T B S R U B L I W H H F R Z M
B X D M E P R O H T N S C J X
```

BURROUGHS	GREY
CHRISTOPHER	LAMB
DANTE	LOMAS
DARLEY	MILTON
DE SADE	NORTJE
DE SOUZA	OWEN
DEAHL	PYE
DOVE	ROWE
ELDER	SPENSER
ELIOT	THORPE
FROST	WILBUR
GRAY	WRIGHT

University Challenge

```
V G H Z G L L E N R O C E L K
N E W C A S T L E L L I L P I
L O M P D I S T U T T G A R T
F M D E O I V X I U G V E I F
P N E N Z R C C B B J L Q N L
G L B F O C T I J A A F B C P
B R U N E L N O W N O Z H E S
F U E Y B G H W D G X U A T L
R J R B E E G E A O F R R O E
E B A N L E R Z A R O I V N I
I P P J N E B K A L R C A N P
B L A E W O D X E X D H R F Z
U L V D N P I I J L Y W D X I
R A K N U J B R E M E N F Q G
G F E R R A R A Q H D Y H I K
```

BANGOR	LEEDS
BERKELEY	LEIPZIG
BONN	LILLE
BREMEN	LONDON
BRUNEL	NEWCASTLE
CORNELL	OXFORD
FERRARA	PADUA
FREIBURG	PORTO
GENEVA	PRINCETON
HARVARD	STUTTGART
HEIDELBERG	TUBINGEN
IRELAND	ZURICH

Wild West USA

```
A O M W T L B U K G S I B C P
X S M D T W B O N S P U R S R
T S A T E W Y A E P U G E K A
A A R R K V G R U D P O S S E
I L S U C N C Y L Y O F R M T
R Z H S O P A T G A R R E T T
A F A T R T I S Z V V G Q B A
L U L L C O W P O K E A H X Y
Y A R E Y M S S T E E R C H W
D H A R V H H S U R D L O G B
W O N R A O X C O R R A L O A
O R C H D R E L B M A G U X W
H S H J Q N J V R O U N D U P
B E I K C J P J Y H T F X H Y
R S S S A B M A S Y B R H C D
```

BOUNTY	MARSHAL
CAVALRY	PAT GARRETT
CORRAL	POSSE
COWPOKE	RANCH
DALTON GANG	RODEO
DAVY CROCKETT	ROUND-UP
GAMBLER	RUSTLER
GOLD RUSH	SAM BASS
HORSES	SPURS
HOWDY	STEER
LARIAT	TOM HORN
LASSO	WYATT EARP

UK Prime Ministers

```
C P E P G N O T G N I D D A V
R N E Y E M O H S A L G U O D
B R O W N G L A D S T O N E F
O C V G B C S I R W N J N W K
N H P V S Q S U G O I I B A B
A U I F U R S A R N A L B L P
R R T I A S T E R L A A S P C
L C T E E T M C R I L H G O A
A H L L L A P E R F X E D L N
W I L E C E B J O A L A W E N
L L E E L M A U J N N T C K I
P L Z H A A R P A B P H U H N
E U A H G O S W M H N E D E G
E M C A L L A G H A N D B R S
L J F P J Q D R D K H Z M L U
```

ADDINGTON	DISRAELI
ASQUITH	DOUGLAS-HOME
ATTLEE	EDEN
BALFOUR	GLADSTONE
BLAIR	HEATH
BONAR LAW	MAJOR
BROWN	PEEL
CALLAGHAN	PELHAM
CAMERON	PITT
CANNING	RUSSELL
CHAMBERLAIN	WALPOLE
CHURCHILL	WILSON

Trees and Shrubs

```
I U A M E B P W E M D J Y R J
H W X P A T L R R T D L Z E E
F K V L C A A B E L E U E L W
B S M X U J L D H L Q S I D E
F R E R N U M T X O R E B E L
H C E E B H O P V O S I E R P
N L N A X T N F G A B J S U P
P R H K D I D G A R D E N I A
I J O E O F L W Y M P F D C X
W U L H A B R A Y V S B E U L
J D A O T A X U S C I R D W V
W A D S U W E P I Y H G Q P M
N S B P L M A Z O T X E G U S
J K G M I C E H T T A B L K W
U L Y L P X D N A C E P K M G
```

ABELE	JUDAS
ACER	LAUREL
ALMOND	LIME
APPLE	OSIER
BALM	PECAN
BEECH	PLUM
BREADFRUIT	SALIX
DATE	TAXUS
ELDER	THUJA
GARDENIA	TULIP
GORSE	WYCH-ELM
HAWTHORN	YEW

Pairs of Things

```
Q E Q P L P C S D E H M N F C
N U S O R Z U O G B I O P M R
J P R S K C O S M N R L T L F
L Q E J I E S I A P I A Q I T
F J K M P Y T N S E A G C I F
F W A Z P T O S R U P S G E C
O O E S E H O S A W W H S E S
R X P N R I B E E Z T B R E L
C D S I S U N Y H S S R E R S
E X D W P S E W S E S E N L I
P X U U O A H T V Y K E I U B
S R O N A L N O A S A C A N T
U W L D Q M L T R C T H R G Y
S N A E J G S E S T E E T S C
K Q I Y W X X Y B K S S W Y Y
```

BELLOWS	MITTENS
BOOTS	PANTS
BRACES	PLIERS
BREECHES	SECATEURS
COMPASSES	SHEARS
FORCEPS	SHORTS
GLOVES	SKATES
JEANS	SOCKS
KIPPERS	SPURS
LEGGINGS	STAYS
LOUDSPEAKERS	TIGHTS
LUNGS	TRAINERS

Hard

```
T U G N I D L E I Y N U U M E
D O N Z O V I E E Q U Q E A R
I Y U C K U Y A R A M S I S E
G L W G O O N O M Y B N W U V
I E H F H M N B E O S E S O E
R E V A R B P R E E N U T I S
E T U L O S E R N A N D O R O
R S P N N T I S O M R B N O O
O M H C S G I M E M D A Y B O
C M C U O T M R A U I J B A Q
K O A R I S C Z R S S S V L D
Y H O V T I I A T O Q H I C E
F U E O F Y T I L Z M Y X N R
S Z U U O E F I E T I N A R G
F T L L O F D S U O U D R A Z
```

ARDUOUS
AUSTERE
BRAVE
DIAMOND
GRANITE
INSENSITIVE
LABORIOUS
NUMB
OBDURATE
RESOLUTE
RIGID
RIGOROUS

ROCKY
SEVERE
SOLID
STEELY
STIFF
STONY
STOUT
TOUGH
UNBEARABLE
UNCOMPROMISING
UNMERCIFUL
UNYIELDING

```
W W D I Z X E N A C I H O M D
D Q S C R I M P E D V P I E W
I D G H T M U R A T E L L U M
B A C K C O M B E D T R N D W
Z Y W Z T R R E B P U Q T E E
D T O M P A E O O C C D X R A
R O V B I L B D U L R F Q E V
E N N D E N B W F I E Z N Y E
A S H I N G L E F A D L E A A
D U I K Z J A T A T N B G L Q
L R H E A O P P N Y U K N U F
O E A R C R L B T N N W I U G
C G D C R F A Z R O U F R D H
K E Q U O A I T A P F S F F U
S I N B P K T C H I G N O N C
```

AFRO	LAYERED
BACK-COMBED	MOHICAN
BOB	MULLET
BOUFFANT	PAGEBOY
BRAID	PERM
BUN	PLAIT
CHIGNON	PONYTAIL
CRIMPED	QUIFF
CROP	SHINGLE
CURLED	TONSURE
DREADLOCKS	UNDERCUT
FRINGE	WEAVE

Birthday Party

```
O S Y S N U Y V S G N O S A B
L A E P T P R E S E N T S G F
T A S T L A M A R Q U E E A B
Q V U Y A N H D I A J X M M O
H O K G P L X D M C L I L E M
S C X O H P P F A A L M H S N
I L E V Q T A D E Y E O S L H
S S F E H X E H R Q Z D W E I
E R D T P C R R C W R N O N S
H E G U E S T S E A V M Q D E
S N O I T A R O C E D W B D S
I N M A C V L O I N D O O R S
W A K A R I I X K E P O P H E
F B K C I S U M S T F I G D R
R E N I A T R E T N E R A J D
```

BANNERS	HAPPY
CAKE	HATS
CARDS	ICE CREAM
CLOWN	INDOORS
DECORATIONS	LAUGHTER
DRESSES	MARQUEE
ENTERTAINER	MUSIC
FAMILY	PLATES
FOOD	PRESENTS
GAMES	SONGS
GIFTS	SPEECH
GUESTS	WISHES

Tropical Fish

```
S U S U L C N I C O T O I B G
C R A D H N S E V E R U M A R
I I G I I X I C L O S C A R E
S H U I M A R U O G L R S R E
L C P U I P S Q Q F T N O A N
I I P C L H Z O O E P Y R C S
A B Y A Y R O C T P L B A U C
T N T P A O L N U N E R B D A
R Y D D N I O F S Z O D A A T
O X I E N E F X D B V R B H J
S V S R N E L E S A X J F U B
S Q C S R L R A G B N N L R D
I B U T T E R F L Y F I S H F
C F S O C E L P Y T E F O Q L
S Y R O S Y B A R B L H Z R F
```

BARRACUDA	NEON TETRA
BICHIR	OSCAR
BUTTERFLY FISH	OTOCINCLUS
CORY	PLATY
DANIO	PLECO
DISCUS	PUFFER
FRONTOSA	RASBORA
GOURAMI	RED PACU
GREEN SCAT	RED ZEBRA
GUPPY	ROSY BARB
HARLEQUIN	SCISSORTAIL
JULIE	SEVERUM

Coins

```
S K S K N O O L B U O D P I U
R A L L O D Q E C R E T S E S
Y J D M U S U I R A N E D O C
X G D U C A T V I A E X Y O U
P J Y R A I C T C L U N P G N
M O O A Y J N L A N B P I G B
I W U L R D X O L O E Q E U N
N Y Z N M A S B E R R U F S G
E R P F D N S O G L N G B I I
M W E N F D T U N M O J E X E
F Y N A F I A F A V B P Z P R
D J N W L P T G Q V L X A E E
N I Y V L R E B X E E Z N N V
Y X M D F A R T H I N G T C O
U F M E Z T S C W G U F T E S
```

ANGEL	GUINEA
BEZANT	NAPOLEON
COPPER	NOBLE
CROWN	OBOL
DANDIPRAT	PENNY
DENARIUS	POUND
DIME	REAL
DOLLAR	SESTERCE
DOUBLOON	SIXPENCE
DUCAT	SOU
FARTHING	SOVEREIGN
GROAT	STATER

Money

```
H M E R L W R Y D B S B T Y T
S E R A I L Y U J B X N F N O
A A A R E D N E T L A G E L L
C N N H Z Z L B C R P M X T C
P S T Q T I U H G N Y Z D A U
E C N E U L F F A A A T I X P
N W I W L C A U P R F T R A R
S Y C I L Y H E E J K S T T O
I C O N O E D A W D N A Y I S
O N T T R N X I N O H V M O P
N E U E K N S C S G B I O N E
Y R D R N Z B L I B E N N Y R
L R W E A S S E T S U G E T I
O U Z S B J R I C H E S Y U T
V C D T I P A V Q L E M S D Y
```

AFFLUENCE	LEGAL TENDER
ASSETS	MEANS
BANKROLL	ORDER
BULLION	PAYMENT
CASH	PENSION
CHANGE	PITTANCE
CURRENCY	PROSPERITY
DIRTY MONEY	RICHES
DUTY	SAVINGS
EXCISE	SUBSIDY
GRANT	TAXATION
INTEREST	WEALTH

Nuts and Seeds

```
L X Q D Z T C Q W N X H T R Y
L X X T U N E N I P E U E G N
F I C N P B L X T X N K T E I
P H B X R K E Q L O N G R F M
M O Y A W A R A C O L R Q I U
C B Z P J D Y O C T B E V L C
K I P R P F C C X W G W T B I
L H I C K O R Y H X A L F E N
P N M G N H P D Q E E I W R B
E O I H C A T S I P S C A T F
A N I S E D N O M L A T L E E
N N V Y P E C A N S L X N M N
U E M A S E S M H E L N U U S
T H S U F B V E C K E Z T W T
X H D P N D W M Q L K M S Z Z
```

ALMOND	DILL
ANISE	FENNEL
BETEL	FILBERT
BRAZIL	FLAX
CARAWAY	HICKORY
CASHEW	PEANUT
CELERY	PECAN
CHESTNUT	PINE NUT
COBNUT	PISTACHIO
COCONUT	POPPY
CONKER	SESAME
CUMIN	WALNUT

Baby Words

```
L L A T A N E T N A F N I I M
E W O Q A R E H T O M U R Y I
I C A E S A R E A N N O S R D
R Z A H E W W G H R T C N C W
M J P U S H N Y O C A I D T I
O G Z B F I R B O N N N Y S F
N B R T H E W D S E A E C R E
I T F S V E W F M T R Q N I T
T U U I N U A O U A F M A F T
O P L Y T I N R E T A M N H E
R E L E J T A C T J T V G P Y
D L T P H L D E U B H I E C A
K W E S K B W P W C E L R H L
B I R T H U U S M W R A P W Z
F R M Q T H G S V F R I T T W
```

ANTENATAL

BIRTH

CAESAREAN

DELIVERY

DOCTOR

FATHER

FIRST CRY

FORCEPS

FULL-TERM

HEARTBEAT

INFANT

LAYETTE

MATERNITY

MIDWIFE

MONITOR

MOTHER

NATURAL

NEWBORN

NINE MONTHS

PREGNANCY

PUSHING

SCAN

SHAWL

WEIGHT

```
P N P G R R N O R I X S R R X
S B X E E E O G A E S E E O R
W Q W T F T D S Z L N C G N E
F O A R T I P G O A I N R E D
M E Q Q R R E J R U Q Z A P N
H A T G A W J L J Z N S H C A
L W J Y T E F I K C O L C H S
R L G C I P R I N T E R A R U
G U I F U Y E N V L J B E M A
N R V R G T E A T Z R L W B P
Y E U H D T Z T E J I A N A S
G V C O F F E E P O T N D Z T
M A L X I K R Q B N J K C I O
X H Q U R D C T M C U E X I O
G S C I E B E R D O Q T I H F
```

BLANKET   JUICER
BOILER   KETTLE
CHARGER   LAMP
CLOCK   MOWER
COFFEE POT   PRINTER
DRILL   RADIO
FIRE   RAZOR
FOOT SPA   SANDER
FREEZER   SCANNER
GUITAR   SHAVER
HEATER   SPRAY GUN
IRON   TYPEWRITER

Transport

```
Z Y H G T W T S S T X Y R Z P
R V G S F R A E L P G Q E Y W
E R T R A I N I L W X L T S T
D A D V R R O T J C I O O U S
I I E Q C F M Y W M Y G O R A
L L F E O K A A O H A C C F L
G W S R H C M U D L I U S B O
V A D U H V S H L A Q E W O O
E Y J T B I C E C M Q G W A N
H K A V N R O O C T K D B R T
I Z L E T N I K A K E E A D E
C C O N V E Y A N C E K N R Q
L U P F L G N Y O D H E G P J
E K Y H V Q Q A E M F J E A O
N L F P W W D K L X N T R K Y
```

AIRBUS

ARMADA

BANGER

CANOE

COACH

CONVEYANCE

CRAFT

CYCLE

GALLEON

GLIDER

HYDROFOIL

JALOPY

KAYAK

KEDGE

KETCH

LIMOUSINE

RAILWAY

SALOON

SCOOTER

SURFBOARD

TRAIN

TRAVEL

VEHICLE

YACHT

Volcanoes

```
K P A X Q I R O I O X H I H S
X A Y E G A N N K G A N T E M
G O M O M E I O I W J T U E O
I L F B K R K O S Q A E O L U
P A I I O S L O L O R U B E N
N N M T G Y V M Y P I Y B P T
B U N T U M A E V P G L F X S
D A V A A Z R Z H Q A W O S T
S M O B G K E I A C R G J J H
O I I N U S W U X H U T A A E
W H N V A N A R S O M Y R N L
K S O H U C R K J P A G L R E
E O O S Z B A Y A A Y O S K N
N E T I O Z T A A L N Q X D S
B E Z E N N Y O E A D M F M K
```

AMBOY	OPALA
ETNA	OSHIMA
GUAGUA	PAGAN
HARGY	PELEE
KATMAI	RUIZ
KLYUCHEVSKOY	SANTORINI
KOKO	TAAL
LOLORU	TARAWERA
MAUNA LOA	TOON
MIKENO	UZON
MOUNT ST HELENS	VOON
NYAMURAGIRA	YEGA

Astrology

```
R J F Z J E D M T M E D Q I X
J E O N O I L M C A A R C X G
Q P T H G D P S R B G K I S Y
A O M A R J I I A C A V E F M
S C F K W A E A B R U H E S E
T S M A U S H E C U S S C A M
Z O J I Q O G H T I P O P G L
O R T R U Q E W F L R U S I K
S O R S V R Y B E P O L N T V
T H E I J N T O I Z Q I G T L
H I R G U S M O E H M B Y A E
P G L N L N O F L E Y R U R E
O H O I I I O W G L M A S I H
T C S A A W N U M A U C K U W
H T S M T T P O K I M B Y S U
```

AIR SIGN	LEO
ARCHER	LIBRA
ARIES	LION
BULL	MOON
CRAB	RAM
CUSP	SAGITTARIUS
FIRE	SCORPIO
FISHES	TWINS
GEMINI	VIRGO
GOAT	WATER
HOROSCOPE	WHEEL
HOUSE	ZODIAC

Desert Island

```
P O R D Z B N D K E S J Y A B
T Q E F M I A N D E R C H S Y
F Z T L M A U A B U K I E U D
A E A E E A F S P Z N E V B N
R S W Z C S E V A C R E E E E
S T E O K N F F M T I A S F R
D C T V C C E F M Z C W E N R
R E V K A E E L I H Z F N W A
I S T G G W A R I L I K I Q B
B N L R R P U N W S C X H S Z
A I A R E S C U E P D N S R H
L C G R K S W V C M I E N P X
N F O C A A E V J Y R H U O M
J S O L I T U D E T W Z S K S
R R N Q X Q Y M O U N T A I N
```

BARREN	PALM TREES
BEACH	RAFT
BIRDS	RESCUE
CAVES	RIVER
CLIFFS	ROCKS
DESERTED	SAND
DUNES	SHIPWRECK
FISH	SILENCE
INSECTS	SOLITUDE
LAGOON	SUNSHINE
MOUNTAIN	WATER
OCEAN	WAVES

U Words

```
U V P N A I N I A R K U A G U
M Z R U C A T N E G R U Y N Z
B I U R B F E N B U P O U I A
U R S R E X U N F A I R Y T W
T R U H N U D U B I Q U I T Y
U Q L L Q U N W U T S O U E R
N W A T C Q A U Z P E R N S E
U K U G W E H F J R S E I P H
U S Q U M B R A G E S T L U S
G U E Z U I E N U D Y S A T U
L T N F H C D G D D L L T R G
I O U S U Y N W A U U U E E T
E P Q S Q L U Y I L A M R C V
R I U N A B L E U B L N A H Y
U A A V R R I Y F M S U L T U
```

UBIQUITY
UDDER
UGLIER
UKRAINIAN
ULCER
ULLAGE
ULSTER
ULYSSES
UMBRAGE
UNABLE
UNDERHAND
UNEQUAL

UNFAIR
UNHURT
UNILATERAL
UPSETTING
UPSTART
URBAN
URGENT
USEFULLY
USHER
USURP
UTOPIA
UTRECHT

Herbal Remedies

```
N I N P V E Q G N E S N I G L
O O G K N I G W R J A A K B A
R G F U O R O S E M A R Y Y E
F T U R E V O L C D E R C E H
F N R K C O L M E H N H D R F
A I X H N B B I E T Q U P F L
S M S E Q P Y L G C X Q S M E
E R C G I U E L A I A F V O S
K E P A N R I H V L E E A C L
A P A R R S A A O R A V L M U
R P R O A L H N L A Z E E Z F
D E S B O A G I N G E R R K Z
N P L J Q N U A W E W F I X R
A P E N U E N M Y O S E A H J
M F Y J J C W X V K Z W N N X
```

BASIL	PARSLEY
BORAGE	PEPPERMINT
COMFREY	PURSLANE
FEVERFEW	RED CLOVER
GARLIC	ROSEMARY
GINGER	SAFFRON
GINKGO	SELF-HEAL
GINSENG	SENNA
HEMLOCK	SORREL
LOVAGE	SUNDEW
MANDRAKE	VALERIAN
ORRIS	VIOLET

Sports and Games

```
H G B V X L L B G T O B P T S
B W D Q G O L F P T R O W Q V
C H A S I N G U T E L L U G R
B G P O O L C O R E L A Y Y D
I B N W S R L L V B S O A M R
N Z C I I C G A S H N X T N A
G C L C K L U F L Y I N G A U
O H K A B L Q B S X H E W S G
J E S S T O A E J D S T Y T H
T S S I T T W W P O R B L I T
F S N F O R U L C E V A W C S
J G V N P R A C I N G L C S P
O D U L Y O E D A N Q L H A D
G W K Z O R J M L M G R V J U
B V P T H G I E W Y L F X T S
```

BATON	GYMNASTICS
BINGO	LOTTO
BOWLING	LUDO
CARDS	NETBALL
CHASING	PELOTA
CHESS	POLE-VAULTING
CRICKET	POOL
DARTS	RACING
DRAUGHTS	RELAY
FLYING	SOCCER
FLYWEIGHT	SQUASH
GOLF	WALKING

Snakes

```
B S M A M U S H I A B H R A E
A O T Y I E P B M N N G O N L
A T U K D K Y A R A R A T F C
R A C E R A M Z L R O K C E A
U P A Q M N P T I U C M I N S
S T U P W S Z F T S T R R I C
O W U P Y T H O N S S E T R A
M W K W C O B R A U O P S B B
N A T I A R K G C M H I N U E
A Y M Z B R P S Q B G V O L L
P Y D B C A O Z A A R P C O U
I N S T A P C L D G V S A C R
A E T I G U D D E F I A O C U
T G L A N C E H E A D O B K T
E N W N A R O N O S R N B P U
```

ADDER	LORA
ASP VIPER	MAMBA
BOA CONSTRICTOR	MAMUSHI
BOIGA	MUSSURANA
CANTIL	PARROT SNAKE
CASCABEL	PYTHON
COBRA	RACER
COLUBRINE	SONORAN
DUGITE	TAIPAN
GHOST CORN	URUTU
KRAIT	WUTU
LANCEHEAD	YARARA

Box of Chocolate

```
C F Y E E E F E U I W H I T E
O M F D K V U U V X R R H R D
O K R A D D I O D N I I X E M
K F C I N T C T P G K A J T Y
I E H O C A E M S A E L P T B
E W F D N H S G G E T C N I A
N L N D I J A F A Z G E I B R
O B Y G C Z S H V R U I E K S
B S I B A Q F N C W E Y D W J
R M P S L G X H I O Q V Y G S
U U J I C E C R E A M G E N E
O M J J H U Q O J M L B B B S
B I I O Y C I W C H V P C V S
S J E L N D S T P O A R C N I
Z I I B K U P C D H A C Y Z K
```

BARS
BEVERAGE
BISCUIT
BITTER
BOURBON
CAKE
CANDY
CHIPS
COCOA
COOKIE
DARK
DIGESTIVE

ECLAIR
EGGS
FONDUE
FUDGE
ICE CREAM
KISSES
MILK
MOCHA
PLAIN
RICH
SWEET
WHITE

Plumbing

```
G N I B M U L P L N L R T R E
H O P B U O B E N D E Q N R K
E Q E K Y N T G R T X P A M C
A O B T Y S G S L T X W L X O
T U H Y A U P I Z Z H G A F C
I P Y W W N F N O T N U E L P
N E R N A P W K A I B L S U O
G X L I K O G B R E I P S X T
X J T B A V P O R K D A O L S
T N Y Q O Y W U Y I E V L A V
A J J X S W S Y T R T F D D L
O X G P G S Z P Z Q F W E U L
L S K A E L K N A T F O R C E
F Y B R Q U S R E L I O B W X
J W P T U F G H X O K Y J W Y
```

BATHWARE
BEND
BIDET
BOILER
ELBOW
FILTER
FLOAT
FLUX
FORCE
HEATING
LEAKS
O-RING

PLUG
PLUMBING
PRESSURE
SEALANT
SINK
SOAKAWAY
SOLDER
STOPCOCK
TANK
TRAP
VALVE
WASTE

Auction

```
M E X H M U R S M J R R E R Y
M L N X D E R T H R P Q W E C
V Y A O Y N M O O E R L E V S
C T U U I Y C O S M O G I L F
O S B E K T W L R M X F V I Y
L C A H I N A N E A Y E E S T
L T X C E B Q T C H B D R K I
E S K R Y D V E I S F I P V R
C E M S T O L C R M G U L S A
T H K E W U A A P E I G W I R
I C R I T N J C N H G S X W A
B W E D I I F U R N I T U R E
L P L H N O I S S I M M O C P
E E C X Z N I K W K Y N U A T
A J I F E O Z R E F S N A R T
```

BUYER

CHEST

CHINA

CLERK

COLLECTIBLE

COMMISSION

FURNITURE

GENUINE

GUIDE

HAMMER

IMITATION

ITEMS

JARS

LOTS

MEMORABILIA

OWNER

PREVIEW

PRICE

PROXY

RARITY

SILVER

STYLE

TICKET

TRANSFER

Architecture

```
Y P E U C J H V N Q F Q T N Y
X V M I M M O S N A R T F A J
H V N P Y T T O A H S L A O O
H O P O G X N D J N C U H N N
I S I S A T N E A F O A S I I
S R J L E L J R M D Y V E M C
G U T C V M S E V T O T P U H
J S N R G W O R V Z U O J X E
A A E I A F C L Y L S B M A J
L I C N H B L Q O T U B A W I
K H Z O R C E V I T H T H M H
K G S A B E E A R D O R I C Z
A F I C R E I W T L T O R U S
Z Y R E M L A L S E D A C R A
A P A U M N I N X D D I Z K K
```

ABUTMENT	LANCET
ALMERY	LIERNE
ARCADE	MINOAN
ARCH	NICHE
DADO	REREDOS
DORIC	SHAFT
ECHINUS	SOCLE
ENTASIS	TORUS
IMPOST	TRABEATED
IONIC	TRANSOM
JACOBEAN	VAULT
JAMB	VOLUTE

Fruits

```
H T A P G O Y I E R D O G C U
B B V E O L S Z T A A D R B P
C Z A L J E E J A M Y E A A L
Y C U C O M M M D J E B P W R
R I G H T O G N O N B A E R J
R M W A G P D N I N Y N G Q B
E H T I A N E R I A A A K E E
B E N A K V A U Y A T N F E M
W L H V M T O G J P T A V F A
A I C C C A C C T G J N X B N
R P H E Y U R B A Q C O A E G
T A N G E L O I Q D E V I L O
S X F J D M J Y N F O M F P P
O O J I Y M I M N D A L H P Z
P H N L G R A L D E M Q L A U
```

AKEE	MANGO
APPLE	MEDLAR
AVOCADO	NECTARINE
BANANA	OLIVE
DATE	PAPAYA
FIG	PEAR
GRAPE	PLANTAIN
GUAVA	POMELO
KIWI	SLOE
LEMON	STRAWBERRY
LIME	TAMARIND
LYCHEE	TANGELO

Holes and Spaces

```
E W E J X T L Z Z G D M Z D Q
F L U G O Y N G R E I E J R S
V P O V D J S O I G O K A N S
F X I H I A T U S A V Z R C J
X D Y Z M T I R G S S M Z L A
M R V W O R R U B S E Z E E J
P I Q H M E A N T A F C R F V
O F E R U T C N U P I Y E T W
Y T G W S O E X I F Y T T R V
P E R F O R A T I O N I A K C
N P L J R L U R R I A V R N K
Z D R A I N O H F E A A C A G
C Y W I N L E T S D N C U L F
T T N E V H O L L O W C L B Q
U A L Z N R E H W F F J H I U
```

ARMHOLE	INLET
BLANK	ORIFICE
BURROW	PASSAGE
CAVITY	PERFORATION
CLEFT	PUNCTURE
CRATER	RECESS
DIVOT	RIFT
DRAIN	TRENCH
GROTTO	TUNNEL
GULF	VENT
HIATUS	VOID
HOLLOW	WARREN

Motoring

```
C W E R H T V C O E M S N Y E
J H W S R D H P W S E N R G B
W P A S E O X K F A E O A P D
H R L S K N O O T E B R A K E
C I U E S M I U O R A V S E E
O I G U M I D G W G X E X T H
R K K H B L S S N V D H A P P
N B L Z W E D F S E Y C C T A
E W H I Y A W E G A I R R A C
R S H R C G Y E X R P A C S B
S M P E T E J C B H F Y D D U
V O X E E V N U O F A A B R H
T T R B E L L C I D O U R X W
K O F D S D S C E R E T S P N
E R E B M A O G N I N R U T G
```

AMBER

BATTERY

BRAKE

CHASSIS

CHEVRONS

CHOKE

CORNER

CRASH

DEFROST

DIESEL

DRIVER

EXHAUST

GREASE

HEADLAMPS

HUB-CAP

LUBRICATE

MOTOR

RADIATOR

ROADS

ROUNDABOUT

SPEEDO

TRAFFIC

VENTILATOR

WHEELS

Sixties Musicians

```
Y D X S Q F D Z C L R E H C O
T E S M D O H F S A U O R H C
B H O A N R O I S K L L W R R
I A E O N U Y S K L N M U I F
Z L V M R T O B I O A I C S L
A A K T O R A E K H N H K F E
N N O S A V S N S W I T O A E
D P K N E S E R A E M I S R T
S R A W I L E R H H A A M L W
A I Z V R M T A T T L F O O O
D C L L A T V A R V S M N W O
C E V E S E E K E R S A K E D
D E R F N H O J V B G D E T M
R D I S Z C J O A N B A E Z A
G H L Y F V G X G S N I S P C
```

ADAM FAITH
ALAN PRICE
ANIMALS
BEATLES
BYRDS
CHER
CHRIS FARLOWE
DIANA ROSS
DONOVAN
DREAMERS
ELVIS
FLEETWOOD MAC

FOUR TOPS
HOLLIES
JOAN BAEZ
JOHN FRED
KINKS
LULU
MONKEES
RICHIE HAVENS
SANTANA
SEEKERS
THE MOVE
THE WHO

Stitches

```
S L F X J I K N T F A Y F A N
S I O K I H S A S D V K T U P
O D Z N H J C S L I P N K I B
R U S C G K A O S L E K H A D
C D T I I T S B V T O W C U N
C A R N I G G H G E R K Y O I
C H G N V N E J L N R E X N L
B G A V K I S O J K I C T X B
L X D I Q N H L P J D T A C X
A J N C N N G P A M C P S S H
N L F M O U Z I G Z A G K A T
K C K T Y R E D I O R B M E B
E F T S A I L M A K E R S L H
T U H J B N U K N K Q C C B A
B U X Y G N I M M E H B C B U
```

BACK	LONG
BASTING	OVERCAST
BLANKET	RUNNING
BLIND	SAILMAKER'S
BUTTONHOLE	SASHIKO
CATCH	SATIN
CHAIN	SLIP
CROSS	STRETCH
EMBROIDERY	TACKING
FAN	TENT
HEMMING	WHIP
LOCK	ZIGZAG

Financial

```
C L Q H Q U Q S R C J Z P P H
B A N K I N G H E T H X A E E
V O G S B I B T J F I A K R P
Q V S V K U L Y S E A W R O B
P E W T R U S U R E R S U G B
V R U S A S X U Q E R N P Z E
A D A V D T T Z E F D E H H T
S R E N D N E Y A U D I T K I
M A U M E N I M Y L N Z A N C
X F L B O E O K E N J A F B I
H T E A L C V R Q N O C O K F
B D K D R D N E P S T T I L E
T T E N A Y H I J P D M I T D
T H Y R A T E A B L E A E C Y
E X U O I Y R E G R O F I J E
```

AUDIT	NETT
BANKING	NOTICE
BURSAR	OVERDRAFT
CHARGE	POUND
CITY	RATEABLE
DEBENTURE	SAFES
DEFICIT	SALARY
FORGERY	SPEND
FUNDS	STATEMENT
INCOME	USURER
INTEREST	VAULT
LOAN	YIELD

Authors

```
D Z A L C O T T T M B M R T O
N C C R Z J F E F T K C R E A
G A L P G Z I I A T F E H N U
I E Y A O R W D R X S W E R N
S Z R N R P S O C S S A Q E E
D B N A U K E L E R V N V V T
R L B E F B E L N E M G U E S
A A E F C P L O O I R N G N U
W C V A L N Y C T T Z I Y O A
D K L E I O I F S F L L T S G
E M E B X R O V L K J P S N I
Z O R O E R E W L D I I I I F
F R F M D A M B O W M K M K Q
J E O E V Q F Q W M Q S O T D
Y H H W D N Y E L X U H N A Z
```

ALCOTT	KING
ATKINSON	KIPLING
AUSTEN	MCEWAN
BARRIE	MITFORD
BLACKMORE	POPE
BUNYAN	SIMON
CLARKE	SWIFT
COLLODI	TRESSELL
DEFOE	VERNE
EDWARDS	VINCENZI
HOMER	WOLLSTONECRAFT
HUXLEY	WOOLF

Flowers

```
R C U B G X Q F N R K P P Z A
J A P O N I C A A G S C X N I
U L U R S J L S I U W C R S L
H I D L P L I P T B E N B I H
M L R I E V E G N P E A L R A
U P B G E V Z P E R T Y G I D
I F I A D R X O G Y W B R X Z
N N G F W A N U Y S I A D U E
A N O T E Y S P Z N L S D N B
R N D I L P P O P A L T I N L
E Q E S L O H C M P I A H B I
G N T B P T H L B I A T C Y T
U A I T R Y E S O R M I R P S
W G A K R E P I L X O C O R A
D L L D Q C V L L E B E U L B
```

ASTILBE	NIGELLA
BLUEBELL	ORCHID
DAHLIA	OXLIP
DAISY	PANSY
GENTIAN	PEONY
GERANIUM	PHLOX
GODETIA	POPPY
IRIS	PRIMROSE
JAPONICA	SPEEDWELL
LILAC	STATICE
LILY	SWEET WILLIAM
MIMOSA	VERBENA

Your Face

```
U E E N O B K E E H C Z Y S B
V Y W T D A D E Y E L I D S N
C E Y E S R R D U L F F M K R
U B P F B D I P X K Q I W I M
C R S K O M X M G C L C K N O
H O R M P R O P O E S O N S Y
I W A L U V E U E R Z O L E V
N S E Q I S W H T F B E I L Q
K S R S L F C E E H B B R K R
Z T A I N S C L K A M E T N Y
M G U L Q A C F E S D A S I F
E V R U M H Y X C D Q R O R R
D X I I F R I N G E M D N W O
H N R X D B T B V S L I P S W
T G C C N O I S S E R P X E N
```

BEARD	FROWN
CHEEKBONE	GRIMACE
CHIN	LIPS
DIMPLES	MOUTH
EARS	MUSCLE
EXPRESSION	NOSE
EYEBROWS	NOSTRIL
EYELIDS	SKIN
EYES	SMILE
FOREHEAD	SQUINT
FRECKLE	VISAGE
FRINGE	WRINKLES

Summer

```
V U S M P E Z X T M I W S H C
A E H V N I Z H F L I G H T S
D P O N M O C T N E L L O P T
S R R N O A L N C O P I R O E
W J T Z Y S T E I L L V O B N
C Y S F A S Z S M C A J S W N
H F Q L U Z R A G R Y Z E E I
E E A G E L W N O F E U S U S
N D U S U N T A N L O T I O N
T A N C T A N N I N G O A N E
U N V A E X O E D C P H F W Z
R Q E A S B H C A E B S A Z E
K H W T R Q R R C K U E S T I
Y L U J P A R A S O L Q E A X
E N U J T D C H B N R F G L Z
```

AUGUST	POLLEN
BARBECUE	ROSES
BEACH	SALAD
CARAVAN	SAND
FETE	SHORTS
FLIGHT	SUNTAN LOTION
HEAT	SWIM
JULY	TANNING
JUNE	TENNIS
PARASOL	TENT
PICNIC	WATERMELON
PLAY	YACHT

Internet

```
Q W Q B H H T J E U E Z E C D
W E P W E H M N C P H X Q V N
E B N M V M I E O D C G X O X
C C H U P L O A D R A P C T E
R R G Y N V S S E O C O G C R
U A E O P E V Q S W M P N N A
O W C T R E D I P S E U I I W
S L M V S B R A A S P L F U E
K E E B L A C T G A W A R P E
C R W O V K M A E P S R U H R
I H G L E S T B S X F I S R F
L S K T U E C P E I T T M A M
C N C R W I Q W E W F Y R S Q
E N I A H O F L X N W B E E X
Q V Y L C V D D R E D A E H W
```

BLOGS	PAGES
CACHE	PASSWORD
CLICK	PHRASE
CODES	POPULARITY
FIELD	SERVER
FREEWARE	SOURCE
GATEWAY	SPIDER
HEADER	SURFING
HYPERTEXT	UPLOAD
MODEM	VIRUS
ONLINE	WEB CRAWLER
PACKET	WEBMASTER

Astronomy

```
Z  P  O  V  K  O  M  E  T  E  O  R  I  T  E
R  F  V  Z  U  A  C  P  U  W  E  U  E  D  A
C  E  N  V  P  F  T  H  H  T  Q  D  Q  E  M
S  B  L  O  E  O  O  Q  T  A  E  F  E  P  G
B  W  R  P  I  H  I  A  W  M  S  A  R  O  F
E  U  O  P  E  R  M  F  Y  W  R  E  T  C  I
E  C  P  Q  O  K  O  N  S  T  T  T  E  S  E
H  Q  D  L  R  U  A  J  H  S  Y  E  M  E  A
V  N  U  A  Q  G  P  L  U  T  O  N  O  L  U
T  C  D  A  Z  C  P  L  I  T  V  A  C  E  N
K  S  P  A  S  W  C  B  W  O  E  L  F  T  K
M  R  B  I  N  A  R  Y  M  Z  N  P  X  K  S
M  A  A  C  T  O  R  O  I  O  U  N  P  S  U
T  T  R  A  A  C  O  S  M  O  S  V  C  J  N
R  S  M  S  M  N  A  V  O  N  R  E  P  U  S
```

BINARY	MOON
CLUSTER	ORBIT
COMET	ORION
COSMOS	PHASE
DARK MATTER	PLANET
EARTH	PLUTO
EPOCH	QUASAR
EUROPA	STARS
GANYMEDE	SUNS
KEPLER	SUPERNOVA
MARS	TELESCOPE
METEORITE	VENUS

T Words

```
T C N A T C R E N R U T N Z T
A I S T G A S O T A T Q A F E
V X D Z U T I E T A Y P T W R
E O U R E T L T U E O G T V U
R T G S I E R G A T S K Y F T
N O T D P H H A C L K T P Y X
A U A H F T T A N G E R I N E
T R O J A N E T M C T N S N T
T N I H R L J X D H E G T Y G
E I T D B T K E T I D B K E F
E Q H A P A K T H D P C T V D
T U T A L C U M O K A E V T H
H E M S U V X Q R T H G T D P
I T V T A S S E N R E D N E T
T O Y T L T D V Y K T U Y H T
```

TABLE	THIRD
TACKY	THORNY
TALCUM	TOPAZ
TALENTED	TOURNIQUET
TANGERINE	TOXIC
TAUGHT	TRADITION
TAVERN	TRANCE
TELEPHONE	TROJAN
TENDERNESS	TSETSE
TEPID	TUCKED
TESTING	TURNER
TEXTURE	TYPIST

Nautical Terms

```
R A T H O M T S M O H T A F U
G J B F M I X E W L T O L I P
E L K C A T Y L V I Y Z A Q O
B D M T T H A L M L N M Y B F
S T I V A D M O W I F G B S B
W O N V D F B A B Y J R S P I
N E S E B V Y U C D W B T T L
H C R E U S W L L R T S H B G
N O N C H R Q O P K T S C G E
Y J F I K C E D R E H T A E W
X M P F F G J W W P X E Y M R
I B E P I P E A S R Q P A K F
J N O S R C R S Q P G W F D H
F R O W S D E D O L D R U M S
T N W L S N M R A V Z O Y Y I
```

AFT	OFFICER
BILGE	PILOT
BOAT	PORT
BOWS	PROW
BULKHEAD	SHIP
CREW	SOS
DAVITS	STEWARD
DOLDRUMS	TACKLE
FATHOMS	WEATHER DECK
LADDER	WINGS
MAST	YACHT
MESS	YAWL

Buildings

```
T O P E D T F A M E N I C D A
Y R F A C T O R Y J V H E A K
T L E T S O H S P Y F S B C E
I L E S Q E M U E S U M A Q H
S P Y W S F E K Y O F H V L O
R U Y U U N R L P R S A B M D
E T O R J E E A T W I U J A X
V H S A L P L M Y C L A T N D
I G X T A A M U M E M E D S D
N M S H C I N I L C B M T I S
U A C E C I A R L B K B F O C
C Z E U G O G A N Y S G A N H
N M A P Q E C L T O W E R P O
A L L I V L J O O K S O I K O
N W C K Q E G S M O S Q U E L
```

ABBEY	KIOSK
CASTLE	MANSION
CHAPEL	MOSQUE
CINEMA	MUSEUM
CLINIC	PALACE
DAIRY	SCHOOL
DEPOT	SHACK
FACTORY	SOLARIUM
HOSTEL	SYNAGOGUE
HOTEL	TOWER
HOUSE	UNIVERSITY
IGLOO	VILLA

Operas

```
G Z I E F H A R N P C Y O E A
R F N T A O W C Q M V M A C M
I L N S L I I L S W N M L I R
U R A E S E R S E O P E Y D O
J N V C T Z V F O Z T D A I N
R A O L A D T E V S Z E I R I
E B I A F R N Q Z K I E D U C
H U G C F E M S P A N A A E C
T C N E M X Q E A I N Q H O A
R C O O E W S B N L U I F T I
E O D O N C A R L O O A C Z L
W I O I L E D I F M U M V L G
X E X U O A K L A S U R E K A
C W L U O L L E T O N Y P D P
K U D L E S H U G U E N O T S
```

AIDA	LULU
ALCESTE	MEDEE
ALCINA	NABUCCO
CARMEN	NORMA
DON CARLO	OTELLO
DON GIOVANNI	PAGLIACCI
EURIDICE	RUSALKA
FALSTAFF	SALOME
FAUST	SERSE
FIDELIO	THAIS
IDOMENEO	TOSCA
LES HUGUENOTS	WERTHER

Rivers of the World

```
O E N O S R K G C F W R V R G
S E N I L E C O O E V V N H X
M C B V G R T D B D O O M Y W
R S O L U E E A R K L J Z W R
J N Y H E R R U R K G N J H L
T S R E D N I L F H A B S I K
B A N R E V E S D P P Z D T D
N Q Y H Y G N S O A M U D E E
S I Q R N Q S A Q M N B E R L
N U A A A M X I D X M U W I A
O Q R G N D U D R R W E B V W
Z O Q S A E R R O G O I V E A
A E N O H R L Y R U I J I R R
M F A I D D A G S A R T G Q E
A N A R A P B D E K Y O U V H
```

AMAZON	NILE
DANUBE	ODER
DELAWARE	ORANGE
DOURO	PARANA
ELBE	RHONE
EUPHRATES	RUHR
FLINDERS	SEVERN
JORDAN	SOMME
LENA	SYR DARYA
MURRAY	TIGRIS
NIAGARA	VOLGA
NIGER	WHITE RIVER

Weights and Measures

```
O J O A H Z Q E C M E F E N S
D A T H D W W J R V A U Y M P
R O H E H A W H L C G R R Y O
A E G C T Q A K O A A E D Z O
Y F I T C N J I E V H Z Y Y N
Z D E A D J K L K T Z V B E F
O A W R N E L O N T G I L L U
C E D E Q F E M I L E I P Y L
L H E G X U T A Q K N R O B Q
F S R A C R A C D C F K U A C
I G D L A L Z R H A T S N Y J
R O N L W O U O T L H T D F J
K H U O I N J H T E U O N Z Z
I Z H N U G O J L O U N C E S
N M V H O M V G K N Q E B J U
```

ACRE	INCH
BUSHEL	KILO
DRAM	LEAGUE
FATHOM	MILE
FIRKIN	OUNCE
FURLONG	POUND
GALLON	QUART
GILL	SPOONFUL
HAND	STONE
HECTARE	THERM
HOGSHEAD	WATT
HUNDREDWEIGHT	YARD

Getting Married

```
S N A L P A G P U K O V R R F
J G A X F B M Z K T T E T U Z
E A V E F E Q M O I D R E S S
T R E L S I A H U I F I R D B
A L D J S R P S R R R V T Y D
R A E I R E G B T A A E K J Q
B N H Y D N S E G A P C H B Y
E D T O I G H O G T U I I S F
L O O N N W R H R L L Q O V U
E L R Y P E C O G D F P R H Y
C O T D R R Y S M N S O A E D
M V E R U L R M M O W F T T O
F E B H A K E C O I O E L D O
A R C I B I B D F O L R A S A
F S S B X A N E D R N E G N O
```

AISLE	LUCKY
ALTAR	MARRY
BETROTHED	MORNING SUIT
BRIDE	PAGES
CELEBRATE	PHOTO
CHURCH	PLANS
DRESS	POSY
FEAST	ROSES
GARLAND	SMILE
GROOM	TRAIN
HONEYMOON	USHER
LOVERS	VICAR

Countries of the World

```
V M E T G B R A Z I L Y S M A
Z S A S S D S T S U W B E I L
X O A U R U A N R W A Q L L G
U U T K G I R U J I E O A U E
R O K Z W K G P N W G D W W R
B U L A V U T O Y N I G E R I
W G N J A I D Q O C K W Q N A
E I A Y L E N M W L W Q A S G
T Q Z B C D N A L I Z A W S M
H H U A O X L I T H U A N I A
I K M C X N Z J O S L I A V S
O W Z P Y G G S T D A Q L Q R
P X W E C E E R G D P B R A A
I S Y R I A I C Q X E V I Q M
A V I U Q A S W U H N Q O V F
```

ALGERIA	NAURU
AUSTRIA	NEPAL
BRAZIL	NIGER
CYPRUS	PERU
ETHIOPIA	SWAZILAND
GABON	SWEDEN
GREECE	SYRIA
GUAM	TAIWAN
LITHUANIA	TUVALU
MACEDONIA	URUGUAY
MALI	USA
MONGOLIA	WALES

Hues

```
L  B  R  R  E  T  I  H  W  Z  L  T  E  F  Q
W  E  D  N  E  Z  S  O  H  J  J  G  P  J  K
X  N  L  S  N  P  D  A  T  E  N  V  E  D  A
I  I  O  X  S  A  F  Y  P  A  I  T  Z  Q  X
Y  R  G  E  C  U  P  T  R  P  J  T  U  G  E
A  A  V  O  A  Z  I  O  P  T  H  A  Y  Z  N
I  M  V  N  A  I  M  Y  R  O  V  I  D  A  I
H  A  S  P  A  U  L  F  T  T  J  O  R  E  G
C  R  O  L  D  Y  G  O  I  D  W  G  Z  E  R
A  T  H  S  G  U  C  F  N  E  B  D  S  T  E
E  L  S  E  T  R  E  I  O  G  L  Y  A  E  B
P  U  E  S  Q  G  J  D  C  H  A  P  V  F  U
A  H  L  C  A  W  E  N  M  J  P  M  R  A  A
Q  Z  F  S  R  D  R  V  K  L  A  E  T  U  N
E  G  I  E  B  U  Y  W  E  H  O  V  K  F  P
```

APPLE	ORANGE
AUBERGINE	PEACH
AVOCADO	PUCE
BEIGE	PURPLE
ECRU	RED
FLESH	ROSE
GOLD	SAGE
IVORY	SAPPHIRE
JADE	TEAL
JET	TOPAZ
MAGNOLIA	ULTRAMARINE
NAVY	WHITE

Indoor Games

```
O L D M A I D A R T S E A S X
B R O U L E T T E R D S T W D
M O N O P O L Y X V R C S O R
W N P P P Y O S E D A R A H C
L A O E F A D R P E I A N P H
M B F S E N I W O C L B A T E
F I V E S P K H P X L B C I C
S E R I A T I L O S I L S D K
E V T X E G A N Y J B E O F E
L M A H J O N G G S A M S E R
B P S S E H C B N P I C N D S
R E G D I R B E E N O Z K M Y
A B K M T S V R O T T N R S E
M K A U N E P E L O T A G B A
W A J L S K S Y G M B C X F T
```

AIKIDO	JACKS
BILLIARDS	MAH-JONGG
BO-PEEP	MARBLES
BRIDGE	MONOPOLY
CANASTA	OLD MAID
CHARADES	PELOTA
CHECKERS	PING-PONG
CHESS	POOL
DARTS	ROULETTE
DOMINOES	SCRABBLE
FIVES	SEVENS
I SPY	SOLITAIRE

Furnishings

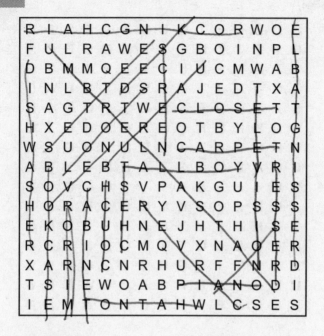

```
R I A H C G N I K C O R W O E
F U L R A W E S G B O I N P L
D B M M Q E E C I U C M W A B
I N L B T D S R A J E D T X A
S A G T R T W E C L O S E T T
H X E D O E R E O T B Y L O G
W S U O N U L N C A R P E T N
A B L E B T A L L B O Y V R I
S O V C H S V P A K G U I E S
H O R A C E R Y V S O P S S S
E K O B U H N E J H T H I S E
R C R I O C M Q V X N A O E R
X A R N C N R H U R F F N R D
T S I E W O A B P I A N O D I
I E M T O N T A H W L C S E S
```

BOOKCASE	MIRROR
BUREAU	OVEN
CABINET	PIANO
CARPET	ROCKING CHAIR
GARVER	SCREEN
CHEST	SETTEE
CLOSET	SOFA
COUCH	STOOL
DESK	TALLBOY
DISHWASHER	TELEVISION
DRESSER	UMBRELLA STAND
DRESSING-TABLE	WHATNOT

Social Media

```
S D E E F I Q S U T A T S L F
C I Y T K M Q S L U G U E D A
Y T A I E R K C I L F K B T C
R G W E J T T Q O A Y R U W E
S V T E P F S N O I I O T I B
C U K R E K D A E F I G U T O
P D H F A T J E C M Y U O T O
G G I D D T S T L D M L Y E K
S H I S P S A I I I O O S R P
J D D Z T E K V Q R C P C U V
T F N E L Y Y N A B B I O B R
D Y X E C O T I I G P R O B U
P O S T I N G M X L G O C U U
O D Q F L R F O L L O W E R S
N S N A F V F P U H S A M S Q
```

AVATAR	LINKS
COMMENT	MASHUP
DELICIOUS	MEETUP
DIGG	ORKUT
FACEBOOK	PODCAST
FANS	POSTING
FEEDS	STATUS
FLICKR	TAGS
FOLLOWERS	TWEETS
FRIENDS	TWITTER
GROUP	WIKI
INVITE	YOUTUBE

Sharp Objects

```
V X E L T S I H T T I H R G R
B N R O H T I U E A C H F G V
E T E H C A M C G B L A D E X
C R Y R B Q N S C I M I T A R
A J X E U A O P W I V U J V B
C T D C L F S K K S G D L O T
T K Q L G D S C A L P E L U B
U I X E D S E V I I W U I A K
S Q P A X C T E O S A R R O W
N S X V S Y H I N S S B D S A
R W F E P T O I L H V O T E H
A A T R I H Q I S E D Q R N A
Z L E Y N E A U D E T S C S M
O C T P E N T Q N X L T F N O
R Q J F S O J G E V V S O M T
```

ARROW	RAZOR
BARB	SCALPEL
BLADE	SCIMITAR
CACTUS	SCISSORS
CHISEL	SCYTHE
CLAWS	SPEAR
CLEAVER	SPINES
DRILL	SPURS
LANCET	STILETTO
MACHETE	THISTLE
NAILS	THORN
NEEDLE	TOMAHAWK

Wild Flowers

```
H U K E Y B Y V S F R X R C U
G N N L A S T E R N F L A X S
I F I P I B G O L D E N R O D
L L P A C O N I T E A V L G T
L Y D T P E R H H R K R A W F
E A O D T U S C Y X O V U P I
W B R T E U R E O S S N B M R
D M L K R B N S G W N F B Y H
E E H X S A M J L O S A G K T
E H U D B P W B J A A L T D N
P U E N W C U C I D N T I J C
S O E M F N F R I F A E K P J
F H H Y P P O P K R P G M W S
I U Y I G K F Q E C I Q B Z J
P J R X C D Q P K I K S S Z K
```

ACONITE	LARKSPUR
ARUM	LILY
ASTER	NETTLE
AVENS	PINK
COWSLIP	POPPY
DAISY	PURSLANE
FLAX	RUSH
GOLDENROD	SPEEDWELL
HEMP	TANSY
HENBANE	TARE
HOP	THRIFT
IRIS	WOAD

Inventors

```
F L D A V I N C I O R I B S C
T K Y W E S T I N G H O U S E
Z B S C D Y A D A R A F R X D
T E O N R D V O N H E E Q E G
J L N H O V I E S N K A S Y G
T L O D F N D S E S G E K H K
K J T V H O K K Q L V J L A X
C P A O N S T F R E E A G D F
I Y B L O L M S R E C D I E S
H N R T S W E S I S T K N H E
C T U A I E K B A Y I H W E M
S L N B D Y T P O P L A C X M
L T E P E R R Y C N T D T I A
R M L W G N O I B T B V H S R
B M W T L W Z R A E Y D O O G
```

BELL	GRAMME
BENZ	MENDELEEV
BIRO	NOBEL
BRUNEL	PASCAL
COLT	PERRY
DA VINCI	RICHTER
DE SEVERSKY	SCHICK
DYSON	TESLA
EDISON	TULL
FARADAY	VOLTA
FORD	WATT
GOODYEAR	WESTINGHOUSE

Languages

```
N E Q V I I P C G J F O R G U
Q Z F A H O E C R G R I Y M C
V M H H L A O G A E L I C R R
C T T I R R E Z B Y W C O P E
Z K S A I R A W P N L A C I O
G H B Y M H A U S A T I J R L
G I A A T I H T Y I K T C E E
C R N J E J L H A N Z A M Z V
V Y G D L A Y N A I T L A A K
Q A O L U V S M X A H I L D K
K J L X G A F E L R C A A A G
V O A G U N C A U K T N G N X
P N G F L E N K R U U T A N L
E D A N I S H A D I D I S A W
U D T E S E M R U B X D Y K E
```

ARABIC	JAVANESE
AZERI	KANNADA
BURMESE	MALAGASY
CATALAN	ORIYA
CREOLE	POLISH
CROATIAN	TAGALOG
DANISH	TAMIL
DUTCH	TELUGU
GAELIC	THAI
GERMAN	UKRAINIAN
HAUSA	URDU
ITALIAN	XIANG

Historical Dig

```
I  Y  Q  Y  Q  F  Y  M  M  U  M  F  Y  R  N
T  V  A  X  N  L  I  K  O  S  O  O  T  E  M
I  X  S  L  Q  O  X  W  T  U  S  V  I  B  U
I  I  C  V  W  V  N  U  U  L  N  P  U  M  L
Q  L  E  G  N  E  H  B  X  G  M  D  Q  A  O
V  B  U  J  S  N  G  S  R  J  F  G  I  H  C
D  V  F  M  X  I  K  A  E  X  B  Y  T  C  G
M  Y  L  P  U  O  T  H  E  V  P  A  N  L  T
S  W  I  O  S  T  C  E  S  Z  A  X  A  A  P
S  T  N  J  O  T  X  U  S  I  N  R  U  I  G
S  C  T  I  I  H  R  N  O  I  S  O  G  R  N
P  E  R  D  I  V  F  E  H  N  A  G  R  U  K
M  I  D  D  E  N  O  P  I  L  W  O  B  B  Z
N  W  A  Y  R  Y  S  O  H  W  U  D  S  C  R
E  O  E  F  G  F  C  S  C  I  M  A  R  E  C
```

ANTIQUITY	HUTS
BOWL	KILN
BRONZE AGE	KURGAN
BURIAL CHAMBER	MIDDEN
CERAMICS	MOUND
COINS	MUMMY
COLUMN	OVEN
DITCH	PITS
FLINT	SITES
GRATTOIR	SPHINX
GRAVES	SURVEY
HENGE	TUMULI

```
G D N T T Z Q N O K Q W D T A
N H T E R U S U L A T I P A C
I E D N E T A P I T A L N Y T
N R Q T N M U S S O L J U I O
O E Z R E Z G T S N L M F Z B
K C B Y Q M G W X O Y O T P J
C O M P T R O L L E R N U R O
E R E G D E L C B P E G S E U
R D E M G L X D N M N E T B R
X V C F I K N V E I G N R M N
N T I B E D H T M R H B O U A
T R O P E R A M A J J T W N L
O H V H R T U H Q Q H S R E W
S A N W S S C T I D E R C O Q
U C I E T A L U C L A C E S W
```

BILL
CALCULATE
CAPITAL
CHARGE
COMPTROLLER
CREDIT
DEBIT
ENTRY
GROSS
INCOME
INVOICE
JOURNAL

LEDGER
LOSS
NETT
NUMBER
PROFIT
RECKONING
RECORD
REPORT
STATEMENT
SUMMING UP
TALLY
WORTH

Words Derived from Italian

```
C A V P T T J Y M A D O N N A
V I S T A D M N N G C P A Y E
E C T M L U O F F A C A D E I
R S U X S O I M P G Z I E E M
U A D L T Y C Y E H P E S Z R
T F I N D A Q P D K N K O R G
A N O I M A G A Z I N E P O R
C P B E Z E R O L H B O J V A
I E O I U N I O C Q R K A X F
R R V N H U P T J C P O M L F
A G O F L M E P E S Y H V N I
C O L E A K O L H E T C M Q T
R L O R S N A E J P D K J J I
T A T N F I G U R I N E B E A
V P X O N W O U I A B X H D V
```

CAMEO	OVOLO
CARICATURE	PERGOLA
DOME	PONTOON
FACADE	PORCELAIN
FASCIA	SEDAN
FIGURINE	SEPIA
GRAFFITI	SKETCH
INFERNO	STUDIO
JEANS	TRAMPOLINE
MADONNA	VISTA
MAGAZINE	ZANY
MUSLIN	ZERO

Ancient Writers

```
V O Q K S L O K Y E A O A L S
N O H P O N E X Y A B G H S S
Y N I L P O S E C X H S E U S
Y P E Q V P T E Y E S L L C E
O R E C I C N A S U C I B A T
P U E N F E H I L O H O R R A
E N D A S O O L M P M C A Y R
T A I D M D I E I A H G T S C
R I G E I T D D E I A A P T O
O C R D S V W S M L C H R I S
N U K I Q Y O E L I V Y J U K
I L R G U P D I T G X F V S W
U A Q C T E S U G E M I N U S
S B C P S S S H Y U L F T N G
A R Q X U V V V L S O T I O N
```

AESOP	LUCIAN
AGALLIS	MOSES
ARCHIMEDES	OVID
ARISTILLUS	PETRONIUS
CARYSTIUS	PINDAR
CICERO	PLATO
DEMOCLES	PLINY
DIPHILUS	SENECA
GEMINUS	SOCRATES
HESIOD	SOTION
HOMER	TACITUS
LIVY	XENOPHON

Building a House

```
J Z B I H L X Y T A N N E Q V
I H I S E P E G N U O L H C D
Q I I N I Y N Q T E R H I A Z
E T A P L D E P I T U T D H Y
E P E G A O H L L B T O S Y E
U S U H L O C B E A M S K J H
T N O T Q R T A S O N G S L I
R M N C T S I M O H B S E I V
E U H T E Y K R M X T D A L S
N L F Z Y I G L S X G A I F R
C O G B N N W O S E E U L I O
H C B C I T J G U X G M B P O
Q O V N D X R G R Z B H C M L
L B I J S N O I T A D N U O F
N D E W P X C A C V S Y S S S
```

ATTIC	LOBBY
BEAMS	LOGGIA
COLUMN	LOUNGE
DADO	PANEL
DINING ROOM	PIPES
DOORS	PLANS
FLOORS	PUTTY
FOUNDATIONS	SITE
HOME	STRUT
KITCHEN	TILES
LATH	TRENCH
LEDGE	TRUSS

Dressmaking

```
G N I T T I F H A M S T Z E W
M L G C Y V S K D N M L V G I
M E N P H P U L N G E Q E D V
U D I E J C H I O R E E Z E E
D O W V S R O S S I C S D V R
N M E T K S T I T C H E S L Y
X R S L N S V F K B C K Q E E
N N A F B E T A O T G N S S S
W H T Y U U M B H E G T C S K
C N O T T U B R P Z Z A N K O
T P A X R I E I A S C I N J O
L Y A C N A I C L G P L P A H
M D Q E D G I N G A Q O M E N
T A C K I N G F P V C R O T M
B F D S N R E T T A P E R L V
```

BOBBIN	PINS
BUTTON	REELS
CHALK	SCISSORS
EDGING	SELVEDGE
FABRIC	SEWING
FITTING	SILK
GARMENT	SPOOL
HOOKS	STITCHES
LACE	TACKING
MODEL	TAILOR
NEEDLE	THREAD
PATTERNS	YARN

Ancient Egypt

```
L A U T I R C Q S B U C G A K
G R I S U B A I K F T R W A N
G A G C H Z B N S I R I S O P
J W D S A U I I A S P H I N X
S A E S N R Q L M E Z J I S G
C H L A N W T E C B O H R I G
R I P Y G O L O T P Y G E S N
I T M Y I L F N U M D G I I D
B U E H L O F R B C O V T Z D
E H T S O G P I U L H W K M A
U H Y D L U O W D G T E T U S
B K A H D A E R D H T D B F H
T H E B E S V G E Z O C G D U
S B M O T G K E I I K H M E R
M S S B A R A C S G H A E E Y
```

ABUSIR	NILE
ANUBIS	OSIRIS
CARTOUCHE	RITUAL
DASHUR	SCARABS
EDFU	SCRIBE
EGYPTOLOGY	SHADOOF
GIZA	SLAVES
GOLD	SNOFRU
HAWARA	SPHINX
HIEROGLYPHS	TEMPLE
ISIS	THEBES
MASKS	TOMBS

Boats

```
F E F A D R E L W A R T Y L O
Y T T E D M T T G A U A P I X
E T H S R P A E H G W K W N A
Q E C E G R A B K L W N D E M
H V A B A X Y V I C B U N R P
Y R Y C L I P P E R A J A F V
O O D M I N E S W E E P E R J
G C S H O D W S M G S M Z Y I
A C T Q T H R T C N E P E S U
L S U H A S T Z R I T K Y C M
L G U L W R N F O W A N J O W
E Q E R V S K D A O L F U W Z
O R T A O B P M I R H S F P H
N W R E G G I R T U O F J D S
B A D S E I R E L C A R O C T
```

ARK	OUTRIGGER
BARGE	PACKET
BIREME	PUNT
CLIPPER	RAFT
CORACLE	ROWING
CORVETTE	SCOW
FERRY	SHRIMP BOAT
GALIOT	TRAWLER
GALLEON	TUG
JUNK	WHALER
LINER	YACHT
MINESWEEPER	YAWL

That's Clear

```
T E B R F W Q P E L L U C I D
N D R F D E V Q D Y S S A L G
E N P U C S S E L D U O L C X
R I A E P J G M F G P R A H S
A A K K R R Z S D A N A E L C
P L H A U C D I P M I L P U F
S P C P D Z E A M D E R O G I
N U Z L O I T P E D E G S N L
A N O L A E S F T V K X I A T
R M S N N R I T I I X A T A E
T I L T I N I D I H B S I S R
N X I A I M E F O N Y L V L E
T E A T C N U K I R C S E W D
S D E C T W R L C E R T A I N
U T H G I R B Q I T D O L P C
```

BRIGHT	LIMPID
CERTAIN	LUMINOUS
CLARIFIED	PATENT
CLEAN	PELLUCID
CLOUDLESS	PERCEPTIBLE
CRYSTAL	PLAIN
DEFINITE	POSITIVE
DISTINCT	PURE
EVIDENT	PURGED
FAIR	SHARP
FILTERED	TRANSPARENT
GLASSY	UNMIXED

Happy

```
X E T A N U T R O F D M K P H
F O E J T T Y K R E P R K T H
M J J O N M D C O N T E N T T
F E O V A E E N T Q D S Y O E
D Y L I I R T J E E U U F N D
E G L A D R A U N N G R C E
L F Y L A Y L R N W A Y I L I
B A X U R D E Y O J R E V O F
U W U P P C U R I O P H O U I
O D Y G N B R Z O C L T L D T
R F K O H I E H H U E I O N A
T S C Z E I W A U N A L U I R
N N U D X B N R T D S B S N G
U E L D E L I G H T E D J E J
I F S C O S C N O Y D H N E B
```

BLITHE	LUCKY
CONTENT	MERRY
DELIGHTED	ON CLOUD NINE
ELATED	OVERJOYED
FORTUNATE	PERKY
FRIVOLOUS	PLEASED
GLAD	RADIANT
GRATIFIED	SUNNY
JOCUND	UNCONCERNED
JOLLY	UNTROUBLED
JOVIAL	UNWORRIED
LAUGHING	UPBEAT

Security

```
F H K Z Y N E R I S I Z N E X
D V C A M E R A W Y P S A F E
T R W W D C I S E C G J X G L
R I A O L G W D K V V T C C F
U S C C L T D D U C I D O G S
O K B D D K E P A A O R M O L
M Y T I L I B A R E N L U V S
T R O B B E R Y E G D J H S T
H E A H O S A J K M N X S B R
E W E L H L B N C B P Y R S O
F A E I A O T N A M R O O D N
T H E A K E G S H M X S S M G
U L F W A B U R G L A R N R B
D K T X K E N M U O J N E O O
S G N I N E E R C S H X S Y X
```

ALARM	RISK
BARBED WIRE	ROBBERY
BOLTS	SAFE
BURGLAR	SCREENING
CAMERA	SENSOR
CCTV	SHIELD
CODE	SIREN
DOGS	SPYWARE
DOORMAN	STRONGBOX
HACKER	THEFT
ID CARD	VIRUS
LOCKS	VULNERABILITY

Ready

```
H T X X X X N X G R V A U P O
N D I N R E D R O N I U C G A
Z E D J E D P T E C T O T S P
D X W K T I E U G V M R H I E
V I R N P S W O U P E A G E R
B F P S M P A D L L R L T N C
R Z B A O O I E A P C E C Q E
A Z U C R S T G E A R E D U P
C R T B P E I G S F B X R I T
E E R F D D N I G A M R G C I
D R T A I Z G R R R T S J K V
S V I U N W I M M E D I A T E
P Y S U T G S P E E D Y L H U
S E A L L S E T W I L L I N G
S T J S C W A D P Z H R D B X
```

ALERT	IN ORDER
ALL SET	KEEN
ARRANGED	PERCEPTIVE
ASTUTE	PROMPT
BRACED	QUICK
CLEVER	RAPID
COMPLETED	RIGGED OUT
DISPOSED	SHARP
EAGER	SPEEDY
FIXED	SWIFT
GEARED UP	WAITING
IMMEDIATE	WILLING

Bodies of Water

```
P A L A N A C A M A N A P N C
E I N A E S E T I H W A M A I
H S A R G A S S O S E A G T T
S O E U Y A B N O S D U H C A
U U H P L A K E E R I E A A I
R T L L A L J Y Y Z O S H E R
O H A R A L S E A Y P K B S D
P P K B Z K K W A I K N A R A
S A E L A K E B A I K A L O I
O C H B R S L N A T C K T M A
B I U W J E S C Y Y E P I I T
W F R U I E D S T A R R C T I
J I O K A R A S E A S P S I C
A C N O R T H S E A E A E R P
L A K D A H C E K A L V A A G
```

ADRIATIC	LAKE ERIE
ARAL SEA	LAKE HURON
BALTIC SEA	LAKE NYASA
BASS SEA	NORTH SEA
BOSPORUS	PALK BAY
CASPIAN SEA	PANAMA CANAL
HUDSON BAY	RED SEA
KARA SEA	SARGASSO SEA
KIEL BAY	SOUTH PACIFIC
KORO SEA	TIMOR SEA
LAKE BAIKAL	ULLSWATER
LAKE CHAD	WHITE SEA

Art Words

```
F H T I A R T R O P P E L V Y
Y T C Q T B C D G S S H Z E R
W N S T E G A L L O C G H P A
N G B I E B Y R P P I P F A N
B I L M T K L A O H J L O C I
E S R E I R S E V Q N P S S M
R E C A N V A S A I U L U A I
U D E O H S H J W O E E A E L
G Z I O E E F I L L I T S E
I Y A L R E V O R A A O V Z R
F M S A Y X X H S Y C I A R P
F O I R W P X P S S X L B E Z
Q D M U I D E M E A G X X P C
J E Q M R C B R W N W E U A Z
I L R D T U F H S U R B T P E
```

ARTIST
ASPECT
BAROQUE
BRUSH
CANVAS
COLLAGE
DESIGN
EASEL
FIGURE
FRESCO
GLAZE
MEDIUM

MODEL
MURAL
OILS
OVERLAY
PAPER
PORTRAIT
POSE
PRELIMINARY
SEASCAPE
SKETCH
STILL LIFE
WASH

Literature Types

```
H E L T S I P E V B G B N C T
P U Y K H L E V O N T N V R O
O A T T R E A T I S E I I C P
E S R E V E S M Q X X A R F Y
T C A Y U B R I P T D I K G K
R D G I J O I I S O M T O U K
Y F E E D A Q O T E O L L W S
F U D J P P E Y G A I N C L N
A H Y V A Y R D P R S S I S L
F V U M D A P O T I A B H I X
C I A E M R L R S Y R P T Y M
I R M D J O U A K E C S H D N
D O N H G M P P T I O C A Y Y
C T C U R A N T P P N X C G Z
N A E V K N O E E K T B G E A
```

APOLOGUE	POSTIL
BIOGRAPHY	PROSE
COMEDY	PULP
CRIME	ROMAN
DRAMA	SAGA
EPIC	SATIRE
EPISTLE	THESIS
LAMPOON	TRAGEDY
LIBRETTO	TREATISE
NOVEL	TRIAD
PARODY	TRILOGY
POETRY	VERSE

Eight-letter Words

```
O K M U H C O D E L L I R H T
R E T N I L P S E R X V D N R
D E P L I N T E R Y A E Q N W
E J L U F E T A R G G J X R I
M D I L P A B R E A K A G E L
P E T P M U E A V Q M N J N U
O D U I O B C L L C I G E N F
R O T C L A A C O T X D H I T
I L Q I D S I R S Q T E T G S
U P B E A M O R S M U F A E A
M M M Z H N U K I Q R E B B O
W I B T A B E R D E E N N V B
C V Y R E H C T U B S D U T B
Y H Y M S O M E T I M E S W N
R E G I S T R Y Z K J R Y O X
```

ABERDEEN	EMPORIUM
ACADEMIC	GRATEFUL
BEGINNER	IMPLODED
BILBERRY	MIXTURES
BOASTFUL	REGISTRY
BREAKAGE	RHYTHMIC
BURSTING	SALVAGED
BUTCHERY	SOMETIME
CORONARY	SPLINTER
DEFENDER	SUNBATHE
DISSOLVE	THRILLED
ELOQUENT	ULTIMATE

Hot, Hot, Hot

```
E V O T S V B H S P A Q K Q Y
H P Z D F E S E M U S T A R D
N E V O Y U H T K U K Y O E N
S A E I M C G S E D I G C P E
N R A M T R C W A A M F S M N
A U E A I O N I O N M H A E I
B R M D P C H Q J Z R S B T G
S E D E N E I N G E H I A J N
O L A G A I Z K P T N D T P E
E K C R H P C P N F L A Y L E
P D T O E T E X E T Q R I O R
J H N F A P E R L L E H K L I
M F B V T L N X C D X P I A F
D J P P E O S P E U U H L V B
Z X C F R U A V L G P X N A E
```

ASHES	MATCHES
CINDERS	MUSTARD
COALS	ONION
FIRE ENGINE	OVEN
FORGE	PEPPER
GRIDDLE	PYRE
HEARTH	RADISH
HEATER	STEAM
HELL	STOVE
INFERNO	SUMMER
KILN	TABASCO
LAVA	TEMPER

Various Moods

```
Y D E S S E R P E D L F K L D
T Q J D V B N S N A M G A E M
B E O X A D J U V I V M L O O
W W I J T E T C H Y S T O U U
N G S U B D U E D I N D D Z M
B L U C Q G W T D U Y L L O J
A O M A R E H F R I E N D L Y
R O R G D O U G G Y T S E T H
E M F E P L S R B A S X J Z S
S Y T E D I L S U P U O E G I
U P F X D D X A C V O J C G K
L U N Y A C P J Z M I L T F W
L U F T E R G E R Y X C E N A
E H M J Q A L A U G N B D D M
N W V Q H F W J M H A P P Y A
```

ANXIOUS	HOPEFUL
BORED	JOLLY
CROSS	LAZY
DEJECTED	MAWKISH
DEPRESSED	MOODY
DISGRUNTLED	QUIET
DISMAL	REGRETFUL
DOWN	SUBDUED
FRIENDLY	SULLEN
GLOOMY	TESTY
GLUM	TETCHY
HAPPY	WARM

Lightweight

```
E T I H P O M T Y T U D D Y J
S L I N S C N D P U M O U W P
D S I R S A U P E J K W X O O
I L U G Y U N K T K Y E E D T
L T P O A R B D T C A S U A L
A J U R R I S Y E O Q Y H K
E B F U E O F A T O P S I S T
R G Y G O S P G L A M E N Y R
E O E H L Z N J L I N I M R I
H Y N I T I Q T L L H T Q E V
T K G I L O R F Y T T Q I P I
E H F F M Y R X Y G N R L A A
T Q I T Z B Z F L O A T Y P L
Y R E T A C I L E D F O D J H
T Y X O A M Y A Y T N A C S K
```

AIRY	PALTRY
BUOYANT	PAPERY
CASUAL	PETTY
DELICATE	POROUS
ETHEREAL	SANDY
FLIMSY	SCANTY
FLOATY	SHADOWY
FRAGILE	SLIGHT
FROTHY	THIN
INSUBSTANTIAL	TRIFLING
LOOSE	TRIVIAL
MINOR	WEAK

Ball Games

```
L L V V O U C N Y Q V S L G P
L Q I F O U U B P I P E N N B
A B Y S L L G A H O R V K O N
B Y A A X U O H Y A O D W P E
T B M G R S R B U P V L R G T
O A A D A E E Q I E S O A N I
O N X C R T S L U R U U C I N
F D I A W R E Q T N I H Q P I
C Y F T U M N L D T O B U B M
F R C O M A O E L C I Q E O R
I I F L T L R O K E G K T U F
V N P E O S R E C C O S S L F
E G P P L Y Y O Z H L J O E H
S O I H N A D X V G F O F S Z
I J G X L L A B T E K S A B W
```

BAGATELLE	PELOTA
BANDY	PETANQUE
BASKETBALL	PING-PONG
BIRIBOL	POLO
BOULES	POOL
BOWLS	RACQUETS
CRICKET	RINGO
FIVES	ROUNDERS
FOUR SQUARE	RUGBY
GOLF	SKITTLES
HOCKEY	SOCCER
MINITEN	ULAMA

```
A Z L P K T S M B K R B M O P
A S E K V Q H T P A N R E B R
X O S D F O R M S A F E G N E
A E S E A G H R E E R T E I C
E B O Q M Y U D L O T S L R E
Y N N T H B S N T Z D E L E P
G E W U I C L C T K I M O T T
S K C O M A E Y H G P E C S O
M Z L C D R J G R O L S B A R
X N A S J D F A M E O W V M E
O Y S G D O N S V P M L R S T
D D S V O T T E R R A A W E U
S C O A C H L E S R U O C M T
B V N D B A T Q O Q E P U A O
O A D U L T L E A R N I N G R
```

ADULT LEARNING	FORMS
A-LEVEL	GAMES MASTER
ASSEMBLY	GRANT
BURSAR	LESSON
CLASS	MOCKS
COACH	PRECEPTOR
COLLEGE	RECTOR
COURSE	SCOUT
DAY SCHOOL	SEMESTER
DEAN	SEND DOWN
DIPLOMA	TESTS
DONS	TUTOR

Clothing

```
U  I  T  S  C  E  N  I  U  R  B  I  S  R
R  W  S  X  R  S  N  J  R  N  S  H  M  R  V
A  E  S  A  R  I  E  W  O  E  T  H  I  E  E
F  P  V  N  H  E  K  R  O  D  T  K  I  M  S
D  R  A  O  U  P  P  S  D  G  H  A  G  R  T
N  U  O  C  L  A  W  M  V  L  T  P  E  A  T
E  O  N  C  L  L  I  A  U  E  H  H  U  W  G
D  S  G  G  K  L  U  I  I  J  O  V  G  R  S
R  O  S  A  A  B  U  P  A  S  C  M  I  I  S
A  C  H  C  L  R  J  K  M  S  T  D  D  E  N
B  K  R  O  J  O  E  N  S  T  T  C  I  Y  N
A  S  U  N  E  D  S  E  Y  R  A  Q  O  J  L
T  S  H  Q  A  X  T  H  S  O  H  X  J  A  T
E  D  Z  K  N  W  O  A  E  H  P  C  S  R  T
O  Q  Y  A  S  H  M  A  K  S  E  O  H  S  V
```

APRON	SHIRT
BLOUSE	SHOES
DRESS	SHORTS
DUNGAREES	SKIRT
FROCK	SKULLCAP
GALOSHES	SOCKS
JEANS	SWEATER
JODHPURS	TABARD
JUMPER	VEST
NIGHTGOWN	WAISTCOAT
PULLOVER	WARMERS
SARI	YASHMAK

In Our Dreams

```
S S S E N D E K A N W Y W Y S
D S Y Q E X J Q I E L N G T F
W E V V A Q H G F I W N A H R
O S S W R C H S M L I R O E E
R A S E L T S A C L D L T E C
C H N O M E F G R O I S M H O
A C U A C F R I M D O O I Y G
R D R C P I H B A L H L R E N
S E U E K W Q Y G K D O O F I
S S E A E E X N G H S S N N T
P H L A P H I N O C X N I C I
S S L W Q T I O H N K E N E O
I T O D T Y D O V B V I G E N
H R H E L K O L Y A B L Y E Z
K V G F R L L H A Q G A O L V
```

ALIENS	IRONING
CASTLES	NAKEDNESS
CHASES	NIGHTMARES
CHILDHOOD	RECOGNITION
CLOUDS	SCHOOL
CROWDS	SHEEP
FAMILY	STARDOM
FLYING	SUCCESS
FOOD	THE WIFE
GETTING LOST	WEALTH
HOLIDAY	WHIRLING
HOME	WORK

Magical

```
D Y R A D N E G E L E I P F Y
N B A P P A R I T I O N A L M
E L I S O R C E R O U S R F A
T A H V G K S E L N Y Y B A E
E N G C H H E B E A N L P N R
R E L V T I O A O N E D H C D
P M H A D I R S A P U R A I C
S O I R R T R C T C P A N F R
G N I D H T N D I L A Z T U E
I E B L E U C T L E Y I A L A
W H Y W L A N E E E X W S G T
S P W D E A L A P L E I M D I
Y Q G X M D Y X Y S F Q A E V
W Y R O S U L L I E E I L C E
L A R U T A N N U W F V N K U
```

APPARITIONAL	PHANTASMAL
CREATIVE	PHENOMENAL
DREAMY	PRETEND
EERIE	ROMANTIC
ELDRITCH	SORCEROUS
ELFIN	SPECTRAL
FANCIFUL	UNCANNY
FEY	UNEARTHLY
GHOSTLY	UNNATURAL
IDEAL	UNREAL
ILLUSORY	WEIRD
LEGENDARY	WIZARDLY

Silent H

```
O Y E K S I H W N R L C H W Q
T S L U R Z V A H O A H H R Y
T Y R O H C N A R E V E N E G
E W P R I O H C A E A G L U O
H H H E U K G Z H R L T M D L
G I Y W R P L E H W S O H M O
M T H S H Z M O H I N O H C N
C E A E I E Z Y H A U L O C H
Y P F L N C B W R R N H L H C
H K G T O E J C L R W Z H H E
G H H H C A H Y L C E S E L T
H A A A E S T O M A C H P X O
Q K N R R Z Y W H U Y L W H I
E I I A O W H E E Z E U C Y M
E L X S S P B H L S K E W Y E
```

AFGHAN	SIKH
ANCHOR	STOMACH
CHOIR	TECHNOLOGY
CHOLERA	VEHEMENT
ECHO	WHEAT
GHETTO	WHEEZE
HOURLY	WHELP
KHAKI	WHERRY
LOCH	WHEY
MONARCH	WHISKEY
RHINOCEROS	WHISTLE
SARAH	WHITE

Crime

```
Y Q I M R Y T L U A S S A W Y
K L Q M I E Y L M E T R G A C
Z C H R P S D N P C I O N D A
M B A A F E D R Y I S B I P R
C Q U T C T R E U V A B V H I
A K G R T K W S E M B E I I P
R X M U G A I U O D O R R S E
S M U G G L I N G N T Y D H R
O K G J Y I A T G N A Y K I J
N C N O S A E R T Z G T N N U
D F E L O N Y T Y J E N I G R
Z U Y R E G R O F M T O R O Y
B L A C K M A I L E V S D T N
G K Y R R C N G N I H C A O P
R X O D F G N I K L A T S A T
```

ARSON	MURDER
ASSAULT	PERJURY
ATTACK	PHISHING
BLACKMAIL	PIRACY
BURGLARY	POACHING
DRINK-DRIVING	ROBBERY
FELONY	SABOTAGE
FORGERY	SMUGGLING
FRAUD	STALKING
HACKING	THEFT
IMPERSONATION	TREASON
MISDEED	VICE

Horses

```
T L O C T Q F J X M T T W W X
Y R F K N H Y Y G L I V S R M
E H G M U T P Z A A B A K E B
S H N A O R C A H B X D E T S
A T L E M I L O P P X K W N H
H H A G L G E Z T C O S B A I
C G O L R B G N I N A L A C R
E I F N L O A X A D I L L I E
L E C D I I Y T D M F P D A F
P N Q U P H O L S R J Z A I G
E O S U R F E N H Z Q P L B A
E M U H I D L X Y Y P L O A I
T A E A O N G T Q Q Y O U N N
S R O N T E E X U W M E N Y Y
T E G T E I S D L A B E I P S
```

BAY	NEIGH
BIT	PIEBALD
CANTER	PINTO
COLT	PONY
EQUINE	ROAN
FILLY	SADDLE
FOAL	SHIRE
GALLOP	SHOES
GIRTH	SKEWBALD
MANE	STABLE
MARE	STALLION
MOUNT	STEEPLECHASE

Fonts and Typefaces

```
G I L L S A N S R J K A T I F
J O N B M A A M U E R E U A B
S U U O A I N Z K T I O D V E
L N H D R S X A E D R R N U A
B A A B Y S K H D P A O U M B
T O M S M O C E L R D I A O A
W A D I C U L A R N E L R S C
C Y Y O B I R D E V F V B Y A
L K A E N R M R S B I O W Y M
W A R C A I A O X T O L G S I
M T I P O L O M C K Y N L X T
C M A R C O F X M W U L H E P
Q H O C A A P A H E I G E G O
C M B A B P N E V F U T U R A
O F F I C I N A R N O P R O H
```

ARIAL	FLAMA
ARNO PRO	FUTURA
BASKERVILLE	GILL SANS
BAUER	GOUDY OLD STYLE
BODONI	LUCIDA
BOOKMAN	MYRIAD
CAMBRIA	NUEVA
CHAPARRAL PRO	OFFICINA
CLARENDON	OPTIMA
COMIC SANS	TAHOMA
COOPER	TREBUCHET
COURIER	VERDANA

Paper Types

```
N C O U D M Z X M U L L E V L
R W A B L O T T I N G D R Q F
J G O R B I P I L I T M U S E
N R N R B F H A S L U J J U S
G E C K B O Q U L S A B S N T
R E H H H A N W I I U W K J O
E N I C E K C C A F N E P C L
A B E J T P V K T N F A A B L
S A D W I I E F R W G R M R A
E K E H S W K R A G T C O O B
P I X E D H R X C R L X M M T
R N A O L I M D I A N E N I L
O G W R V T I D N P T R L D P
O P B I T E G M G H O S I E L
F E T O R E C Y C L E D F U T
```

BAKING	LINEN
BALLOT	LITMUS
BLOTTING	MANILA
BROMIDE	MUSIC
BROWN	NEWS
CARBON	RECYCLED
CARTRIDGE	TISSUE
CREPE	TRACING
GRAPH	VELLUM
GREASEPROOF	WALL
GREEN	WAXED
KITCHEN	WHITE

Harvest Time

```
C E S D X K E E O K D N I N V
E N P B M J G G E V O E C L H
G R A I N A R L S I N O I R C
I O C M R A R E F M N N T A A
E C S O F O J A K A U H U S J
O J T N T X K N W C R L A P Y
U S A C K B Z L D E I M P O S
A R A A M Y G G S F A P N E F
B R V D H O J H L Z S I L O H
T P E B D L I O P C O A W J O
O S A X A N W V Y N B Q I F N
O C T E G E F T S T U B B L E
F W R A R M H L I O T Z D K Y
G E R J L E F J H C R O P S E
C M W P V X E C N A D N R A B
```

BALES	PICKER
BARN DANCE	PLUMS
BRAN	REAP
CAULIFLOWER	RIPE
CEREAL	SCYTHE
CORN	SILO
CROPS	STOOK
FARM	STORAGE
GLEAN	STUBBLE
GRAIN	THRESHING
HONEY	TOIL
ONIONS	TRACTOR

Five-letter Words

```
T K Q F T N A E M D E L V E A
T Z Y F Y H O Z Y K K W N D W
N W X J X T L J D P N Q P A H
R G O L H Q O U U T R K B S H
U X U C M Y O U W L I A U Q U
B C A V S R L O Q R S R B Y O
L Y L J P A K J E H C S X M M
W Q Q T T E R D L H V H A I K
A R C A N S I B W H E E L L H
E R N C T R Z K M O P E R A G
Y R B A A O R V X U S U A R T
T M I E N I A E C I U J N F U
N N Z E Z A N R M F N E E S A
T Y S V Y O U V S W G M Y K O
D F M L N H L H T X I S H V R
```

ABASH	PROUD
BURNT	QUAIL
CRUSH	RIDER
DELVE	SIXTH
GLASS	STAIN
HYENA	UMBRA
JUICE	WHEEL
LUNAR	WOKEN
MEANT	XENON
MILES	YACHT
NATAL	ZEBRA
OPERA	ZONES

Gulfs

```
E S F B A I N R O F I L A C N
S U E Z D A G N U J E A T E S
O C Y T N Z R A J A H B D W T
M H A N A E E M S S C A G G L
A E E D L N O E O T E Q A P A
N T K A I T S L R P P A L B W
A S S U A Z O H A A M C A B R
N E G O H M T T S N A Z S K E
A I R A T N E P R A C X K A N
K R B M I P I O S M A M A R C
S T X R A M F G X A S I A D E
N B O H J N A Z S Z S I H I R
A C E P E T N A U H E T L S S
D O N Y L Y A A A F W Y C F T
G V V Q C W S A R T A P V Q L
```

ADEN
ALASKA
AQABA
CADIZ
CALIFORNIA
CAMPECHE
CARPENTARIA
CORINTH
GDANSK
GUINEA
MANNAR
MOLOS

OMAN
PANAMA
PATRAS
SALERNO
SAROS
SIAM
SIDRA
ST LAWRENCE
SUEZ
TEHUANTEPEC
THAILAND
TRIESTE

```
I Z Y I P S T S B E D A R A P
H Z L X S P A P R G S H O M R
E N X G P S F N M E F C R U E
F P O C N A I G R R D H R N T
Q D O I Q G D E I O P I Y R N
J U T R S T A E F M C M R A O
U Y E C T T Y E G Y F P G B N
G F N U T H C I S G N A O T N
G W W S E E G A F U N N Y P A
L A O B B U K I A J A I A B C
E N L L E M A C T E M L R C N
R G C T A P R L I T N X P A L
S R E N N I P S E T A L P P D
Y N Z H T L U A S R E M O S A
T G Z W K J F E Z E P A R T F
```

ACTS	JUGGLERS
APPLAUSE	P T BARNUM
CAMEL	PARADE
CANNON	PLATE SPINNER
CHIMP	POPCORN
CIRCUS	QUEUE
CLOWN	RIDERS
DARING	SOMERSAULT
DOGS	TENT
FEATS	TICKET
FUNNY	TIGHTROPE
GASPS	TRAPEZE

Bones of the Body

```
O  L  E  L  T  A  N  C  O  P  B  U  R  W  S
C  D  M  T  N  R  E  Y  R  M  E  I  F  I  L
L  N  G  V  A  N  I  F  O  A  B  L  R  I  A
S  G  I  J  O  N  N  Q  Q  S  N  S  K  Y  S
N  L  B  B  N  U  U  I  U  O  S  I  Q  N  R
J  Z  W  O  S  Z  B  L  H  E  X  I  U  N  A
P  A  T  O  U  Z  O  I  P  D  T  G  C  M  T
J  H  Q  A  E  A  I  U  U  R  W  R  T  L  W
T  A  A  L  L  G  L  M  R  E  M  M  A  H  E
S  L  F  L  L  N  H  L  R  D  G  B  U  L  P
I  U  Y  E  A  A  S  R  I  L  I  O  U  F  H
V  B  L  T  M  N  C  B  T  X  S  N  I  H  S
L  I  M  A  P  U  G  O  S  C  A  P  U  L  A
E  F  T  P  E  P  R  E  V  C  F  M  Z  C  R
P  E  C  A  R  P  A  L  S  U  U  T  S  C  S
```

ANKLE	MAXILLA
ANVIL	OSSICLE
CARPAL	PATELLA
CRANIUM	PELVIS
FEMUR	PHALANGES
FIBULA	RIBS
HAMATE	SCAPULA
HAMMER	SHINS
ILIUM	STIRRUP
JAWBONE	TARSALS
LUNATE	TRIQUETRAL
MALLEUS	ULNA

Matters of Love

```
R D V M S T R A E H T E E W S
O E T V T J M Y S Y L U J H J
E X L R A S R E M O O R H L D
K L Y A U B E A N O R R S O T
S O B N T E U R L I R E T U G
R P E A O I L N I E O E Q Y L
A V Y M T M O M X A G Q E S L
Y C B D R C R N F O F N U B E
S L O V E R E A S T O O A I M
A F O V P L S L H H E Z T S O
T E E V G S I B E G I U A N S
S D E S I R E G R D C P Z P D
C C G K I N X O H I D P C G N
E L O D I L G P M T D S K Q A
E T I D O R H P A F S E L U H
```

ANGEL	HANDSOME
APHRODITE	HARMONY
BRIDE	HONEY
CUTIE	IDOL
DELECTABLE	KISS
DELIGHT	LOVER
DESIRE	LOVING
DOTE	RELATIONSHIP
ECSTASY	SWEETHEARTS
EROS	TRUE
FAIREST	VENUS
GORGEOUS	YEARN

Animal Farm

```
T B R U J M I N I M U S H L Y
V T E E R O J A M D L O E S W
S O V F O X W O O D O I T C M
Z E D K C I L Y F F R N U R P
S E S O M L W Z A U E B J S S
D S J R I A B N M M O O R G Q
P L J E O B D J D X N I E I U
I A E S J H D N E E J C V P E
N M N I O M A R S X T Z O U A
K I C R F M B L U E B E L L L
E N N K M H S N A M U H C Z E
Y A G O D F C O W S H E D J R
E U C V B O S N O W B A L L C
J E S S I E G W I N D M I L L
A J A Y K P L S A P J B X D F
```

ANIMALS	MINIMUS
BLUEBELL	MOLLIE
BOXER	MOSES
CLOVER	MR JONES
COMMANDMENTS	MURIEL
COWSHED	OLD MAJOR
DOGS	PIGS
FOXWOOD	PINCHFIELD
HOOF AND HORN	PINKEYE
HORSES	SNOWBALL
HUMANS	SQUEALER
JESSIE	WINDMILL

Islands of the Pacific

```
S G O J S N X L I P P A L A U
I D T H R V A N U A L E V U A
V N E C K E R E N N E L L I L
R A R A I A T E A D T E N M N
A L H N H O N S H U U O K A O
J E K A D A V U A I D C M U T
K R U Y C T B O T E U K I G R
D I G A B W V A L B I Z G E E
K W N I K U M A R O R O F P P
Y E S E R I C A R O L I N E P
U N H U T W T T N I L F J N I
S H A I E S E R A M J E S R L
H N R N V Z U A V S I I Z H C
U I T G J H U U X D T Y F Y M
K N C I C W T E F T X Y L N S
```

CAROLINE	NAURU
CLIPPERTON	NECKER
DUCIE	NEW CALEDONIA
EASTER	NEW IRELAND
FIJI	NIKUMARORO
FLINT	PALAU
GUAM	PENRHYN
HONSHU	RAIATEA
JARVIS	RENNELL
KADAVU	SERAM
KIRITIMATI	STARBUCK
KYUSHU	VANUA LEVU

Lights

```
W V E S I R N U S H Y Z N O B
S B U D X G E S T E P U W C L
I W E I G L O W T M R W A T H
N E X A U S N M A R X L D S H
C F N B C G D L W G K H U U F
A R R I L O K R G D B L W O B
N E U E H S N A B R T M Q N P
D M A L E S S L I R Z R H I X
E M G D H J A G A K R Z Y M T
S I D R E Z H V S R H E D U B
C H M T E T I M J A E C P L E
E S Y U S O A E Q Z B S R A Y
N D O J L T X F L A M E A O T
C E L E C T R I C I T Y A L T
E L T H E R A L F L U V T M J
```

BEACON	INCANDESCENCE
BEAM	LASER
BLAZE	LUMINOUS
BRIGHT	MATCH
DAWN	NEON
DESK LAMP	SHIMMER
ELECTRICITY	SHINE
FLAME	SUNRISE
FLARE	TAPER
GAS JET	TORCH
GLEAM	ULTRAVIOLET
GLOW	WATTS

Fictional Places

```
K X B H Y B W X O Y L I A N K
E I R L T C Y M R I L W X O J
T G T C W O X A N A D U N H V
O N S E V W H Q K G R A A W M
Y O L N Z Z Q C V W M J R E M
L L L S E H I A T A V H N R C
A A G N I W L L Z O T L I E W
N V D Y T H F O E O L U A O P
D A V S A F N O G B Q E L E C
I L A L A I G O R E O K M D A
X E L L A D R R O D N O G A R
T A M E G D I R B R E T S A C
K E D T U A H H Z O Z S Q R O
X L U K V V B A F C Z Y G K S
K T N O T P Y R K K P N A H A
```

ALALI	HOTH
AMAZONIA	KITEZH
AVALON	KLOW
BEDROCK	KRYPTON
CAMELOT	NARNIA
CARCOSA	NEWFORD
CASTERBRIDGE	QUIRM
CYMRIL	TOYLAND
EASTWICK	UDROGOTH
EREWHON	VALHALLA
FALME	XANADU
GONDOR	ZENDA

Headgear

```
P A C H T O L C K F X H B D K
I R O W X Y S O R P T O O M T
B O P E R A H A T F U M N R T
D D L J A U C A L Y R B N Q S
K E X V I S Y A I B B U E K Q
Q F Q C N T T E B R A R T Q B
A A Q M H C A I F E N G M O M
A L P Y A T Q H E D J E W T D
A T L P T C O I X S R L T E Y
Y R V I P K P P A O E B I R F
B Y R B T K U T H R B V N E W
L J H V R N A Y I A A L Z B Y
I U C O Y N A Q E V T I L W D
R I P S U T E M L E H H T I P
T A H E L B B O B M L U J G P
```

BERET	MANTILLA
BOBBLE HAT	OPERA HAT
BONNET	PILLBOX HAT
BOWLER	PITH HELMET
CLOTH CAP	PORK-PIE
DERBY	RAIN HAT
FEDORA	SCARF
FEZ	TIARA
FLAT CAP	TOP HAT
HAIRNET	TRILBY
HOMBURG	TURBAN
HOOD	WIG

Flying Machines

```
R E T P O C I L E H P E W K O
A S S F V J E D R O C N O C D
H I T R I P L A N E E A H B A
E U R J U M P J E T F L I T N
R E P S I G L I D E R P F A R
C L N R H T A K J E L A A G O
U G A A E I O C P A R E I A T
L G T K C O P P N C R S R T I
E Z C K N I O E E E H S C O U
S O A I J H R C I U U X R R Q
R O H N C R A R T Y U B A D S
T C M T G P R T U J V K F R O
W X E U S A L E X H P L T O M
Q C F P H E Z E P P E L I N E
P V W S F N O O L L A B L E V
```

AIRCRAFT
AIRSHIP
BALLOON
BIPLANE
CHINOOK
CHOPPER
CONCORDE
DRONE
GLIDER
HARRIER
HELICOPTER
HERCULES

HURRICANE
JUMP JET
MIRAGE
MOSQUITO
ROCKET
SEAPLANE
SHUTTLE
SPACECRAFT
SPUTNIK
TORNADO
TRIPLANE
ZEPPELIN

Mathematics

```
H T I G I D N Z N Z U U C A H
U T M C I T E M H T I R A Y T
H K F V Q R M V Q C A Y O F X
T X I I W E O G A T H K W W I
N D C H F B G L I R M I N U S
E I O S V M C O X G W A X Q O
V L J V H U P R E N Y L U B L
E F V M L N L M L Q G A C H U
S N Q A Y N U I P K R U H B S
Y A T B Z V S Z M E E V K C S
G E A A P T H E O R Y Q Q M G
P O R C M Z B R C I A O U M D
M L O U P U O O V J P S E A A
W V O S C Z H Q N V S A K K L
Z H T N I N P V D U N N A T F
```

ABACUS	NUMBER
ARITHMETIC	PLUS
CALCULATE	RATIO
COMPLEX	ROOT
CUBE	SEVENTH
DIGIT	SIXTH
DIVIDE	SQUARE
EQUAL	SUMS
FIFTH	TAN
MEAN	THEORY
MINUS	WHOLE
NINTH	ZERO

Let's Escape

```
D I S A R A E P P A S I D Z T
W W P M B D X M I G L B Z T A
Z P E V A E L H C N E R F U E
F W T V V B H J F E G X M R R
I F E B O V B F L U I Z A N T
S S O Q I S X O F L T G K T E
N S C N D K P F L O G P E A R
E T K A U E D U L E E V S I Y
A U E E T R J T N T I K C L A
K O G P D T D C S K D X A D W
O L D Q M A E E S U K O R T A
F I O D E U D R F A A X C B T
F A D E N I J D E E X H E V E
U B U R S M X R L J C O X I G
B P O U U E B O J E Q T G E P
```

AVOID

BAIL OUT

BREAK

DEFECT

DISAPPEAR

DODGE

ELOPE

ELUDE

EVADE

EXHAUST

FRENCH LEAVE

GET AWAY

JUMP

LEG IT

MAKE SCARCE

RETREAT

RUN OFF

SCATTER

SIDESTEP

SKEDADDLE

SKIVE

SNEAK OFF

TAKE OFF

TURN TAIL

Cats

```
I  D  F  C  X  Z  E  M  Q  C  M  J  D  M  N
U  L  D  E  E  S  E  M  R  U  B  B  B  G  Z
N  N  A  L  I  R  U  K  X  E  B  B  G  H  A
X  A  F  M  A  R  C  R  H  O  P  N  T  M  R
I  E  I  J  O  B  L  J  B  M  T  A  B  B  Y
A  P  R  S  I  S  R  E  E  A  X  Y  L  T  N
H  Y  M  K  A  G  I  E  E  N  N  A  Y  M  E
T  S  A  A  R  X  O  S  T  X  Y  L  L  U  B
N  N  L  B  I  I  E  O  P  E  H  A  A  N  E
A  O  J  P  M  N  K  X  C  T  P  M  G  C  L
M  W  K  T  I  O  E  L  Z  I  S  I  N  H  U
R  S  K  K  W  P  B  C  E  Q  C  H  E  K  N
I  H  N  G  E  K  O  K  O  S  L  A  B  I  G
B  O  J  B  O  U  T  A  R  O  K  H  T  N  D
T  E  E  C  C  I  Z  D  Q  I  N  W  X  G  C
```

ASIAN	NEBELUNG
BENGAL	OCICAT
BIRMAN	PETERBALD
BOMBAY	PIXIE-BOB
BURMESE	SELKIRK REX
HIMALAYAN	SNOWSHOE
KORAT	SOKOKE
KURILAN	SOMALI
LAPERM	SPHYNX
MAINE COON	TABBY
MANX	THAI
MUNCHKIN	TONKINESE

Green Things

```
T D S Y V Y J B I O T T D V V
H L L Z C Y A E T Q O W N X S
E A O U R B D R Z O D S O I X
D R A C Z E E E Y V I C F H M
E E S A G E W T I Q R H P C G
X M F E Y S U O L A E J A B E
E E Z L G F K M L U P B R L S
O L E L Y A B N C F J O T S E
B S P S H T G S I M I T Y E V
H Q C P O H C N I F O L R B A
X J F V A O Q X E B J Y U B E
L F R U T H G I L E V V S A L
S A E P W T H A O N R M H I C
J D L S U M A P E N H G E Z M
F M N D R A H C S S I W S E C
```

APPLE	JADE
BAIZE	JEALOUSY
BERET	LEAVES
BOTTLE	LIGHT
CARD	MINT
CAULIFLOWER	PARTY
EMERALD	PEAS
ENVY	PERIDOT
FINCH	RUSHES
FLY	SAGE
GOOSE	SWISS CHARD
GREENGAGE	TURF

Capitals of the World

```
B Z P E O B I L O P I R T P A
E W U L Y L Y B A Q G T S I V
I Y F D Q D S D H A K A B C U
J N G A A E M O L O N D O N S
I X I K L V Q G K T E L N O U
N W P A C B I Z O R O C O U U
G I R W P E K D K M P O T L H
R A A N R S O I B I S S A U N
C W I S J M F O Z H F D W S E
A A A T I A G O V R T A G A P
Y T R N E O Z U T E A A B K M
E T G A T X E D N R I G A A O
N O W A C S U I W H O K P P N
N D K S E A G L A T J P Q M H
E D S K R P S I Q E U G A R P
```

ALGIERS	LUSAKA
BEIJING	OSLO
BISSAU	OTTAWA
BOGOTA	PHNOM PENH
CARACAS	PORT OF SPAIN
CAYENNE	PRAGUE
COLOMBO	PRAIA
DHAKA	RIGA
DILI	SANTO DOMINGO
KIEV	SUVA
LOME	TRIPOLI
LONDON	VADUZ

Newspaper Types

```
M E W I J S F B N H D F G H A
D R O C E R A L M I A L E C D
O B S E R V E R L A G S N T V
W B C P T N M E A J I J Q E E
R H W G I G R I U I U L U K R
O B W T D L J R E S C B I S T
X T N I V O V U L T I H R O I
U E G B U B R O T A T C E P S
S S P R H E S C Y N S E R E E
N T N L C S L S D D O A Z F R
B A Q T E L E G R A P H O A R
L R R R R M L M E R C U R Y G
J B P G I O Z W I D C T P K X
F O Y T U C P H D L A R E H R
E C I O V S Z S M H J K K E E
```

ADVERTISER	POST
ARGUS	PRESS
COURIER	RECORD
ECHO	SENTINEL
ENQUIRER	SKETCH
GAZETTE	SPECTATOR
GLOBE	SPORT
HERALD	STANDARD
JOURNAL	STAR
MAIL	TELEGRAPH
MERCURY	TIMES
OBSERVER	VOICE

S Words

```
S H V E C I F I R C A S N S A
S S Y R E S S E N T F O S T T
T U T E F E F C E I Z S B O A
R S E T N S I C K L Y E O K N
S A F F S I N O G I A S M E O
U G A I Y A W A W O T S S D S
I U S S L C N S R K S Y T E T
Y D H B D S W I T A P W O H R
S T M B F S I D T F H U A T I
Y E F Q S I S E N Y A A T E N
S E D I M E N T A R Y H S E G
N S I L H O U E T T E D S S W
S S E R T S M A E S T O R M Y
R M G T Q W Z Y C O R N R U O
S T R I H S A B B A T H D M S
```

SABBATH	SHIRT
SACRIFICE	SICKLY
SAFETY	SIFTER
SAHARA	SILHOUETTED
SAIGON	SOFTNESS
SANITY	SONATA
SEAMSTRESS	STOAT
SEDIMENTARY	STOKED
SEETHE	STORMY
SEMBLANCE	STOWAWAY
SHAFT	STRING
SHIFTY	SWINE

Fabrics

```
K N W F U S U N N T A M E E S
N L O N I L P O P L E N L R I
Z G J T H P L A I D E S T S B
W Q A E T R Z C O L I O W G K
X K L V O O N K Y L L O O W L
L L L L L R C R A O T U R E I
D Z E E C R E P E O H N S W S
Y N R V K T G K W G E F T C G
C B I Y C N C E C N U C E D Q
Y J O L A R L L I U E Q D L J
R K M T S L F L V R S G N S T
T G R T I U A S M O T R R S L
J A H N Z C M H L D I Q E E G
T V G N E A G A C A P L A E S
Q E R E M H S A C W L Y E E S
```

ALPACA	POPLIN
CASHMERE	SACKCLOTH
COTTON	SEERSUCKER
CREPE	SERGE
FELT	SILK
LACE	TARTAN
LINEN	TERYLENE
LISLE	TOWELLING
MOIRE	VELVET
MUSLIN	VOILE
ORLON	WOOL
PLAID	WORSTED

Signs

```
F S M T D R S Y R T N E O N G
H E D N E U X D U N M S N T T
J I A A T S C H O O L A O A P
N D N G N J J D T I C E P X U
Q A G C A L Q O E T G L A I Y
N L E K W Q K O D U G P R R A
O O R O P A E L I A K T K A W
D J V N L O W F A C G E I N S
I Q H E E S L O A Q B I N K I
V W X W H W T I L S N U G H H
I A Q A T I A N C S N Q M A T
N L H Y U R C Y E E L U P P I
G K W M P P Y L O G S V V G S
L N R U T U O N E U V X H Y P
T F E L P E E K C S T C P M H
```

BUMPS	NO U-TURN
CAUTION	NO VEHICLES
DANGER	ONE WAY
DETOUR	POLICE
FLOOD	QUIET PLEASE
GENTS	SCHOOL
HELP WANTED	SLOW
KEEP LEFT	TAXI RANK
LADIES	THIS WAY UP
NO DIVING	UNSAFE
NO ENTRY	WALK
NO PARKING	WAY OUT

Schooldays

```
L I A R B E G L A S M N H E U
L L F D A U G N I T I R W S S
E D A N W L E C T U R E C I C
B N L P B R E P O R T G I C W
N A G E I S B O Q O Q I S R G
X P G L T C S S Q B U S U E N
B Y A S I D N H H U S T M X I
X R E M E S T I M O X E B E M
T T S S R R H O R G R R R C M
N S K E Q O P D Y P D T K L I
A I Z L M F F U P S E L S A W
U M O C K A X I P N C P A S S
R E A D I N G U N I C O I S U
T H T O D G P I L U L Z C D P
B C E F S H S R X I V I Z E F
```

ALGEBRA

BELL

CHEMISTRY

CLASS

DESK

ENGLISH

EXERCISE

GAMES

KIDS

LECTURE

MUSIC

PASS

PRINCIPAL

PUPIL

READING

REGISTER

REPORT

SHORTS

SWIMMING

TENNIS

TESTS

TRUANT

UNIFORM

WRITING

ABLE Endings

```
C L E A N A B L E L B A U Q E
X M X L E L B A N O S A E S E
E A E L B A R A P U E E Z L A
E L A E Q A B L S L L O B B L
L L B W L L S T B B B P L O T
B E P A E B A I A I A E P I E
A A L D P I A I D L N R E T A
S B I B N L N N P T E A L A C
S L A A A E U A O S M B B X H
A E B M D T B C U I A L A A A
P L L G I L O M N I H E F B B
E Q E E E A A P A A Y S F L L
L B L R I B B F B N B Q A E E
L B C E L B A L L Y S L M F G
A G R E L B A W E H C J E P T
```

AFFABLE

AMENABLE

AMIABLE

CHEWABLE

CLEANABLE

CULPABLE

DENIABLE

DISABLE

EQUABLE

FASHIONABLE

MALLEABLE

OPERABLE

PALPABLE

PARABLE

PASSABLE

PLIABLE

POTABLE

PRESUMABLE

SEASONABLE

SUSTAINABLE

SYLLABLE

TAXABLE

TEACHABLE

UNABLE

Breakfast Time

```
T  T  O  A  T  M  E  A  L  S  T  O  B  E  G
D  E  G  L  U  D  G  E  N  N  M  A  D  H  G
C  E  R  F  H  A  Q  A  A  I  C  A  Y  Q  E
H  J  F  O  N  A  E  S  C  O  L  M  H  E  D
L  I  A  A  E  B  S  O  N  A  N  S  S  E  E
N  Z  V  M  D  I  F  H  M  P  R  Z  E  R  I
A  O  T  E  O  F  J  R  B  E  T  L  K  E  R
D  W  K  R  E  H  A  A  P  R  S  R  A  G  F
A  A  C  E  M  M  L  P  U  M  O  C  L  D  Y
B  F  E  P  L  R  I  G  B  U  N  W  F  E  Z
T  F  H  R  D  K  O  W  A  E  R  A  N  K  C
O  L  P  A  B  Y  V  G  G  S  B  O  R  L  S
A  E  L  A  E  R  E  C  E  L  H  H  O  E  A
S  S  A  U  T  A  G  E  L  I  Y  H  C  E  S
T  S  E  G  A  S  U  A  S  X  W  N  T  H  E
```

BACON	JAM
BAGELS	KEDGEREE
BAKED BEANS	KIPPERS
BREAD	MARMALADE
CEREAL	MUESLI
COFFEE	MUFFIN
CORNFLAKES	OATMEAL
CROISSANT	SAUSAGES
FRIED EGG	TEA
HAM	TOAST
HASH BROWN	WAFFLES
HONEY	YOGURT

Beauty

```
V N U Y H I E M U F R E P I A
V T I N T I N G E W P R C F Y
K S L R U C B S E H S U R B F
C I I U R E D W O P E C A F R
A L P U S G M V P Z R I R G O
P Y S C H C N E E O K N I N R
D T T R L E I I F G P A N I R
U S I O E R Y T B A Z M S H I
M R C D O L L E E M C C E S M
G G K Q G P L J S M O I O A A
W M C T R T M O Q H S C A W S
E M E R Y B O A R D A O K L C
G N Q T E G A U H N L D C S A
M R E S N A E L C S O M O U R
D D G R O O M I N G N J A W A
```

BRUSHES	MANICURE
CLEANSER	MASCARA
COMBING	MIRROR
COSMETICS	MUD-PACK
CREAM	PERFUME
CURLS	RINSE
EMERY BOARD	ROLLERS
EYESHADOW	SALON
FACE POWDER	SHAMPOO
FACIAL	STYLIST
GROOMING	TINTING
LIPSTICK	WASHING

Popes

```
B T W Q G J O C V I K I N R V
S S W H R E D N A X E L A T V
U S W Y L E V A R I S T U S F
T W N G O D N A L G F U B N P
E M X I A K V I R D E E S C E
L A Y N E H P E T S V U L R D
C R W U T S G H L N I X O I G
A T I S N O A X D C E D Q F X
N I N O R T L L I Y O L N M H
A N N Y O Y W R O E V W A W E
I O V A S U I P H H I R B V U
C O O Q I S O T E R C I R Y G
D O N U S R K P H U T I U Q E
J E C K G G D Y S W O H N H N
V S S N A I B A F W R L S U E
```

ADRIAN	LEO
ALEXANDER	MARCUS
ANACLETUS	MARTIN
CONON	NICHOLAS
DONUS	PIUS
EUGENE	SIRICIUS
EVARISTUS	SOTER
FABIAN	STEPHEN
FELIX	THEODORE
GREGORY	URBAN
HYGINUS	VALENTINE
LANDO	VICTOR

Sufficient

```
D E X X S H E T N A P M A R S
E C S C H U C S J D K X T P S
D O O Z A U O M U H A O A D X
N G N N U B A E E F A O E W U
E E A D S S U X T K O T R W W
T Y R L S I U N G N S R G B Y
X R I I O B D N D U E S P M H
E I V I E R I E O A U L O Y T
O E T R N D E I R O N O P E G
Q R A B N G D Y R A R T E N L
U N I U R O T E W I B M O O A
T G O A M K N I C F I L O U V
S B L M K E D H H N U K E G I
A E O N G E Y U G B A L F H S
A C S U B S T A N T I A L W H
```

ABOUNDING	GREAT
ABUNDANT	LARGE
BIG	LAVISH
BROAD	MASSIVE
COMMODIOUS	PLENTEOUS
CONSIDERABLE	PROFUSE
ENOUGH	RAMPANT
EXTENDED	RICH
EXUBERANT	ROOMY
FULL	SUBSTANTIAL
GALORE	TEEMING
GENEROUS	WIDE

Harry Potter

```
J I K B C M R Y E A S H C Y U
S F C N O M A L X W E T E H F
M S I K I Y G F X R I K O I Z
N Y R D U G B X B A O Z R N K
I E R C U R R O S H D E A V E
R L E M A M L O A T N O F R N
E S D D Z O B G B Z E J B I D
H A L U G L R L E R H R L B M
T E U Y F I O G E O M B C R Y
Y W B P D N Y I G D O L U E Z
L N T O N K S W Y G O T Y L S
S O G M Y M A D U T N R A I P
Y R E V A R P E I O D R E S U
P S R E T A E H T A E D I A W
X D L S E U G N I L W O R B F
```

AVERY	HOGWARTS
BASIL	HOKEY
BRADLEY	MOONDEW
DEATH EATERS	MR BORGIN
DERRICK	MUGGLE
DOBBY	RON WEASLEY
DUMBLEDORE	ROWLING
FIRENZE	SECRETS
GOBLIN	SLYTHERIN
HAGRID	STONE
HEDWIG	TONKS
HERBOLOGY	WIZARD

Creepy-crawlies

```
W E L H J S N E Z J S Q J Y B
C R N R V X V K Y L F W A S U
M E O O Y D C F M N V Y A E I
I R E S R I G P O V S V N R L
T U E Z T D Y N Y C S G J E M
E O L R C J E C O D U W G T L
L P T W R M R R X I S S N E E
T A T N O I P A K H R Q A M A
E V O D C I R U B P A S T R F
E H B K O O D O N A T A T O S
B A E N H C L Z J O T Y E W F
G T U T N O M F G T L W Z L V
N U L W E E V I L E K W L A U
U Q B L S B E J K E W N N E A
D K A D T A V R A L A I B M R
```

ABDOMEN	MEALWORM
APHID	MITE
BLUEBOTTLE	NEST
CRICKET	ODONATA
DRONE	SAWFLY
DUNG BEETLE	SCORPION
EGGS	SWARM
ELYTRA	TARSUS
FLEA	THORAX
GNAT	TICK
LARVA	VAPOURER
LEGS	WEEVIL

Geographical Features

```
U R D N A L E L B A T U Q R V
G R Z M Q R L J Q Q O B E N A
Y N H B U P G T Y E K S H I L
B J I S U L R N U R E Y U N L
W V S R G A A K L R T Y U K E
E I H X P N Z G V M R E I L Y
F G B F K S I O O A N P J G L
E R D Q G N I R T O F A Z L H
L I A I G R B U T F N C L E V
A S E P R P B L I S H O A L N
N T H G I I X L S G T D A R U
A H P O R D C I L A L T E Z L
C M Y T R O S H A A L V G A C
B U L A K E G J N E A T C H X
K S N I A L P D D C W C R Z R
```

ATOLL	LAGOON
CANAL	LAKE
CAPE	PLAIN
CAVERN	RAPIDS
CLIFF	RESERVOIR
DELTA	RIDGE
FISSURE	SHOAL
GORGE	SHORE
HEADLAND	SPRING
HILL	TABLELAND
ISLAND	TRIBUTARY
ISTHMUS	VALLEY

Buzzwords

```
E R U G I F K R A P L L A B F
B R A N D A L I S M J V Y R E
V E T T E U Q I T E N B E P Q
E Y N M T E S D N I M E D U M
M P N C I P Q M W M V S Q N P
L E O T H M A N G A O T R I K
Z O P L O M I R L I A P T P L
K L G L F W A U W R D R V S L
Y U B O C R E R C A F A E C I
C F N S W N E U K B S C R F K
B O T B B E D T O U E T B A S
H J O A G E A S N Y G I I V P
V W U L H V P R H I R C F S U
L R E N I A R B O N U E Y X C
E N I L M A E R T S S U H R
```

BALLPARK FIGURE

BENCHMARK

BEST PRACTICES

BRANDALISM

B-TO-B

BUY-IN

COOL

EDUCRAT

FREE VALUE

INTERFLOP

IT'S A WRAP

LOGOWEAR

ME PLC

MINDSET

NETIQUETTE

NO-BRAINER

PARADIGM

SPAM

SPIN-UP

STREAMLINE

SURGE

UPSKILL

VERBIFY

WIN-WIN

Formula 1 Grand Prix Winners

```
W G D Y X U O N R A C I T T E
S C A R F I O T T I N Z R W M
A C O Z I S R X R W K I E F L
V I L L E N E U V E N H V I U
B N L A L Q W Y F T B A E S H
O E I I R I P M I V S R C I U
U N H D N K N G R S Q H E C R
T I C R A I N S A F U J L H E
S A C A Z A N M A M B A G E B
E L V H N R E N A A D U A L B
N A P T W V G C A X T X O L E
K V R L G I H F L N K D R A W
W O O U O E L R U K S C X I A
D K S O R L D H Q A E I I U F
W U T C H V A Z Y Y D W Q H K
```

ARNOUX	ICKX
BOUTSEN	KOVALAINEN
CEVERT	LAUDA
CLARK	MASSA
COLLINS	NANNINI
COULTHARD	PROST
FANGIO	SCARFIOTTI
FISICHELLA	SCHUMACHER
HERBERT	TRINTIGNANT
HILL	VILLENEUVE
HULME	WARD
HUNT	WEBBER

Double Letter Starts

```
O O G E N E S I S Q H U Z Q Y
L O O J A M A F L I P O E G A
X L A E A A L B O R G D A A H
D I A A T G E E V F N D T L T
D A R N M R O W L E E S G U K
H O H F E L A R T M Y T O R U
N N U I L R S S U C X P A S R
M Y S G K E O I O H L V N U O
A L Q S R O N O T E D R Y O J
L E L O A O B I E R Z U L M E
E W Y L G R L H A P M O O A E
E E R O O O G A P J G R W G R
E L O W O Y G L W Y O Z G O I
N I E E D D T E B O J L O E
G N I Z O O Q A C E H T O O F
```

AALBORG	LLOYD
AARDVARK	OOCYST
AARHUS	OOGAMOUS
AARON	OOGENESIS
EELAM	OOGONIUM
EELGRASS	OOJAMAFLIP
EELPOUT	OOLITH
EELWORM	OOLOGY
EERIE	OOMPAH
EEYORE	OOSTENDE
LLANERO	OOTHECA
LLEWELYN	OOZING

Medical Matters

```
R A K T S S Q K K O Z C A N I
S O Y L C O I H G L W L P L U
D O L S L I L S E Y L T U E Z
W I I B P W N P P I C O L D S
P E K L U E R O X E L F C R J
Z S I Q O O L A B V S A X U M
Q A N P S P D A K U N C L E M
A E S Y C E S M T I B U D C F
G S U V N R U E Y A I I A Z Z
P I L O F A R Y O K C S S E Z
C D I C G T I P I I E A T M T
W D N F X I V M N P P D H A E
F A Z Y R O C E T U S M M Y S
D T Q Y C N R I R S R F A D T
T M O M Y V C B A N I G N A S
```

ADENOID	EMPYEMA
ANGINA	FLEXOR
ASEPTIC	INSULIN
ASTHMA	LEPROSY
AXILLA	LOCUM
BICEPS	MEDICINE
BUBONIC	OPERATION
CATALEPSY	PILLS
COLDS	POLIO
CORYZA	SEPSIS
DISEASE	TESTS
ECZEMA	VIRUS

Anatomy Lesson

```
K V I A I O N K J E W W N P G
E E N K G L A N D S D G J E I
T B T H R O A T R J J G M F W
O X E M H V Z R C L I I A N O
N O S E E F W T M C A U R A S
H H T L H F F F F S O N E A G
K Y I H E L C I R T N E V Z Q
P C N N Y E X K R U U E I F T
L J E J V M J N K D I M L O O
X I S N F S U J J N I V W O E
S P L E E N L S S B Q M U T S
Q P O R M G N V U P I T T G T
T B O P U E A I O J I O E T N
R P B T R H E M U S C L E V D
P I N E A L N G Z E G N M F U
```

ARMS	NAVEL
FEMUR	NECK
FOOT	NOSE
GLANDS	PINEAL
GUT	PORES
INTESTINES	SPLEEN
KNEE	THROAT
LEGS	THYMUS
LIPS	TOES
LIVER	ULNAE
MIDRIFF	VEINS
MUSCLE	VENTRICLE

Card Games

```
H R X I B O N L Y S E D A P S
C Z Y L C A N R K J P P A G O
T E D M T L C F S O E N P N L
W W R N M B V C K C S E O U D
E T A E F U R E A V O M N G Y
N F H I S X R R T R E E T P S
T C S E U I T W A D A C O T V
Y H F G C E M F F P B T O T V
O L G G M L R X A H L P N J S
N K N O C K O U T W H I S T Q
E I A D V X F C H O Y O Y I I
M E G D I R B G K L Q J L V A
Q D Z E K X E F M I C V X O T
B F G R P I N O C H L E S A S
G A R B W N U T E T G N I V R
```

BACCARAT	POKER
BRAG	PONTOON
BRIDGE	RED DOG
DEMON	RUMMY
ECARTE	SKAT
FAN-TAN	SNAP
FARO	SOLO
FISH	SPADES
HI-LOW	STOP
KNOCKOUT WHIST	THE CLOCK
MISERE	TWENTY-ONE
PINOCHLE	VINGT-ET-UN

Girls' Names

```
X E I Q V E X L X K W R K U Y
J N A I V L Y S S T O Q Q R M
U I P I T K E O E F S S X W I
I L L O L I V I A D F E M M A
A O W A R F D T Y X I N I V C
A D A L V O I D R N A G Z V L
I N W L J N I F A H D A A U E
R E Y U R R V H L C O S P J O
O W P D G A P D I I L N M U P
T G L N N E C O H I T E A L A
C D I M T I D E A N N A A I T
I X R S O N C N X Y E W H E R
V B P N W R Z F L E U L S T A
R H A N I T A O J U P S L T S
K P Q H P Q B G E R A O R E P
```

AGNES	INGRID
AILSA	JODIE
ANITA	JULIETTE
APRIL	MORAG
CARLA	OLIVE
CINDY	OLIVIA
CLEOPATRA	RHONA
DEANNA	STEPHANIE
ELLEN	SYLVIA
EMMA	TESSA
GWENDOLINE	VICTORIA
HILARY	ZOE

Stormy Weather

```
L H G U O R Y T S H O W E R S
O N D A R K N E S S Y H B G L
Y D Q G T E S Y R Y T S I M I
T Z L N R S T C V T E J O Y G
Y L E R V S R B L O W Y D M H
T R O E U E G U L E D R A O T
Y T E G R U U Y B Y S P N O N
P S M D C B A V K D Q N R L I
H A E O N L Q A T Y U G O G N
O C L W N U Q E R D A O T Y G
O R Z N P S H H A A L X L W R
N E Z P A T O T G P L W I C W
R V I O A E O O I N Y N S K J
T O R U A R U X N R D O M V Y
M Y D R Y Y W U G Y F L H A J
```

BLOWY

BLUSTERY

BREEZY

CLOUDBURST

DARKNESS

DELUGE

DOWNPOUR

DRIZZLE

GLOOMY

GUSTY

HEAVY

LIGHTNING

MISTY

MONSOON

OVERCAST

RAGING

ROUGH

SHOWERS

SQUALLY

THUNDERY

TORNADO

TORRENT

TYPHOON

WINDY

Very Amusing

```
D J H T G N I X A L E R U G I
J H S I G G A W C S P T J C Y
N R K U H G N I L L I R H T G
K A U E N J O Y A B L E T S N
Y L E V I L O Y R D O I W U I
D U N C R R I L R X W C P O N
E C G O S N R O L S P H L R I
L O A M G U L K F Y C A E O A
I J G I K L O U G J N R A M T
G N I C U D N I E L I M S U R
H Y N A A N Y R R E M I I H E
T L G L Y Q Q X U A K N N Z T
F L Q M I R T H F U L G G F N
U O G N I T R E V I D I Q L E
L H E N G A G N I R E E H C M
```

CHARMING	JOCULAR
CHEERING	JOLLY
COMICAL	LIVELY
DELIGHTFUL	MERRY
DIVERTING	MIRTHFUL
DROLL	PLAYING
ENGAGING	PLEASING
ENJOYABLE	RELAXING
ENTERTAINING	SMILE-INDUCING
FUNNY	THRILLING
HILARIOUS	WAGGISH
HUMOROUS	WITTY

Halloween

```
P P F B W P L T A B B A S V J
G E A S S P E C T R A L E A M
Z T C K L Y N D E V I L I U B
S C E S L A C S S S G O R F Z
G A S A E H H E A R I L I U G
B N Y M P A A T T S E F A D K
X D I B S S N C A A P D F C R
N L G L P V T X N C I O I Z O
A E Z M K G E H I J K T O P J
G S I D N C R D C N S C I K S
A A E I T L A V S M O I A N Y
P B Y R Y F K C O L R A W L I
L L G N I B B O B E L P P A B
F W R H Y D R Q Q Q J B V Y I
C I G A M B O K C O V E N N C
```

APPLE BOBBING

BATS

BLACK CAT

BROOMSTICK

CACKLING

CANDLES

COVEN

DEVIL

ENCHANTER

FAIRIES

FLYING

FROGS

IMPS

INITIATE

MAGIC

MASKS

PAGAN

SABBAT

SATANIC

SPECTRAL

SPELLS

SPIDERS

SPOOKY

WARLOCK

Associates

```
U S I G L V W K E P K O T Y T
R N Z N E H N O I N A P M O C
I K I K V C C L L I I I P L E
E F O T O O O O E L T B I W N
U Y E U E N L N N V E N M H N
G A P Q O F R V X S K F J O O
A L I K K E B A E C O O H F C
E F E U E D E J T P I R B R F
L A L L Y E T G G N E N T I A
L P G I K R A Y M U H C M E M
O U N K A A L T K Q Z O M N I
C Y I M M T E E T Z J Y Q D L
X I M A N E R E D A R M O C I
T N A T S I S S A F C F T C A
E T R E N T R A P V V H Z H R
```

ALLY	FAMILIAR
ASSISTANT	FELLOW
ATTACH	FRIEND
CHUM	INVOLVE
COLLEAGUE	JOIN
COMBINE	LINK
COMPANION	MATE
COMRADE	MINGLE
CONFEDERATE	PARTNER
CONNECT	RELATE
CONSORT	UNITE
COUPLE	YOKE

L Words

```
L N Y O L S S H L R D I L O L
N O D N O L U S C Y E Y M L L
N L L U L L E D E T N D S Y O
X N Y L O D G E S N A P W R L
L M E D A N O M E L O L U I L
Z X L U D L J L V A L I F C I
L L I D D E D Y E C N E L A P
I U V E P L B L T K L L Y L O
N N M Y L W O L A I U E L I P
T L M P I X B H K N A J E Z F
E L L S Y H L E E G C L V A P
L B A R M U O R L S B E O R A
G Q L B C P L Q K I A F L D K
H D Z K E S Y O A L L E J O X
L Q Y O A L H L X Z G Y L L T
```

LABEL	LIZARD
LACKING	LOANED
LAITY	LODGES
LANCELOT	LOLLIPOP
LATCH	LONDON
LEASEHOLD	LOVELY
LEMONADE	LOWLY
LIDDED	LUCKY
LIFELIKE	LULLED
LILY	LUMPY
LINTEL	LYNX
LIONESS	LYRICAL

AND Inside

```
H  G  A  N  D  J  P  N  A  Y  D  N  A  R  B
A  M  E  D  N  A  T  U  G  A  N  D  A  V  P
N  B  N  W  N  R  G  N  I  D  N  A  M  E  D
D  N  A  D  W  L  A  P  L  A  N  D  R  R  D
L  B  A  N  D  A  G  E  A  Y  I  N  E  A  E
E  S  S  U  D  C  N  Z  N  D  D  A  D  N  D
C  P  D  H  A  O  C  D  R  Q  N  N  N  D  N
S  T  A  N  D  I  N  G  E  J  A  R  A  A  A
T  E  N  C  A  R  J  M  D  R  L  I  U  S  P
K  U  L  A  S  L  O  S  N  F  L  B  Q  P  X
Y  A  N  D  O  D  S  S  A  K  O  A  S  O  E
D  D  J  E  N  D  N  I  X  N  H  N  D  L  N
N  Z  N  A  A  A  F  A  E  A  D  D  A  A  D
A  U  R  A  L  K  C  A  L  H  N  B  Y  N  N
L  A  N  D  C  D  N  A  A  D  N  A  E  D  A
```

ABANDON	LAPLAND
ALEXANDER	PANDA
BANDAGE	POLAND
BRANDY	RANDOM
CANDLE	RIBAND
CANDY	SANDY
DEMANDING	SQUANDER
EXPANDED	STANDING
HANDLE	TANDEM
HOLLAND	UGANDA
ISLANDS	VERANDA
LANDSCAPE	WANDER

Dances

```
T A Y D L K G U B R E T T I J
Y H M E C T S T C N X V P A X
M O E A Q P O L K A R E E Z B
M R I B P U L X G R N U Z V H
I N L M E X A A I T B C M H N
H P I A S Z C D J M E H A B U
S I X S L O L U R K P T G N A
H P U X N L B Z J I E X C W O
M E T G U A E W T L L P A M B
C W A L T Z D T E E O L A U M
O B O O G I E V N B U Z E T I
G B H J D J I V E A U N W A L
N J M S H A K E H R R I I V F
A A K A W Q Q Z K Z S A T M N
T C E L M B K A U T Z H T G N
```

BOOGIE	POLKA
BOP	QUADRILLE
CANCAN	REEL
CONGA	RUMBA
HORNPIPE	SAMBA
JIG	SHAKE
JITTERBUG	SHIMMY
JIVE	TANGO
LIMBO	TARANTELLA
MAMBO	TWIST
MAZURKA	VELETA
MINUET	WALTZ

Bible Books

```
I K L E I K E Z E T X M T K P
S O M A E R I V J C A V L N L
Q N N O G V T O J I A G G A H
R A E N B L N J Q O P Y I X H
S E N T E A J J A M E S E D S
C L H U H O D D E U A L N E N
C O M T B Q V I A I P M O U X
K A I G S T T S A N H A C T S
S U D O X E H H P H I V Q E N
Y K H S E G D U J F L E Z R A
V G R A D S L I W D E N L O M
Y U N A C V M L M Q M O Y N O
K P K I M I U M B A O T O O R
I D G A G K M B P B N W T M N
W R E T E P S U T I T N C Y M
```

ACTS	JOEL
AMOS	JONAH
DANIEL	JUDGES
DEUTERONOMY	LUKE
ESTHER	MARK
EXODUS	MICAH
EZEKIEL	OBADIAH
EZRA	PETER
HAGGAI	PHILEMON
ISAIAH	ROMANS
JAMES	SAMUEL
JOB	TITUS

Animals' Homes

```
C F I Y Y K P Z N U A E J B L
S B E W O W Y I T E L P Q G L
E Z L Y A O C E H B P C D E N
J Z O S S R W N A O W Q N P H
B U H W X R R T P U L N P E I
X Y S U W U S E V L E T J W V
I E Z T R B V X N K H F N S E
E R Y B U K H U B O T O A Z Z
A U Y E R D X I H C R L I D B
D T C O V S L T M I A D T E F
N S Y A L J S J E D E P S L Q
U A J L V O L Z Y L L J O T X
O P T O O E G R N A Y Y W N Y
M U I R A U Q A V I A R Y U D
O S E Y M V A K W R M F Z P B
```

AQUARIUM	KENNEL
AVIARY	LAIR
BURROW	MOUND
BYRE	PASTURE
CAVE	PEN
DEN	POND
DREY	ROOST
EARTH	STABLE
FOLD	STUD
HIVE	STY
HOLE	WARREN
HOLT	WEB

Collection

```
O L Q T N E M T R O S S A Q R
P U O R G I X R A N G E C M N
S S A L C C V T S A M P L E O
S K N L H F A R R A G O G L I
S K C O D X R Q L A D S E A T
W D I O P T I O N R C M L N A
Z C N N T Q E Z Y N A T M G G
E I H E D S T V I R E G A E E
M F N L D S Y O E R D B B C R
M H N B R N C C N R D N V A G
O D L M I A A A P E U C U Y G
T E R U R E T S X A T T P S A
L U U J S I D I D E C I X Z S
E U Z K V W M X K D C K I I R
Y U F E X U E I L K O K H M M
```

AGGREGATION	MIXTURE
ALTERNATIVE	MOTLEY
ASSORTMENT	ODDS AND ENDS
CHOICE	OPTION
CLASS	PACK
EXTRACT	PICK
FARRAGO	RAGBAG
GROUP	RANGE
JUMBLE	SAMPLE
KINDS	STOCK
MELANGE	SUNDRY
MIXED BAG	VARIETY

```
G N I D A E R X T D E N T I K
E A E C N E L I S C E S K I N
R I A H C G M S I E S S S E O
N T U H B E Y T G F Y S K A W
S S O R T S C E N N N A A U L
H L B A V A L Z V K I S O P E
S U B H R L S X F R T T D N D
S L F P O U D J R L U T I S G
E A F C B I J E U X R S N R E
R W K J P J P S O O C O Z N W
T M E L S A E C P B S X W U Z
S C O T P R F E N S E D A R G
T M U R M H R A E T F V T W B
A D P E N S I L I C N E P I F
Y M S L A N I F E L H U N K D
```

CHAIR	PRACTICE
COLLEGE	READING
DESK	REPORT
DIPLOMA	RESULTS
FAIL	SCRUTINY
FINALS	SILENCE
GRADES	STRESS
KNOWLEDGE	STUDY
LESSONS	SUBJECT
PAPER	SURVEY
PASS	TIMETABLE
PENCIL	WRITING

Birds

```
I E T I N I B O R S H T T D B
J M R V B O Z T W N O I P U A
N T R E P E E R C L L A W H D
Z D O Z H R D W J I K A G P G
K R O T S C E R N Q G U L L R
M I S G O N T N A T O Q E N E
S B H Z V N E A A H E R O N B
A E H R O T M I C R C N X L E
N T F G D N L A L R C O A L Y
P A R A K E E T G B E C P K E
T G T N A S A E H P K T S Q R
R I C D S P L X H C I W S R P
M R S R O G I G A J A E O Y S
V F W B A V B P B N O O Q R O
W E L E R T E P P R K P S R Y
```

BLACKCAP	OYSTERCATCHER
CHOUGH	PARAKEET
CRANE	PETREL
DOVE	PHEASANT
EAGLE	POCHARD
FRIGATE BIRD	RHEA
GREBE	ROBIN
GULL	ROOK
HERON	STORK
LINNET	SWAN
MAGPIE	WAGTAIL
OSPREY	WALLCREEPER

Little Things

```
N O Z T R B N N L I S Y N U P
A K V O E P I N P O I N T G T
I K Y P N J G Y N N N Q I P B
T O G S C M W L L I K S O F G
U N T X P I E L A F L C T D F
P W M A I G M R P L K Q I O Y
I Q M V N Y G O N E C M M N D
L F T N C B A E T D Y A I Y A
L N O N H A P S E A J T Q U K
I Q S O H B I I E O K N H G B
L E U E T Z E N N K N A K I U
N Z T A E L F L E S Q B T S E
R O U D R D I C E J S T A F N
M U I N Y K V N O W Y K O N V
E L U N A R G T G L T J Q H D
```

ATOMIC	LILLIPUTIAN
BABY	MOTE
BANTAM	PINCH
BITTY	PINPOINT
DOTS	POCKET-SIZED
ELFIN	PUNY
FLEA	QUARK
FOOTLING	SEED
GRAIN	SNIFF
GRANULE	SNIP
IOTA	SPOT
JOT	TINY

Explorers and Discoveries

```
M S E G S P I H S D R A H H J
R N D K F N J Z V A L L V G A
A O A B S Y E C S E C I P S M
Y R R N R O U H B Y D N X N A
C T T A N P U N U N C Z I A I
F A E A H J O T A D O A G N C
P P C L I Z P L H Y S A M S A
A I S J A H N G Y S L O Z E F
H Z I M F E Y J E N E Q N N L
U A A B E A F E R X E A I G I
W R Y R F I B O L E L S S J F
R R G R W K L P Y N V C I D H
R O I N D I A N S R A O G A Z
T C S G A H E T A H I T I P R
A Y E S P A B T M O Y T S Z P
```

AFRICA	PEARY
AMAZON	PIZARRO
CAMEL	POLYNESIA
CANOE	ROSS
GREENLAND	SAILOR
HARDSHIPS	SCOTT
HUDSON	SOUTH SEAS
INCAS	SPICES
INDIANS	STANLEY
JAMAICA	TAHITI
NANSEN	TRADE
PATRON	UJIJI

Rocks and Minerals

```
T L N E H F O R B B A G A T E
W E B R F V R E P S A J M N M
A T D U E G P U K O E G X S D
W H T A U D U C M G Y P S U M
Q L I J E E M H C S M I Y X J
J Q E V P I I A A U E C S L Q
F X P L S C C L R N D G L G U
L N I S A W E K G L N E A C A
I G D C B H D O L O M I T E R
N R O H P A S X K R C H E R T
T A T I O B S I D I A N M A Z
L N E S Z I L A W O A I F D I
F I X T R H Y O L I T E Q D T
V T R A C H Y T E T Q J D T E
P E K T Y R A T N E M I D E S
```

AGATE	JASPER
BASALT	OBSIDIAN
CHALK	PUMICE
CHERT	QUARTZITE
COAL	RED MARL
DOLOMITE	RHYOLITE
EPIDOTE	SCHIST
FLINT	SEDIMENTARY
GABBRO	SHALE
GNEISS	SLATE
GRANITE	TRACHYTE
GYPSUM	TUFF

Delivery Service

```
T U Y L R K B J S U T S E T C
N V R R E V I R D U S G J H O
E Q I S I F E C M E A F Y T N
M X O I R M G E N I L R I A T
Y G G J U P P I R O K R N P E
A K N S O A S R W R O A D S N
P J N S C U A E O E D Q U E T
W O T K B C R W R D J X R S S
C A E V C S T O R E S R E D Z
L T A C R E C E I P T X L O S
E N I L N O S S D I O E E O W
S N O D K S I Q H B P T V G U
S S A L C T S R I F N J A M J
E G A K C A P G O J C R R T X
A X C M E V P T K C U R T S L
```

ADDRESS	NETWORK
AIRLINE	ONLINE
BOXES	PACKAGE
BUSINESS	PACKET
CARRIAGE	PAYMENT
CONSUMERS	POSTAL
CONTENTS	RECEIPT
COURIER	ROADS
DRIVER	STORES
FIRST CLASS	TRAVEL
FLOWERS	TRUCK
GOODS	VANS

That's Bad

```
P E N S V C L H S P F H I C Y
M L O U P F U Y S I N F U L G
F B D O A W F A D V E R S E N
K A I I E I W N L M R S S D I
D E O X Z C A U X P O L U E S
R E U O N K F D M R A M O V S
I R S N H E F S G T D L N A E
M G M A N D Y A N R G A I R R
M A M A B D Q E G X U N U P T
O S B Y I E M O T G Q I R E S
R I J C H I D Y H Y F M V D I
A D N V R O T T E N F I R R D
L A I T U Q Y S N G L R Q J D
R L E R A S C A L L Y C B E G
E D E L B I S N E H E R P E R
```

ADVERSE	NASTY
AWFUL	NAUGHTY
BANEFUL	NOXIOUS
CRIMINAL	ODIOUS
DEBASED	RANCID
DEPRAVED	RASCALLY
DETRIMENTAL	REPREHENSIBLE
DISAGREEABLE	ROTTEN
DISTRESSING	RUINOUS
EVIL	SINFUL
GROSS	VILE
IMMORAL	WICKED

A Game of Chess

```
E D Y Q D P C P B K J Y V V G
K I D D L N A U O P Q R M O N
O F M F Q W D O K N Y P R P I
Z G B L N U R B N N B S B R L
E U L B P E E D O G I N I A T
P F A D M O V E S X E G S K S
O P M E T S F U N S U D H Z A
L D C H A M P I O N Q P O T C
Y G R A N D M A S T E R P F P
U K R A M N I K I Q X X I D G
R B S K V E T I H W U S O A I
A W I S L O B C J J C A M D Y
H N B L A C K U V H O B R I X
G O S R J P J Y E O I V M E Y
P B O A R D S R B T V H C O S
```

BISHOP	KING
BLACK	KNIGHT
BOARD	KRAMNIK
BOX UP	MOVES
BYKOVA	PAWN
CASTLING	QUEEN
CHAMPION	ROOK
DEEP BLUE	RUY LOPEZ
FISCHER	SPASSKY
GAMBIT	SQUARES
GRANDMASTER	TEMPO
KARPOV	WHITE

Farming

```
O L Y Z A D N R J S V D M O I
R A V C R A C C G E C N R U R
G R O M B P L N E G O I Y O L
A R S J R U I K H R T M P Q L
N R S J Y L R E L A T A P E R
I T U R K E Y S R I A N G N K
C H I C D W A E W N G A O G C
F A U D E W D E U D E G R B O
D D O H P I A G Y R O E C M T
P F E L C Q S R C E J R H G S
V C U L T I V A T O R E A R W
P M J E C S E E D S V N R A S
S C R K E X A I W Q E I D S H
M Y L Y U I L N G Y N W Q S E
B E G K V P D N W X V S E R D
```

ACREAGE

BYRE

CIDER

CORN

COTTAGE

CULTIVATOR

DAIRY

DUCKLINGS

EWES

FODDER

GEESE

GRAIN

GRASS

MANAGER

ORCHARD

ORGANIC

PLUMS

SEEDS

SHED

SICKLE

STOCK

STRAW

SWINE

TURKEY

Clever

```
T D W E R H S S T E T U T S A
H R D R A T I O N A L A R C L
N I E E I N F O R M E D C S U
D E M L R X O E B E I O M G F
E J E W A O A J X Z M A N F T
D S R K R D T P J P R I L Q R
A C I C Y J E U L T W W U N A
E H I A D R O I T O Q I D P B
H O E N T P S K N A C U L R R
R O Z N O H F K X K Y J E A T
A L A Y E W G Z H B N N I H L
E E G D I S C E R N I N G S O
L D K D E L L I K S A I Q N Q
C M A S T E R L E N R M J P B
Y L R E T S A M S B B P E F N
```

ACCOMPLISHED
ADROIT
ALERT
ARTFUL
ASTUTE
BRAINY
BRIGHT
CANNY
CLEAR-HEADED
DISCERNING
EXPERT
INFORMED

KEEN
KNOWING
MASTERLY
QUICK
RATIONAL
READY
SCHOOLED
SHARP
SHREWD
SKILLED
SMART
TUTORED

Famous Pictures

```
P P A X A U O I D U T S E H T
E N A L N I G S U M S A R E E
K L T X L U P P A R A D I S E
D A N A E E M M E E O E A A Y
K Z J F M K B H Y N Q V C S C
S S I K E H T A I L A Q R H A
S U H C C A B T L N O D U I L
J E E Q B H O A I N U I C P V
J C M I S N A S D N F C I W A
M C O I D V C Y E P I A F R R
E E L O P A B S W Q C R I E Y
D H A L L F L O R A U U X C E
U O S I E E A N R R I S I K G
S M L C D D Z K B L E N O L A
A O E A U V N R K T M N N P G
```

ALONE	HAY WAIN
BACCHUS	ICARUS
BATHERS	LA BELLA
CALVARY	LEDA
CRUCIFIXION	LILACS IN A VASE
DANAE	MEDUSA
DONI TONDO	OLYMPIA
DUNES	PARADISE
ECCE HOMO	SALOME
ERASMUS	SHIPWRECK
FLORA	THE KISS
GIN LANE	THE STUDIO

Distance

```
K E T G N Q X D N U T S T H E
L U X H K X M S R O A I E E X
J G S R G C E M O A M L N C P
N A R T Y I T F T I Y A I T A
O E T E V D E N L S F W M A N
I L H S O X E H S A J E N R S
T U Y O R M J E R T T M A E E
A G R L E F N Y S T R E T C H
C A Y C O K T E I C B R L D R
O E A T C I H C Z R Y T D I Z
L L N I N T F H E S G X U E M
P S H I R R E A C H C E C E H
E T F U S F D I S D N A H V M
R N F A H T D N B C P R P S D
I C Z F H W Y K E S J R J L M
```

AFAR	LEAGUE
BREADTH	LIMIT
CHAIN	LOCATION
CLOSE	MILE
EXPANSE	PLACEMENT
EXTREME	REACH
FOOT	ROOD
FURTHEST	SIZE
HANDS	SPACE
HECTARE	STRETCH
HEIGHT	THICKNESS
INFINITY	YARD

Can't Keep a Secret

```
E T A L O I V B E B G X S S B
F X R G M N T Z V T A A H C A
N P M E I U P K I H R N C K E
P J O U V S H Y N N V A S X K
Y Q R R F O K I C T N A P E N
B L J G D T C E E A M O R M K
P N P K J T C N D N S A A L I
S V C M Z S E E U E N K M K R
E S N D I S C L O S E L L E T
G Q U G Y L A M N K F M V L W
L U D N A A G E N A N E H U U
U E F R F Z R O I E A P P W A
V A E I T O W T E L E T O N G
I L Z C S N L Q E K C H A R F
D Y A L P S I D Q B S B L A B
```

BETRAY	LET DROP
BLAB	LET ON
DECLARE	MAKE KNOWN
DISCLOSE	REVEAL
DISPLAY	RUIN
DIVULGE	SHOW
ENSNARE	SQUEAL
EVINCE	TELL
EXPOSE	UNCOVER
IMPART	UNFOLD
IMPLY	UNMASK
LEAK	VIOLATE

Cartoon Characters

```
B E J Z H Z F M W Y W J Z Y N
I C W I L E E C O Y O T E F H
Q B T P L O L I V E O Y L O N
G L M I S D B M Q R E I M O T
E P X A N H L E E S N E D G I
P S O E B T Q E U R R A J I G
P J E R R Y I O I S F Z S R G
E F G F K E M N I F Y U M G E
T R M P T Y X M Y O R R D Y R
T U O S T H P D G U M A E D O
O M W H O S U I Z A A P G B Z
V S G A O C B M G C O H M Z B
P I L N K E M O P P C U A R X
M Z I N A M O W R E D N O W F
N W K R L E A H P A R T O A G
```

BAMBI	MR MAGOO
DAFFY DUCK	OLIVE OYL
DUMBO	POPEYE
ELMER FUDD	PORKY PIG
FELIX	RAPHAEL
GARFIELD	SMURF
GEPPETTO	THUMPER
GOOFY	TIGGER
HOMER SIMPSON	TINTIN
JERRY	WILE E COYOTE
MIGHTY MOUSE	WONDER WOMAN
MOWGLI	YOGI BEAR

Feline Friends

```
H Z K G X F C S D L M V X S H
T B O P E A W U L C V J K M D
M N I L T A K V T I L L R Q W
R R I F P M I A I E A A P G C
A X L N C A T N I P B T W C U
W A V C E E T J W S P I F S R
P B N G P L Y N B V A D R R I
B J L E R L I G Y A M E E D O
G I N G E R A V G E S J L I S
O W H A I R S C E T M K V F I
H H F H F N T E O S O A E A T
E C Q I P G E Y S L R M N T Y
G Y E V F I X E N U L H C X F
S L H Y H Q T S U E O A D A N
D S R E K S I H W Q I M R Q T
```

BASKET	HAIRS
BIRDS	KITTY
CATFLAP	MANX
CATNIP	MOUSE
CLAWS	NEPETA
COLLAR	NINE LIVES
CURIOSITY	PAWS
CUTE	QUEEN
FELIX	TAIL
FLEAS	TOMCAT
GARFIELD	WARMTH
GINGER	WHISKERS

Ancient Peoples

```
U L J X E T I R A Y M I H M Z
H G I L N N H S Z R T O H A B
L L R I L A M S N O R N N Y Q
S S O Z E I E P W M Y A A A H
C Z F B P S D A O A I O I N E
N E T F S R E L M N W N N N L
L M T H A E S C O A C I I A L
Q Z A Z B P Z D F A R M G M E
S N B B A V E U Y G Z A A O N
G Z A Q E L N C S H A B H T I
F I V D A A X U O T C T T T C
D J N C N I X U C C L T R O Q
I N A E A N I M O C H E A B R
J L S U M E R I A N J K C F G
D E N A I M A T O P O S E M U
```

ARAMAEAN	MESOPOTAMIAN
AZTEC	MINAEAN
CALEDONIAN	MINOAN
CARTHAGINIAN	MOCHE
CELTS	OTTOMAN
FUNANESE	PERSIAN
HELLENIC	ROMAN
HIMYARITE	SABAEAN
INCA	SHANG
JIROFT	SUMERIAN
MAYAN	XIA
MEDES	ZHOU

Whodunit

```
Y N O P A E W G N I V L O S S
D D G D I S G U I S E V K R T
O D E N O U E M E N T O B E N
B I B A E V S U E Z M J P D I
F B L P M Q E V L W C F Z R R
O I O C I L I C I C O I T U P
B L O V R T E R N O I U R M R
I A D D C M Y S T E R Y I K E
F H S E K M Q P S C D F A I G
I Z T T V N R Y S I T I L L N
K E A H O I I X D L L J V L I
D N I G N R C F M O T I V E F
X K N T O J I T E P Y O Y D J
A H S A C N G E I T L E A D S
V D H T A E D R S M K P N M N
```

ALIBI

BLOODSTAINS

BODY

CLUES

CRIME

DEATH

DENOUEMENT

DETECTIVE

DISGUISE

EVIDENCE

FINGERPRINTS

FOOTPRINTS

KILLED

KNIFE

LEADS

MOTIVE

MURDER

MYSTERY

POLICE

SOLVING

STORIES

TRIAL

VICTIM

WEAPON

Boys' Names

```
H A J I L E D L A B I H C R A
N S S N S S E L U J S P A S X
L U I F R E D E R I C K L A I
G I E B G B R E R D S U E F L
Z L G A R T Q E V Y E E B S E
T E F R J E V O N O Y K L N F
W N R T U I H B A B Y R S I A
Q R I H L D S P Q B A N A H M
H O E O I T O Y O C D G C E V
I C D L A M T L S T N A U C L
I S S O N T Y O P X S P L T R
S Q E M T T N R C H W I K O J
K M Y E R B U A I S C E R R M
S D R W S X X Z D L O R A H A
F B N L A V T A D Y Y S R G C
```

ABNER	HECTOR
ARCHIBALD	JULES
AUBREY	JULIAN
BARTHOLOMEW	LUCAS
BRETT	MILES
CALEB	OLIVER
CHRISTOPHER	OSCAR
CORNELIUS	PIERS
ELIJAH	RUDOLPH
FELIX	SACHA
FREDERICK	SCOTT
HAROLD	SIEGFRIED

Pies

```
E Z U O L K N A Y A X U H D H
L E L P P A E N I P R J T W X
A Y D C A L V D I A O A X L F
M G P F H I O O Y S L H M U N
A R Y E F C T P L X I E I C V
T B F R A F P E U I E A M H M
N R I V M C R C L M D X R O I
S E F R E S H A F A O P P C N
D M D H F B C N Z E M P L O C
Z P T J G H R Z Y R A O I L E
L H S V E U I A Q C L T T A M
V C U R P P O U B M A A M T E
X T R E S S E D I U R T T E A
W Y C A E F R U I T H O K D T
E S E E H C A M D N A R G O I
```

A LA MODE

CHEESE

CHERRY

CHOCOLATE

CREAM

CRUST

DESSERT

DOUGH

FRESH

FRIED

FRUIT

GRANDMA

LEMON

MINCEMEAT

OVEN

PEACH

PECAN

PINEAPPLE

PIZZA

POTATO

RAISIN

RHUBARB

TAMALE

TART

Bathroom

```
S  R  E  P  P  I  L  C  L  I  A  N  C  Y  E
R  F  L  U  S  H  C  B  W  U  Z  O  Z  D  L
P  U  S  I  E  O  M  J  A  G  N  J  R  O  E
G  R  C  O  L  O  G  N  E  D  S  A  O  D  W
R  E  N  D  C  T  E  D  I  B  O  F  H  C  O
E  L  T  B  U  T  H  T  A  B  A  D  X  I  T
T  A  Z  E  W  O  I  L  P  H  P  F  H  S  D
A  X  B  A  D  O  Z  U  I  G  D  A  M  T  N
W  I  A  W  N  U  C  R  W  S  I  S  O  E  A
D  N  U  E  R  G  O  N  P  R  S  I  U  R  H
L  G  R  A  N  R  E  O  B  O  H  Y  S  N  M
O  O  Z  I  R  M  N  R  L  S  U  D  S  U  S
C  O  R  I  H  G  U  F  W  H  I  R  E  D  I
R  I  M  A  E  S  G  M  A  S  S  E  P  H  N
A  Z  T  S  H  R  E  T  A  W  T  O  H  Y  K
```

AIRING CUPBOARD	HOT WATER
BATHTUB	LOOFAH
BIDET	MIRROR
CISTERN	MOUSSE
COLD WATER	NAIL CLIPPERS
COLOGNE	PLUG
COMB	RAZOR
CONDITIONER	RELAXING
FLOSS	SINK
FLUSH	SOAP DISH
HAIRBRUSH	SPONGE
HAND TOWEL	SUDS

Capital Cities of Africa

```
X T E Z U H S I D A G O M S K
C E M K H W E D G Z R J I R A
Y K M D D H P N C W J Z F E M
E R L O S F L N A I R O B I P
L M I D L U J N A B Q A N G A
L I L O N G W E N W A D B L L
I L A M F O S Y U M J B K A A
V O D A T U T U J A S N M H T
A P N K B U J U M B U R A B Q
Z I A X L A F E P D O R T D A
Z R U Z Q U N C E A A W F H R
A T L F L A S G A R M B U C C
R S I N U T Z A E I R B U B C
B U N I A M E Y K D R N M J A
G A I V O R N O M A U O Q S A
```

ABUJA	LUANDA
ACCRA	LUSAKA
ALGIERS	MAPUTO
BANJUL	MBABANE
BRAZZAVILLE	MOGADISHU
BUJUMBURA	MONROVIA
CAIRO	NAIROBI
DODOMA	N'DJAMENA
HARARE	NIAMEY
KAMPALA	RABAT
LILONGWE	TRIPOLI
LOME	TUNIS

Fairly Active

```
V L S R N M L U K N X S X K D
G I D E T O O F T H G I L C E
Y Y G J N L P V X V U K F I T
L S U O I R T S U D N I S U I
E U U S R U N N I N G U P Q R
V B A P Y O Y G G Z I S R U I
I B P X P M U F K N Z M Y T P
L K A N O L R S K S I R B F S
V S R B M E E T X F P V M L X
D H I O N Z E V Q T P N I Z E
N L V E W O I A X A Y I C L C
E W T E N T H U S I A S T I C
M I L O A M A N I C A L S R O
C O W L E L I G A T R E L A G
O C C U P I E D I L I G E N T
```

AGILE	MANIC
ALERT	MOBILE
AT WORK	NIMBLE
BRISK	OCCUPIED
BUSY	QUICK
DILIGENT	RUNNING
ENTHUSIASTIC	SPIRITED
FRENETIC	SPRY
INDUSTRIOUS	SUPPLE
LIGHT-FOOTED	VIGOROUS
LIVELY	VITAL
LIVING	ZIPPY

Grape Varieties

```
V W R W M V Q V W V T L D J M
I T A N N A T Y A M A G T Y L
O K J A K O C G A U R F K D A
G O A T L O L M B E U E L S V
N J R R R I U D N R R S I C Y
I J E T A S G A M N T E E O E
E M E N C O V I E S R V V N S
R S I A P L N R Y F H O G A C
E C D T Y T B R L T K I N I E
O E I S T U A S N I C G I F B
T M Q F J H R R M B Y N L O L
A R U I V M B D X I D A S B A
X L J E H R E N F E L S E R M
Y C A E T V R Q P G L N I U S
C N A L B L A D I V W V R Z R
```

AGLIANICO	MERLOT
BARBERA	MUSCADET
BUAL	OPTIMA
CINSAUT	RIESLING
CORTESE	SANGIOVESE
EHRENFELSER	SEYVAL
FIANO	SYLVANER
FREISA	SYRAH
FURMINT	TANNAT
GAMAY	VIDAL BLANC
KERNER	VIOGNIER
MALBEC	VIURA

C Words

```
C U E E L T S A C D J T E Z C
Y N C D R J D K I C I M C Z U
T C Z C E O O T A Q I O A X A
C S R C A C H E B H L U C M L
Y O E O W N S C C P N S A M L
D U M I C A N E C X E B N D I
N C G P R U C O P K S Q D E D
O A W K A E S A A A O H I N E
I T M W V R T C M R H U D I C
T C H H E J A O Z B C M A E C
A H R C N C E T C O E N T F R
E C N A L E B A I C K R E F T
R G V N T A G W I V K L U A C
C Z S R H E S E S E E H C C Z
B C V V Y Z R S C A B I N E T
```

CABINET	CHEESE
CACHE	CHIME
CAESAR	CHORE
CAFFEINE	CHOSEN
CAGEY	CLASS
CAKES	COBRA
CAMBER	COMPARATIVE
CANDIDATE	COTERIE
CASTLE	CRATER
CATCH	CRAVEN
CAULK	CREATION
CEDILLA	CROCUS

Extinct Animals

```
M F T F T H Y L A C I N E N K
R L M B G U N O A H L R A T O
T O L I A R E P I N S P B X N
A W L L I B E Z D A R H U E A
C U U L X L R A K A U A S E G
Q H R T I Y E C T Q K L H Z R
B S P O Y R U I D A A X W O O
A N N X C B I U H Y U G R W S
L O Q P E H Q S S A Y K E O B
I H L U I U S A H R W C N L E
T H L A A O N U O E O A H F A
I B U G I R P T Q O L D K O K
G T G I A K O I U J D K D A K
E A M I A M A Q O J P O I Y K
R M L R A E B S A L T A D Z S
```

ADZEBILL	HONSHU WOLF
AKIALOA	HUIA
ATLAS BEAR	IRISH ELK
AUROCHS	KAKAWAHIE
BALI TIGER	KONA GROSBEAK
BLUEBUCK	LAYSAN RAIL
BUSHWREN	MOA
CAPE LION	PIOPIO
DODO	QUAGGA
EZO WOLF	SNIPE-RAIL
GREAT AUK	TARPAN
GYROTOMA	THYLACINE

Decorating

```
G N I X I M O R D U H P T V Y
E T S A P R A V A R N I S H E
S C F K E G E F E D R Y P B T
W R O O S N C L H R R M U J M
E X H S M K I C L R A C Z B L
R T A O C P O T I O K L G R F
C D D E S I G N N E R L L U R
S U U U V Q T U T E U V L S E
L N P S T N I A P E P P O H P
S E A U T G L O S S A R X E P
I C X L L S V D A T F H U S I
Z A W H P I H K T U F N X T R
I W F T N E M E R U S A E M T
N R G Y Z U R R E M I R P V S
G F L V M N J Y S T A I N E R
```

BRUSHES	PLANS
BUCKET	PRIMER
DESIGN	RAGS
DUSTSHEET	ROLLER
GLOSS	SCREWS
GLUE	SIZING
MEASUREMENT	STAINER
MIXING	STRIPPER
OVERALLS	TOPCOAT
PAINT	TURPENTINE
PASTE	VARNISH
PATTERN	VINYL

Feeling Adventurous

```
G N I L L I R H T P G P V C D
X F O O L I S H C D G S X T L
A Y H A Z A R D O U S U U R O
E V C S R U L H U S D O L Z B
J N E N U N C E R T A I N F G
C I T N A M O R A L R C Z N N
R S W E T H G O G Z I A F I O
S Z S Y X U C I E P N D K M R
P U Q E T C R C O A G U E P T
O K O S L P I E U B R A V E S
R U Y L H K L T S R M H F T D
T Z E B I A C U I O E N A U A
I Y K S I R R E C N M R G O E
N B H I J D E J R K G E H U H
G U I N T R E P I D Y G R S D
```

AUDACIOUS	IMPETUOUS
BOLD	INTREPID
BRAVE	PERILOUS
CHANCY	PLUCKY
COURAGEOUS	RASH
DARING	RECKLESS
EXCITING	RISKY
FOOLISH	ROMANTIC
GUTSY	SPORTING
HAZARDOUS	THRILLING
HEADSTRONG	UNCERTAIN
HEROIC	VENTURESOME

Bang!

```
K K W W Y M T C B P Q R Y B T
Q F O P H O A C A M T A P C U
B L E S H E E O S U T L R G O
B O A S L R B C H H R C A Q L
X M O T S H L M W T Y B L E C
S O T M A U X A L N J B X A P
G A D M N K C D N U O P S M P
R J M K W K S N E M L C L E M
G E K O R L E M M O P K A Z G
R X T G V J Y V D S N A M N O
B R N T C P W E A O V I A D C
F I I S A E Z A C S J L T T T
R Y Q F A L C K L S C N O P E
P V R Z Q D C G P E U F F I B
Y E T A N O T E D O X O B F M
```

BASH	HAMMER
BEAT	KNOCK
BIFF	PEAL
BLOW	POMMEL
BOOM	POUND
CLANG	RATTLE
CLAP	RING
CLATTER	SHOT
CLOUT	SLAM
CLUNK	SMASH
DETONATE	THUMP
EXPLODE	THWACK

Meaty

```
A S S E L B T M T Y D R W E S
R I S S O L E R T D W F P N T
Q N I O L R I S O E V O D F E
H Q L O S K A R A X L F D R A
J B M G S E A H H A T F R S K
B I R E R A P S C H U A Y V P
W M V B M C I S K T X L I T U
L L A B T A E M T R I P E L D
B R Q S Q Y E K R U T L V A D
P R N U V J T R F G L Q F M I
A U A A G O V E N I S O N B N
K I R W N I M V F G B F I C G
L G J G N N U I G O M R U H K
P K U G P T H L F T X T V O U
Y E K Z T K A V M J W K F P D
```

BRAWN	OFFAL
BREAST	OXTAIL
ESCALOPE	QUAIL
FILLET	RISSOLE
FLITCH	SIRLOIN
GIGOT	SKIRT
GOOSE	SPARE RIB
GRAVY	STEAK PUDDING
JOINT	TONGUE
LAMB CHOP	TRIPE
LIVER	TURKEY
MEATBALL	VENISON

Ironing

```
C H R A M S M Q H U C P J I Q
A L F L E X P N S E H T O L C
T T Y K I F E R G N D L E B N
E H S A Q N L T A Z U D O Y N
M E S N I L C A P Y I H L O T
P R S L O M A E T S E O S F W
E M E P K I D C E T N R F K E
R O R N L N T S R S E V O S V
A S U X A E R C L E A N X H A
T T S T J E A E U W A T E R C
U A S S V H E T Y R G S P N B
R T E E M V E C S D T O E A M
E U R Y E A H C R O C S U S I
T S P S O L E P L A T E N Z V
C O N T R O L S C U F F S I H
```

CHORE

CLOTHES

CONTROL

CREASES

CUFFS

FLATTEN

FLEX

INSTRUCTIONS

LINEN

NYLON

PLEATS

PRESSURE

REVERSE SIDE

SCORCH

SEAMS

SLEEVES

SOLEPLATE

SPRAY

STAND

STEAM

TEMPERATURE

THERMOSTAT

WATER

WOOL

Better and Better

```
Y D E I F I T C E R J A R D L
A P K Z H R Q K Z R M H E E L
D L P V D E Q T D O C F T V E
R F H V E D S R E I H T R O W
G M M M D N W D E R U C A R L
R P R G N U E E N E E G M P B
E E E U E O E U H P D N S M F
A T G R M S T F A U W Y I I R
T J N R F A E P N S Z D T F E
E M O I A E R D C H H T G J V
R V L K C L C Y E J E X K W A
D E S I V E R T D R C A L J M
V B I G G E R D E H S I L O P
R E C O V E R E D D B U T E E
A C Q X H K I N H C N D J M D
```

BIGGER	PERFECTED
CURED	POLISHED
ENHANCED	RECOVERED
FINER	RECTIFIED
FITTER	REVAMPED
GREATER	REVISED
HEALED	SMARTER
IMPROVED	SOUNDER
LARGER	SUPERIOR
LONGER	SWEETER
MENDED	WELL
NICER	WORTHIER

Healthy Eating

```
B G O T F G I C T K R N J R Q
D J V D U L L A I W H L B V E
O A V R A Y S I R S T C R S Y
T L T I E T E X X T R I E T A
A U S E Y T U N A E P E W R W
M Q U D S W M Z P W H R O U E
O H M F Z Z E E N C Y E L G L
T E R R I K S F E S R C F O E
H E Z U F Q Q G E A F I I Y N
N K T I P H A L R L R P L P T
A G L T O T P S E A I E U S I
G R O N T P F L S D T L A O L
E T E O A T M E A L S O C E S
V Y C Z T T O W S E R Q D F C
Q D Q P O P E H S W S T D W I
```

APPLES	PULSES
CAULIFLOWER	RECIPE
COTTAGE CHEESE	ROAST
CREPE	SALAD
DATES	SKIRRET
DRIED FRUIT	SOUP
HONEY	STEW
LENTIL	STIR-FRY
MUESLI	TASTY
OATMEAL	TOMATO
PEANUT	VEGAN
POTATO	YOGURT

Jesus

```
J C E B N Y Q N O M I S E S T
A L S E L P M E T X C T B F T
M I N T H T E R A Z A N X L J
E C E H J J B I Y L C Q T U H
S H C L B F E F I A E C D P X
R R N E T K E P O K I A E U H
S I I H A R O M A N S S M M A
H S K E W P I Y F G O L A N E
P T N M D R W A A J Z G G K N
I H A O F T J E L Y D E U H N
L A R V Z B S T H A L L O A O
I E F R N L D E L T Q J O A M
H J L W Y T C E R E T T L G R
P K I P Q M N X I R T A S O E
L H X Y H E Y R A M A L M Z S
```

ANGEL

ARREST

BETHLEHEM

CHRIST

FRANKINCENSE

GOLD

HEROD

JAMES

JOHN

JOSEPH

JUDAS

LUKE

MAGDALENE

MARY

MATTHEW

MYRRH

NAZARETH

PHILIP

PILATE

ROMANS

SERMON

SIMON

TEMPLE

TRIAL

In Black and White

```
H P A R G O T O H P E R Q D R
C R O S S W O R D F S I H Q A
L X K P E S V D O E Z E V D W
O L K Y L T P O C N R I N O I
G S A R T E O E D U I A M A M
M I A B L U I N T M P M W R N
R E G I R P V C C I A V O Z I
P M C R S E I V G I B G E D U
L A L S U P C V X N S B P S G
N P E N K M X C D W R U A I N
P H G N M E E Q O A Z N M R E
C R U H L B U L L S E Y E S P
G K I A I S N O C I T C L M Y
S Z H N F H P O U N I F O R M
H W Q Z T E W S H D E X Z B N
```

BULL'S-EYES	PEARLS
CHESS PIECES	PELICAN
COW	PENGUIN
CROSSWORD	PHOTOGRAPH
DICE	PICTURE
DOMINO	PRINT
ICONS	RABBIT
LEMUR	SKUNK
MAGPIE	SOCCER BALL
MOVIE	UNIFORM
MUSIC NOTES	WHALE
PANDA	ZEBRA

Museum Piece

```
R Z Z R N A I R O T C I V Q N
H T Y K O U E R U S A E R T O
V Y M M U M Z C L O T H E S I
T F N N U H A M E R M S C H T
N X G A Y E I N A G O C E Y A
E S P H R R P D R N S D E W R
I A R T O I H C N I A E U R T
C Y R E T T O P I T I D E T S
N I S B S A T G N S C C X S N
A W C A I G O A G E O S H T O
L D I Z H E G R T R O E I L M
M I L I T A R Y D E K S B U E
D C E L D F A S S T P A I A D
Q X R E T L P O K N A C T V X
S K O O B J H H D I S P L A Y
```

ANCIENT	MILITARY
BOOKS	MOSAIC
CASES	MUMMY
CLOTHES	PHOTOGRAPH
DEMONSTRATION	POTTERY
DISPLAY	RECORDS
ELIZABETHAN	RELICS
EXHIBIT	ROMAN
HERITAGE	TREASURE
HISTORY	TUDOR
INTERESTING	VAULTS
LEARNING	VICTORIAN

Lots of Noise

```
O J T L S B T M P M O T S Q X
L A E U Q S Q T G N I G N I R
Y L S T M Q P S F L R Q W P M
Q L Z E I U K K B O I E N F X
X F N H R N L R N M H A O A B
K C A R C L A T U O S D W R T
P O I P H G C E C M C V V R B
F H M X N W R L A A V K U I C
C C C A G H L C Q U Z M L X M
F E B G L N K Y W S P X W A H
O M Z R E S A T W E E T O P C
W O Q B A N M L T F L E H L N
X H R U A Y I I C W S G L E U
M F A U N R N H O N K N L Y R
Y K E M D G K Y W S M O C K C
```

BANG	SLAM
BARK	SMACK
BRAY	SQUEAL
CHIRRUP	STOMP
CLANG	TRUMPETING
CRACK	TUMULT
CRUNCH	TWEET
ECHO	WAIL
HONK	WHAM
HOWL	WHINE
KNOCK	YELP
RINGING	YOWL

Look in a Book

```
E X Y M Y S T Y R E T S Y M E
E M T N M H R M Y E P X H E I
N N I E O S E O N L V R M Y R
E V W R X F P T O A X O C L E
R X R L C T A R V U T R C J T
Z O S C R I P T E N H E G H I
R S M T A K D A L A S L B P R
T H E S A U R U S M D L M N W
A F A I S T M D B W X I O C M
E C H A R A C T E R S R N G P
Q X S B F E L G O S X H J G Y
Y E U T E Y S T C E M T V E P
D D G G U N I I A G T I T L E
M N P R E D F N Z A D V O W N
N I Y P E I Y V N P Y T N T A
```

ATLAS
CHARACTERS
COVER
CRIME
EDITOR
HORROR
INDEX
MANUAL
MYSTERY
NOVEL
PAGES
PAPER

PLOT
READING
SCI-FI
SCRIPT
SERIES
STUDY
TEXT
THESAURUS
THRILLER
TITLE
TOME
WRITER

Christmas

```
J M L I N C L L V K B C H O U
D D O K E Y H D E J U V U E C
L C S K X F R U D O L P H X A
I S F H O L I D A Y N S M P H
I C W R A P P I N G P A P E R
X Y I N N W T V A R U L S M R
W T G N V X A M A G E T M M Y
I E G H G Y E Y C S E J K A M
L S V Y S S E G T P U B I N C
I A N M R R O K H I E O A U J
R H T N B L U E N V V B Q E D
K A B S E H N J C O Y I A L I
A P Y L L O H S R A D E T B Z
W P U D E L S L Z K E T I A P
H Y S X V Y E K R U T P D L N
```

ANGEL	MYRRH
APPLES	NATIVITY
BABE	NOEL
DONKEY	OXEN
EMMANUEL	PEACE
GAMES	PRAYER
HAPPY	RUDOLPH
HOLIDAY	SLED
HOLLY	STEPHEN
HOLY	TURKEY
HYMNS	WRAPPING PAPER
ICING	YULE LOG

Sherlock Holmes

```
D I K Q B V H O L M E S M D T
B W X E D R C L I L K P Y E N
D E E R S T A L K E R C C D O
T B C W N C B D K E L I R U S
V T I I I E N V S U K R O C D
D I L G L Z E D E T K E F T U
N U O G O I H S F X R N T I H
T L P I I V C S M J D E C O S
E F H N V I I S U C P A E N R
T M E S S C E L I S S D M T M
E R I H D T R D O E P L G R H
H B P R T I C L S N R E L A O
E P I P C M V A V I D R C S U
W A O F R E I H F C C O A T N
W Y F Y D M N O S T A W N P D
```

BRADSTREET

CASES

CLUES

CRIME

DEDUCTION

DEERSTALKER

FACTS

HOLMES

HOUND

IRENE ADLER

LOGICAL

LONDON

MRS HUDSON

MYCROFT

PIPE

POLICE

REICHENBACH

SOLVED

SUSPECT

THEFT

VICTIM

VIOLIN

WATSON

WIGGINS

Extremely Awkward

```
Y G S D Y O N E D O O W N B I
S H O U K Y D L E I W N U U F
A F C N W Q D E N R A E L N U
E L L F A J D J I E D W C G V
N Y U I G K D I F F I C U L T
U G M T H X N M E K G E H I I
S S S U M E S G R P Z G D N O
S P Y N P T E A N Z U Z H G R
E Y T T I D S U U O G J T D D
L K O F U W L C R V Q B U S A
E C F R Q P O H R O D E O U L
C I T S U R W E S R A O C R A
A R S M P D E L L I K S N U M
R T N A G E L E N I T A U M X
G I X X S F C B X V H T A A Y
```

BUNGLING	RUSTIC
CLUMSY	SLOW
COARSE	STIFF
DIFFICULT	TRICKY
GAUCHE	UNCOUTH
GAWKY	UNEASY
GRACELESS	UNFIT
INELEGANT	UNLEARNED
INEPT	UNREFINED
MALADROIT	UNSKILLED
ROUGH	UNWIELDY
RUDE	WOODEN

US State Nicknames

```
X O R E M M A H W O L L E Y J
H E T S R I F E U E M W O H S
C O R N H U S K E R X K L I O
S E O O A B Z Y X F D M K A O
Y E S S M C M T W N Y G E Z N
N V H K I H N B E A V E R G E
N I O P W E S E Y E K W A H R
A H O L A J R U L U X T B H A
C E J Y Y M N B R E J A Y C O
I E E R U S A E R T D N Z A R
L B Q X N D T F D L N A F E E
E N A A G G U J D L N U L P V
P Z E E G A R D E N O F O S L
Z C R U B L A I L O N G A M I
O L A P N R L O N E S T A R S
```

ALOHA	LONE STAR
BADGER	MAGNOLIA
BEAVER	MOUNT RUSHMORE
BEEHIVE	NATURAL
CORNHUSKER	OCEAN
FIRST	PEACH
GARDEN	PELICAN
GEM	SHOW-ME
GOLDEN	SILVER
HAWKEYE	SOONER
HOOSIER	TREASURE
ISLA DEL ENCANTO	YELLOWHAMMER

Ancient Cities

```
Y O N O L Y B A B M X U T G E
F P A R Y M L A P M F V J R I
M P S N G C W S O H C I R E J
A E Z L E P T I S M A G N A H
Z L T Y C W U K A N A W I T T
T A X E G A H T R A C X Q Z O
I U H C C I P U H C A M R I B
N H Q V P R D S X E T N S M O
E T A E Q A F I H L B H O B H
H I A R O K G N A O M E S A E
C K O R R R M A E W O N S B R
I A H W T O E T N O D L O W T
H L U O I E M M I Q O A N E R
C P E R S E P O L I S C K T O
C A H O K I A S G Z U O V D Y
```

ALEPPO

ANGKOR

BABYLON

CAHOKIA

CALNEH

CARTHAGE

CHICHEN ITZA

GOMORRAH

GREAT ZIMBABWE

JERICHO

KNOSSOS

LEPTIS MAGNA

MACHU PICCHU

MEROE

PALMYRA

PERSEPOLIS

PETRA

REHOBOTH

SODOM

TANIS

THEBES

TIKAL

TIWANAKU

TROY

In the Air

```
I K X A A B V R W B W H T Y F
T P Z M E O P K M C D U A Q T
A Z O K L K N M U I R E E Z N
I R Q P I H S R I A S U M P E
A N S A W T R E L L D T U A C
F H S X D E E T N S B W F R S
P A H E N Z A P M S I I R A D
Q N A T C P E O V N R X E C U
O G W D Z T K C D A D O P H O
R G Y E Y E S I Q U S F G U L
C L Q Z P O L L E N S R E T C
T I H E Y L M E S C T T V E Y
C D Z E C K O H Z X E E S S I
E E V R D U T Y P L A N E I E
F R K B R Y H P E Z M S O Z G
```

AIRSHIP	KITE
AROMA	MIST
BIRDS	MOTH
BLIMP	PARACHUTE
BREEZE	PERFUME
CLOUDS	PLANE
CURRENT	POLLEN
DUST	SCENT
HANG-GLIDER	SMOKE
HAZE	STEAM
HELICOPTER	WIND
INSECTS	ZEPHYR

Behind Bars

```
N I A L L I V G E I M A A O M
N E P L A I R T M E S C A P E
O C A Q Z E E J I D H W U K A
I N R B O C M E R I E A W O U
T A O E V R C F C S L L E C R
A N L Y M R E C H N B L O C K
E E E E D A E G H I E S J B B
R P R I S O N D R A M T M Z J
C A O R G S T D N O P E N A L
E X P K A G O S K E F L E E L
R H E P R A D G U H F N A I S
G G O V E R N O R C W F A I G
Y T J I D A Z H Z P I H O G N
A L B U R G L A R O B B E R B
L U Z S I R Z R O T I S I V N
```

APPEAL	PAROLE
BLOCK	PENAL
BURGLAR	PENANCE
CELLS	PRISON
CHAPLAIN	RECREATION
CRIME	REMAND
CUSTODY	ROBBER
ESCAPE	SENTENCE
FORGER	TRIAL
GOVERNOR	VILLAIN
INSIDE	VISITOR
OFFENDER	WALLS

Australian Tour

```
Y E B V Y O Q O B B U D W M Y
A R L V M A U M B S Q K Z G A
K O F D S G A T Y X F Y S D R
C M U Y N H C D B Z P J H K R
A S B O T A N Y B A Y E A M U
M I M R U E L R V E C K R A M
T L O R Y A I S C E A K K T W
G N U K S S N A I K D G B V H
Q L P O B K N H A R N R A I C
U E O A H B U D P I E S Y C X
I N N F E G U R L J T S F T I
L E H R K A R R A T H A A O Q
P C R H K V A R O N O E L R V
I A D A E D I A L E D A J I F
E S P E R A N C E X Q A Z A H
```

ADELAIDE	LISMORE
BOTANY BAY	MACKAY
BRISBANE	MURRAY
CANBERRA	NOOSA
DARLING	NORTHAM
DUBBO	OUTBACK
ESPERANCE	PERTH
FRASER ISLAND	QUILPIE
KAKADU	SHARK BAY
KARRATHA	SYDNEY
KURANDA	ULURU
LEONORA	VICTORIA

Abolish

```
E D I O V T T U O E P I W E O
T E G F O D I R T E G J T A B
A T S E T A S I D E K A V A L
N A T E U D N L A L P O F F I
I L A C D N E W F R U L V H T
M I M N N I Y E I R E N O E E
R H P R N C S T L C E W N G R
E I O U T S X C N H V P N A A
T N U T S E S A O A S U E B T
X N T R C R C E C N P A R A E
E A N E R M S A R X T O U G L
X A Z V A V T D E P G I I Q N
R A R O P E Z R N A P W N D G
I N V A L I D A T E W U P U O
Y O R T S E D E V G H Z S D E
```

ABROGATE

ANNIHILATE

ANNUL

CANCEL

DESTROY

DISCONTINUE

EXPUNGE

EXTERMINATE

EXTIRPATE

GET RID OF

INVALIDATE

OBLITERATE

OVERTURN

QUASH

REPEAL

RESCIND

REVOKE

SCRAP

SET ASIDE

STAMP OUT

SUPPRESS

VACATE

VOID

WIPE OUT

Architectural Details

```
E  F  J  X  X  B  A  F  E  Z  N  E  M  R  I
U  W  L  E  N  A  P  L  J  R  M  B  I  K  W
Q  N  D  E  L  L  I  R  G  O  M  E  Q  O  U
O  O  A  V  A  T  D  E  D  W  W  S  U  A  Y
R  R  D  I  W  Y  V  I  H  C  I  R  O  D  B
A  K  O  I  H  O  S  P  M  O  T  S  R  T  C
B  X  Z  L  C  T  R  U  S  S  U  H  S  M  A
T  H  Z  L  E  L  N  B  G  C  R  C  G  K  P
I  I  A  Q  S  T  X  I  H  I  T  R  E  C  I
F  F  R  X  O  L  N  P  R  N  S  A  S  S  T
F  C  R  W  X  W  U  I  C  O  L  U  M  N  A
O  J  E  I  A  F  G  G  L  I  C  Y  A  J  L
S  R  T  L  E  X  B  V  C  J  K  Q  E  Z  X
D  T  L  R  I  Z  A  N  O  G  D  M  B  Z  C
C  S  G  T  F  Y  E  D  A  C  A  F  B  W  R
```

ALCOVE	GRILLE
ARCH	IONIC
BAROQUE	LINTEL
BEAMS	PANEL
CAPITAL	PIER
COLUMN	SOFFIT
CORINTHIAN	STRUT
DADO	TERRAZZO
DOME	TILE
DORIC	TOWER
FACADE	TRUSS
FRIEZE	WALLS

Armistice

```
A O K B R E B M E V O N K B Z
K V M A T B J B K B Y C H H Q
H U M U I G L E B F B M I T W
R T W Y P P O P E C I V R E S
R V N R T A E C R O F R I A T
X I G O T Q G J Z H Z I U I I
A M C L M Y V A N T D F H R Y
F Y Q I K H N Q G A D P P M Y
R R B A S I T T D E S Q A A E
A I N S O B W N R R O P T N L
N D V E R D U N E W M T O S T
C G J I Q N A E Y V M O N S T
E E A A G D K A A B E V E V A
E C N E L I S E R P Y L C W B
J G R K P Z L U P H C N E R T
```

AIR FORCE	POPPY
AIRMAN	PRAYER
ARMY	SAILOR
BATTLE	SERVICE
BELGIUM	SILENCE
BOSNIA	SOMME
CENOTAPH	TRENCH
ELEVENTH MONTH	VERDUN
FRANCE	VIGIL
MONS	VIMY RIDGE
NAVY	WREATH
NOVEMBER	YPRES

Hobbies and Pastimes

```
Y I K C D I K Y G P G A I E J
G N I D I R K S I N G I N G G
S T A M P S I U I L D A R T S
V H F N A M Z V Q T X O O G K
W C W D A C I B E B W C V N F
O I A G A D R H G I Z G Z I S
C U I N H N C A N I N J S K S
Y R E K O O C G M I G H I A E
O L N R R E A I L E I I S M U
M Y M C B R I I N N N P W S Q
S S E H C E E N G G L X A S I
Y U Z H P S J J G Q Q H S E T
G O E P B V U G B L C A G R N
U R G A Q W D C I S U M I D A
Y V O A F P O T T E R Y J M E
```

ABSEILING	JIGSAWS
ANTIQUES	JUDO
ARCHERY	MACRAME
CANOEING	MUSIC
CHESS	ORIGAMI
COOKERY	POTTERY
CROCHET	RIDING
DANCING	ROWING
DARTS	SINGING
DIVING	SKIING
DRESSMAKING	STAMPS
FISHING	YOGA

Animal Stars

```
E Q I O I Z N U N P J O E J Q
L Y L L I W E D O F L I C K A
C F L B L V E L G L I X W P F
P M A R T R D R C I B J K G Y
D B N D M Y S K I P P Y N R B
E J C U E D Z W J P K N U E W
N F E L E D D P D E I F E L B
M R L J X U O P P R C T W J S
U E O M E B R Z T T H W I P I
R D T F E L K E B O L Y S E R
R M L M V L M D V A H M H T R
A U I A U O A E S L C O B E O
Y G N L C R N S W X I Z O Y M
K G K D R E I T X K K S N C D
M S I D D E S E Q E A K E C H
```

BABE	MORRIS
BEETHOVEN	MR ED
BENJI	MURRAY
BUDDY	NUNZIO
COMET	OLD YELLER
FLICKA	PETEY
FLIPPER	SALEM
FURY	SILVER
HOOCH	SKIPPY
J FRED MUGGS	TRAMP
LANCELOT LINK	WILLY
LASSIE	WISHBONE

Cycling

```
U  S  R  E  T  E  M  O  D  E  E  P  S  Q  T
T  R  X  N  P  I  W  N  S  S  U  P  S  F  V
R  O  D  S  G  N  C  D  S  M  L  R  U  K  A
I  T  M  R  E  H  L  S  H  K  A  E  Q  M  Z
E  C  Q  F  A  A  I  H  E  B  X  S  E  B  P
L  E  G  I  R  U  P  Y  E  K  R  K  Q  H  I
C  L  N  J  S  T  G  L  B  E  A  B  Z  D  W
Y  F  M  W  M  L  D  D  V  O  S  R  N  P  L
C  E  P  T  B  N  I  E  U  L  L  E  B  V  M
I  R  E  E  A  O  L  G  F  M  O  T  Z  R  T
R  B  L  H  D  I  D  N  H  V  A  D  S  T  E
T  Z  D  O  W  A  V  U  H  T  O  A  A  Y  M
R  G  D  K  C  Z  L  T  B  C  S  E  K  D  L
E  M  A  R  F  K  X  S  T  Y  S  P  O  K  E
C  U  S  P  T  P  A  N  N  I  E  R  C  T  H
```

BELL	MUDGUARD
BOLTS	NUTS
BRAKES	PANNIER
CHAIN	PEDALS
CLIP	PUMP
FRAME	REFLECTORS
GEARS	SADDLE
HANDLEBARS	SEAT
HELMET	SPEEDOMETER
LEVERS	SPOKE
LIGHTS	TRICYCLE
LOCK	WHEELS

O Words

```
O D R E T S Y O O F T E N M H
O L I V E N H O U Q O J U O L
K H Q O I Q E T X X D S G G A
O C O Y E Z F M A B S J N H T
O I O U T W A R D O O F I P N
B R O R M O L U P D H W L F E
V T Q O L U P O B L O N G X D
I S O I O T H S I L W O O O I
A O B X O C J J E G U D A A C
T G T T F R H O O N J N P T C
E T U E H O Q O G I B A M M O
W K S J O P R E U N E L X E X
O B E L I S K D W E F R X A Q
X Y T I N U T R O P P O N L O
A O V P G O P B N O Y Y E N O
```

OATHS	OPOSSUM
OATMEAL	OPPORTUNITY
OBELISK	ORLANDO
OBLONG	ORMOLU
OBTUSE	OSTRICH
OBVIATE	OUTCROP
OCCIDENTAL	OUTWARD
ODDMENT	OWLISH
OFTEN	OXBOW
OGLING	OXFORD
OLIVE	OYEZ
OPENING	OYSTER

Asteroids and Satellites

```
S A M I M R W G G M B M N M K
Z S E V P S C A A R K T K C J
F Y L H H U C E Q N P C U K W
G N M P R T Y H T I Y P S E Y
F C E O H E P T A O S M M A F
B F F R F P H L U L U A E R S
R K I T E A J A V H D C N D U
F L V I L I A M N A A W O Y E
S U N A J I D A S L L O T H T
Q U S G L E M S L W E T I E O
C S W A I A I I O S C E R L R
A R M M K R S T W R N T T E P
B I O A A T B M S X E H B N J
H S L L O B E R O N Z Y Q E M
A C O F L F C A L Y P S O J N
```

AMALTHEA

CALLISTO

CALYPSO

DEIMOS

ENCELADUS

EROS

GANYMEDE

HELENE

HIMALIA

HYDRA

IAPETUS

JANUS

LARISSA

MIMAS

NAMAKA

NEREID

OBERON

PORTIA

PROTEUS

PUCK

RHEA

TETHYS

THALASSA

TRITON

Civil List

```
G N I T A D O M M O C C A Y Z
S A G R E E A B L E E L T C P
U E G W E Y S W P T L U N I Q
O N C L E U E L B A F F A T D
I A A K A L A L I A E T L A E
C B O V L D L T U L R C L M T
A R E B Y W N M B F N A A O A
R U R L L E L A A L I T G L V
G E I T R I I E T N M T O P I
D K F E P M G V E E N Z U I T
E S F Y A O E I T T D E Z D L
G E N I A L L D N B N G R B U
D W E L C O M I N G K E D E C
T Y L N A M E L T N E G G W D
D E H S I L O P D E N I F E R
```

ACCOMMODATING
AFFABLE
AGREEABLE
AMIABLE
CULTIVATED
DEFERENTIAL
DIPLOMATIC
DUTIFUL
GALLANT
GENIAL
GENTEEL
GENTLEMANLY
GRACIOUS
LADYLIKE
OBLIGING
POLISHED
POLITE
REFINED
SUAVE
TACTFUL
URBANE
WELCOMING
WELL-BRED
WELL-MANNERED

Under Control

```
T L Y T K C I E L P L C U R B
I E K S A O L O P E R A T E R
M N E M D U C F D S M U M T W
I S E O R N A H D N J M P Q C
L U P D E T A R E S T R A I N
M R I E I E M M E C E V I R D
A E N R N R V R M S K R E E T
N Y L A I L U J I O R X K L M
I R I T N S I D P K C J F D Z
P E N E N T E R K W V P M N V
U E E I X S S E S S O P Y A N
L T I O T E E S U B D U E H W
A S B Z L C Y M S E C G J S L
T P O Y C Z N V O D S G T H H
E D I U G E N I A T R E C S A
```

ASCERTAIN	MANIPULATE
CHECK	MODERATE
COMMAND	OPERATE
COUNTER	POSSESS
CURB	PRESIDE
DRIVE	REIN IN
ENSURE	RESTRAIN
GUIDE	RULE
HANDLE	SEE TO IT
INSURE	STEER
KEEP IN LINE	SUBDUE
LIMIT	TRAMMEL

US States and Capitals

```
I N U M L E Y N A B L A E K M
E S I O B J J R L W K O R H T
D F N E W M E X I C O O C K A
T D A L T V F W C X Y I A T W
N H V T N E F N V W V N N R R
A P L E N O E I E W S X N E H
Z N D I I A R N D A T X A N O
U T A H T G S L S A Y N P T D
J H O I I T O C A L H Q O O E
H M M N D D N U X A R O L N I
A I I H B N C A E B T R I Z S
W A G R I H I E T A X A S R L
A L A S K A T N K M M G V M A
I S A L E M Y U G A Y W S G N
I Z Y F I S U J B O F X S H D
```

ALABAMA	KANSAS
ALASKA	MAINE
ALBANY	NEW MEXICO
ANNAPOLIS	NEW YORK
BOISE	OHIO
DENVER	RHODE ISLAND
HAWAII	SALEM
IDAHO	SANTA FE
INDIANA	TEXAS
IOWA	TRENTON
JEFFERSON CITY	UTAH
JUNEAU	VIRGINIA

R Words

```
N R S Y Y T S U R Y Y A R W R
O S C B R R N E Z S Q E V Y S
I Z A I W E L W R R D J R R U
T B V J V A K Z H I R A L L Y
U E R J X D F C A S S R K G H
T L U O G I M R O Z A R Y N M
I R S R G N O H M R Q K H I Y
T E H W N E I E T I W S C R Y
S T I V Z S Q D L Y L O N E R
E S N O Y S R G I B H N U D O
R I G H T E O U S R M R A N U
I O E R W S S E L H T U R E G
F R W C R Y D F K R C N R R H
L R A D I A N C E G D I R T L
E R O V Y D E T N E L E R Q Y
```

RADIANCE	RIDING
RAIDER	RIFLE
RALLY	RIGHTEOUS
RAUNCHY	RIVET
RAZOR	ROCKERY
READINESS	ROISTER
RELAX	ROUGHLY
RELENTED	ROWDY
RENDERING	RUMBLE
RESTITUTION	RUSHING
RHYTHM	RUSTY
RIDGE	RUTHLESS

Double F

```
V C Q L N F U Y P M E N E D I
F S E L F F A W X F J O F A O
F C T N E R E F F I D F F F I
U O B M E F E A F T I F E F R
B F L B T W C F N U U I C Y X
I F U A A E Y S Q F T R T Y E
S F F I C N V C A A R G F C F
F G F L O T W A O F O F F P F
F U H I F F I F D F F O A C U
U F L F F U R F U I F A Q K S
M F W F U R O F L E I B W I
R A Z H S O K L F I O L C L V
A W I Q I W G D I A N U M E E
E J O F M F F A T S F M M R
U M F X G X F S K E J Q F V Q
```

AFFABLE	GUFFAW
AFFILIATE	JIFFY
BAILIFF	OFFICER
BLUFF	QUIFF
DIFFERENT	REBUFF
DUFF	SCAFFOLD
EARMUFFS	SCOFF
EFFACE	STAFF
EFFECT	SUFFOCATE
EFFORT	TIFFIN
EFFUSIVE	WAFFLE
GRIFFON	WHIFF

E Before I

```
B M M M A D E I R A Q R F F X
H L R O S L K K B Y P E A L O
O R E C E I P T T V Q I C E Q
E T L N I E T S N E K N A R F
P F I P H X I S O C E D F U Y
O T E E S E K P L E N E F S E
C X W I F E I Z S I I E E I L
S S T G I R I M A L E R I E B
O B T N E F E H T I D V N L M
D G O O B I S T G N O D N R F
I N R I E N S H N G C W R U C
E E J R I K T H M U L L E I N
L I T E G Y O Q A H O G D K U
A S V F E C H E V I E C N O C
K S E I Z U R E U S U G B R H
```

BEIGE	KALEIDOSCOPE
BLENHEIM	LEISURE
CAFFEIN	MADEIRA
CEILING	MULLEIN
CODEINE	PEIGNOIR
CONCEIVE	RECEIPT
COUNTERFEIT	REINDEER
EIGHTY	ROTTWEILER
FEISTY	SEIZURE
FRANKENSTEIN	SKEIN
GEISHA	UNVEIL
GNEISS	VEINS

Countries' Former Names

```
S D U T C H G U I A N A Z D N
E Y A X A C A L B I O N N O D
T Z T B L Z N W C M U A L N Y
A U L V E F K S W M L Y A C E
T J O B D C Z M I O E L M R D
S P V O O X H D T C A T I U A
L E R H N Z I U Y S N A H A H
A R E E I A S T A I Z S M B O
I S P M A A I Y H N W N O Y M
C I P I B S N V T K A H L S E
U A U A Z J O O A G O L D S Y
R R S I G N A M C R D M A I S
T S S V G Q U K R Y O M V N H
R A I S E D O H R O O M I I D
A E H C U P M A K N F I A A H
```

ABYSSINIA

ALBION

BASUTOLAND

BECHUANALAND

BOHEMIA

CALEDONIA

CATHAY

CEYLON

DAHOMEY

DUTCH GUIANA

FORMOSA

KAMPUCHEA

MANGI

MOLDAVIA

MORAVIA

NUMIDIA

NYASALAND

PERSIA

RHODESIA

SIAM

TRUCIAL STATES

UPPER VOLTA

USSR

ZAIRE

Good-looking

```
G C Y T T E R P L O V E L Y S
L R L V R N E M O S D N A H D
A B K G T N A G E L E J O D N
M J C N Q E V I T C A R T T A
O R I I E Y N N D Z O Z T L R
R E N M Y L R F H A C M L M G
O B E R O E B G E T R U E W N
U O G A R P V A N T R A Y L R
S N O H K A R M T I C A Q Z Y
G N T C W H W U N N N H M C E
Q Y O X I S G G F Y E N I S M
F B H P E M O S N I W S U N E
H A P U V K T W O Q N I E T G
H S I L Y T S V O L L E U R S
X G O R G E O U S E V C L U P
```

ALLURING

ATTRACTIVE

BONNY

CHARMING

COMELY

CUTE

ELEGANT

FAIR

FETCHING

FINE

GLAMOROUS

GORGEOUS

GRAND

HANDSOME

LOVELY

PHOTOGENIC

PRESENTABLE

PRETTY

RADIANT

SHAPELY

SMART

STUNNING

STYLISH

WINSOME

Shapes

```
X Z B Q V A D I O B U C E M J
E T I K T R A E H L H E C F G
N O G A T P E H O S L N D E L
E P U S R E O B L G O C R B H
S C H P O N L L N L L B R T H
P N S D U O V A Y Q I O N X Z
I Y T M N C I L Y G S B V G B
L U A G D R D I A M O N D A R
L G R U T Z I V S S O N Y N L
E B O L G C M O S P A E D O T
H X P C C I A O R I H Y B N P
E T Q U T R R X A D H E D P R
L E B C C C Y L I N D E R H I
I E H A K L P S V K C Q L E S
X U U G B E C V Q D P V P Y M
```

CIRCLE	HEPTAGON
CONE	KITE
CROSS	OBLONG
CUBE	ORB
CUBOID	OVAL
CYLINDER	POLYGON
DIAMOND	PRISM
DISC	PYRAMID
ELLIPSE	ROUND
GLOBE	SPHERE
HEART	STAR
HELIX	TRIANGLE

Deserts

```
Q A H E Y D N A S E L T T I L
E E T C D N S V E W I I O H O
B I M A N E E B E Y B K P X L
R A H T C G T O A Y Y C I T W
C W N H E A J N X A A I G A Z
N T U N V G M C I R N T N N U
X R A O E K Z A O A R C A A K
A G I B S O N C L B P R R M A
L O S W E R P C Y I K A V I R
D B T O D R F O R A G T X E A
A I E U D V N N K N H N B T K
H F B S Y R I A N W J A T N U
N A E D U J O Z S Y P G W O M
A P B O K X H R S G L R R M H
K E N X T N O S P M I S R T M
```

ACCONA	MONTE
AL-DAHNA	NAMIB
ANTARCTIC	NEGEV
ARABIAN	ORDOS
ATACAMA	PAINTED
GIBSON	RANGIPO
GOBI	SECHURA
JUDEAN	SIMPSON
KARA KUM	SYRIAN
KAVIR	TABERNAS
LIBYAN	TANAMI
LITTLE SANDY	THAR

Battles

```
F P E A N N A C J Z P Y Z O V
E G D I R B D R O F M A T S Z
E L N N H B U A T L A N T I C
N P E O H E V F I E S I C A A
Y D N T U R J Y P U U F Z M Y
O H I G A L R G T Q T R I Z Q
B H W N D I H O N X A J B G R
J Z Y I F N U U U P O N S G N
K D D X C R R U J W H Z R A S
R X N E S L M U I T C A C N W
Q P A L L E J E N A O C R Z V
G D R U A T L A M E H W E I X
O R B E V R A B N U D O T O P
P C A M D E N X Y H S E E O A
T I N A D E S N B U I G L Z N
```

ACTIUM	IWO JIMA
ANZIO	JENA
ATLANTIC	LEXINGTON
BERLIN	MALTA
BOYNE	NARVA
BRANDYWINE	PATAY
BULL RUN	RUHR
CAMDEN	SEDAN
CANNAE	SELBY
CRETE	STAMFORD BRIDGE
DUNBAR	TOURS
EBRO	TOWTON

Ablaze

```
D E T A N I M U L L I M C V C
N I D E T A R A L I H X E A G
Q D E T I C X E I B A D T R N
G F L A M I N G G U X E R D I
N V T N A I L L I R B S A E R
I T N E V R E F F N E N D N E
L M D Q V A T U F I I E I T M
K T Y E M A M U N N E C A B M
R P F I T I R D T G C N N N I
A E N Y N I O E I T O I T U H
P G J G O N N A L I G H T S S
S Z T U F S U G S A L I T U P
Q I S I E M V S I S W R B N C
U Y R E I F A D E I Z N E R F
A E F G Q P G N I W O L G Z S
```

ALIGHT	GLEAMING
ARDENT	GLOWING
BRILLIANT	IGNITED
BURNING	ILLUMINATED
EXCITED	INCENSED
EXHILARATED	INTENSE
FERVENT	LIT UP
FIERY	ON FIRE
FLAMING	PASSIONATE
FRENZIED	RADIANT
FUMING	SHIMMERING
FURIOUS	SPARKLING

```
N I M A J N E B X V Q Y M E N
Y J S X N S O U I X L A S W S
B T N Y N N E L N B H U S D R
M Y R A L P H E N A O E D Z E
I T U A B Y L K R H L R W K D
U T B V H S K B L M P T M I N
Q R R S O U A I A B A A S S A
R E M N Q T M Y E F G C A E L
O B M I J E P N A G O E V Y F
Y B Y H K L A T I S R L Y M E
A I H T B C T E T T E A R O D
M H B P S O T U T Y R E M U U
R B M G N U Y U V R M A M R A
Z M F Y S S R T Z O A P M M M
A S I L T B L K H A G B F Q S
```

ABRAHAM	MAGGIE
BART	MARGE
BENJAMIN	MARTIN
CLETUS	MAUDE FLANDERS
DISCO STU	MAYOR QUIMBY
FAT TONY	MILHOUSE
HIBBERT	MR BURNS
HOMER	NELSON
JIMBO	PATTY
KRUSTY	RALPH
LENNY	SELMA
LISA	SEYMOUR

TIGHT Spot

```
R N W G N I T T I F W E V U E
E E L J T G R V T K O P Z J F
Z Q T S E C U R I T Y S W J G
E F O A G B B L U P L M K A A
E L F U W J U N C T I O N I D
U M H B T I N K A L B E Z F N
Q U K I F A X O S E P I H S C
S R D K W I T G K R E U O V E
I D C N J E S U X R R J O B G
Y A N Y G T N T Y A K V L N T
B S R D R P C D E B Q B I P L
X A U E L H F D S D B D P N O
H B T Y U E Z Q W A L D P W W
W C D E C A L K I O Y D E C B
H R C G O D G R H Q U S D P X
```

AIR	JUNCTION
AS A DRUM	KNIT
BACK	LACED
BARREL	LIPPED
BUDGET	SECURITY
CASK	SHIP
ENDS	SKIN
FISTED	SQUEEZE
FITTING	STRETCH
HEAD	TURN
HOLDING	WAD
HUG	WATER

Slot Machine

```
W V S U N O B O T S K Y A H S
A S L Q B E D M R D S Z M L A
S E R R E P E A T L S E O T C
N N K N C L B Y L H D T V P N
O S H J O C R E D I T S A C B
M Y E N U D B D U W S Y S R M
E A S I X E G N A R O Z M E T
L W C S R Q E G D U N F G P O
A V Z H E R E Q T B R N L V P
R Q D Q I R E D F U A U O P K
W E H Q C N U H I H M N U T C
S E V E N S E T C S K Z D Q A
B I B E Y O S X A C A M W I J
G A M B L E E G A E W T V Y T
X E L B U O D W A X F V E S X
```

BANDIT	LEMONS
BARS	LEVER
BELLS	MACHINE
BONUS	MELONS
CHERRIES	NUDGE
CREDITS	ORANGE
DOUBLE	PAYOUT
EXCHANGE	PLUMS
FEATURES	REPEAT
FRUITS	SEVENS
GAMBLE	SLOT
JACKPOT	START

The Armed Forces

```
L E B U Q Q W I K L P X N S B
D V E C N E G I L L E T N I G
J Q A N U V H S A K N R U G U
K N A T E S E D S S E A M A N
F V F N R I E G W T U D R A N
Y V L T L M N U P Z S M M W E
E L E L W I T R M B Y R Z T R
U D A S W E I D G I I S A E M
S D A R S E N A L A S B F R N
Z F E R I E U G V E M S O E G
K V M J A M L Y I O R F I B I
S Y V B U P D Q C N I D A O S
S R N I A T P A C N E O A J N
Y R A T I L I M U G Y E M P E
Z L N Q Z Y R J D Q I Y R N M
```

ADMIRAL	MEDAL
AIRMAN	MILITARY
ALLIES	MISSION
ARMY	NAVY
ARSENAL	PADRE
BERET	PARADE
CAPTAIN	SEAMAN
COMBAT	TANK
ENGINEER	UNIFORM
ENSIGN	UNIT
GUNNER	VESSEL
INTELLIGENCE	WINGS

Words Ending with X

```
X Z F D X Z I X I Y O O T Q X
U E S L E W P U X O M M U L F
L Z O B B Y X I F N U C Z W L
S S P H I N X X D Y I L E X I
Z P X R N V E Y R X C K E L C
X Q V V X T I R X U O R R O E
X I J X E V N O C X O E D U B
O V F A E D J I N X A E T D O
H H X E F N E X Z R X H X L X
X B U O R F N I W E N G G G B
B O K N F G I A W A S A L I X
M F B L B Q X X P M X V J U Y
H A U T H O R A X B P U N O T
P X R R U R X I X E L P U D W
X R X X Q O C G J A X L E L X
```

AFFIX	MARX
ANNEX	ONYX
CODEX	ORYX
CONVEX	OUTBOX
DUPLEX	REFIX
EARWAX	ROUX
EFFLUX	SALIX
FLUMMOX	SPHINX
IBEX	THORAX
ICEBOX	UNBOX
ILEX	UNFIX
JINX	XEROX

Words of Anger

```
G P Z P Z A X G E L F F U R S
R A C O U V F M U I J F I T S
X A L B N N B I O B I R K I O
A V A L X I E F V A S T E A M
N J J L T M G S S A R A H E V
N W Z T E U P R A E F A H C H
O E E I N R S G I B S L F Y W
Y R G I A T R T W L C R E Z T
L I V A T N V A G J E E N N Q
F J A B R A I R U L M H R E P
V F V T E T D V T Q S T O R M
U P I W A F U T E K K O U F O
K D M M U T E O T X R B S W J
J A M R T N E M T N E S E R O
H D Y V T Q R G T F O M V M N
```

ANNOY	MIFF
BOTHER	NETTLE
BUG	OUTRAGE
CHAFE	QUARREL
EMBITTER	RESENTMENT
FITS	RILE
FRENZY	ROUSE
FURY	RUFFLE
GALL	STEAM
GET AT	STORM
HARASS	TANTRUM
IRK	VEX

ALL Words

```
R R S A U P G O V N Y H D T Z
G E Y T B E P N T N S A S D N
S C V V R O X P O I F R O N Y
S R W O Y O A L W L N T U U Z
E N E T R G S R U V A H T O H
E E A M U U F W D F G E A R F
I S T Y O H A X J Q R B L A W
N O H S V C A H G I H E M I T
G P E V I S U L C N I S W P Y
N R R E X J R I L C C T N O G
G U D S M U N I E O I Q G P P
C P K C F A Z F G C W R W A K
B U Z Z L R A T S H I S X R L
T E L L I N G T R E T P O T H
E R A U Q S A T O L D W S Y Q
```

ABOARD	RIGHT
ALONG	SEEING
AROUND	SORTS
COMERS	SPICE
FOURS	SQUARE
HALLOWS	STAR
IN ALL	TELLING
INCLUSIVE	THE BEST
OVER	TIME HIGH
PARTY	TOLD
POWERFUL	WEATHER
PURPOSE	WORK

Artists

```
X H S F K Q T P M U L J E J U
S E P B R V Y M C Z K G X N N
S N A Y E W E O B R U Y N O N
B R R N S M N Q U Z O E L I I
X G E K N Z U S N O C A B Z E
B X V D E G A S T F N Y Y B T
A R I O P E L L E E B B A M S
I B R T S L E X X R E R I S N
S Y D U F Y D E A U T N N O E
Z R L W E A H Q N E T U L B T
I L E O L R U E L H S D M I H
Y C A I W E O O K G E P Q S C
F O Y Z N R M D A Q W M A X I
Z L O C Y E Y Y I M A N E T L
D E G X A D T D O N J G S G E
```

BACON	MANET
BARTELOMEA	NASH
BRAQUE	NOLAN
BRUYN	NOLDE
COLE	RIOPELLE
DALI	RIVERA
DEGAS	RODIN
DELAUNEY	SPENSER
DUFY	STEEN
GOYA	SULLY
LICHTENSTEIN	TENIERS
LOWRY	WEST

Music Lesson

```
B D R A O B R E G N I F E T A
J N U R R J Z O I A K K W P D
Q O B R E B R I D G E O R Z D
L I A A V A R S Z Z S A A V O
A T T N A O P S B T C P H C T
D A O G U K H G E T L C R N A
N P T E Q R X P I L T A A H C
B O H M T O T C E I A N W E C
A C X E E F E D P D I C S V A
S N S N M G N J Q M B M S E T
S Y E T P N S L O N I H K R S
C S R T O I I D F N A I C B M
L O T Y I N O E I R F Q C S C
E G K O W U N M P O S T U R E
F S E V A T S M U R T C E L P
```

ARRANGEMENT	RUBATO
BASS CLEF	SCALES
BREVE	SHARP
BRIDGE	STACCATO
DOMINANT	STAVES
FINGERBOARD	SUITE
MINIM	SYNCOPATION
PITCH	TEMPO
PLECTRUM	TENSION
POSTURE	TUNING FORK
PRACTICE	TWO-STEP
QUAVER	WALTZ

Archery

```
D N U O R A C K D C K C S P R
C L O O S E S W R O R L H F E
V V A Q Y T H W T A I H O K C
O X L K T D C V D G M N T J A
T Q P U N L T A B P T Z K X R
N U B W K O O S S D S I T E B
I I S E B H N G A W E S H C R
O V G R L O Y B A L L I S T A
P E N P E F W A Z A A H I S G
R R I U M H R S Y S B A G H A
O O V Z R R C F T X R H H A F
H W R U O T A R F R A P T F H
C C E W A Z B W A A I J D T Z
N U S Y Y V E R O L S N O C K
A C R V J W B K E B J T G K A
```

ANCHOR POINT	LOOSE
ARBALEST	MARK
ARCHER	NOCK
ARROW	NOTCH
BALLISTA	PILE
BOW ARM	QUIVER
BOWSTRING	ROUND
BRACER	SERVING
BUTTS	SHAFT
DOINKER	SHOT
FAST	SIGHT
HOLD	YEW

Quick

```
N T Q E Y Z W F G A Z Z B A V
J O X F Y N H L Y F D E F T C
F H R A P I D E H T S Y I E K
L D T S P R E E C A S M F X M
Y E E T I N O T J U S E A P D
I R O T N Y G M B E R T O R D
N J P M A R T N P V Y B Y E T
G H S S H R E I E T B X G S Y
I C J Z Q D E N C A O N C S L
I N T A D L T L K O I C C H O
B S S U L F R V E W L G J S Y
P R S T R E A D Y C R E S W G
G N I K A E R T S K C B V I U
R F J E D N X T D C E A Q F D
G S T W F E T Z P S J E P T K
```

ACCELERATED	NIPPY
ALERT	PROMPT
BRIEF	RAPID
BUSY	READY
DEFT	RED-HOT
EXPRESS	SMART
FAST	SPRY
FERVENT	STREAKING
FLEET	SUDDEN
FLYING	SWIFT
HASTY	VELOCITY
INSTANT	WINGED

Animal Food

```
O B Q X S I N T B G M K H F N
E I Y X T Q T E E B R A G U S
B Z R H K A T N C G O D T S L
Y A H H G E E S H R M S U E E
Y D R X L C D M S A K S G E Z
W Z C L T Y E N V S T T C D I
I X I A E U W R S S L A W S A
A M R M L Y S T E S C R N N M
D A I S T G A T C D W O H Y I
K C O B D O G F O O D P R E N
E I G U Y I C T N C S O U N S
U Z N R S E T I M R E T F E E
D H G G S T E K C I R C N C C
B F M E A L W O R M S O R A T
T N Q J M J Z I Y G B P I A S
```

ANTS	MEALWORMS
BARLEY	MEAT
BONES	MICE
CORN	MILLET
CRICKETS	NECTAR
DOG FOOD	NUTS
FODDER	OATS
GRASS	RATS
GRUBS	SEEDS
HAY	SUGAR BEET
INSECTS	SWEDE
MAIZE	TERMITES

In the Office

```
D R E L U R O T A L U C L A C
J A N R K S E E C H I R R M X
E D O E E O Y O C K O K J A B
C N H L R G M O S G M O Q R S
N E P P T P A E U O E O A K T
E L E A U S D N P C M B F E E
R A L T Y M R E A S W E Z R E
E C E S F R N I G M A T M P H
F R T F A C A N A D L O L E S
N E K J I J I I J H L N V N K
O S S L N T T X D Q C V P U R
C A S R E T T E L S H H T L O
O R A E C L I P B O A R D N W
C E M S O R O S I V R E P U S
S E C I O V N I R E T N I R P
```

CALCULATOR	MARKER PEN
CALENDAR	MEETINGS
CHAIRS	MEMOS
CLIPBOARD	NOTEBOOK
COMPUTER	PENCILS
CONFERENCE	PRINTER
DESK	RULER
DIARY	STAPLER
ERASER	SUPERVISOR
INVOICES	TELEPHONE
LETTERS	WALLCHART
MANAGER	WORKSHEETS

Rivers of Britain

```
F W G A E S U O T A E R G F E
I G K N D K S T Z C D O O D R
N V S W A L E R L E M M U T A
D A N I R H Y E V O O A B W Y
H X I E T A X N F C S P S J Q
O I Y R D X S T O W Q S Z D B
R N L J N E B B H T K T I D P
N E D H D O L A U F S B Q E C
Z N Y O O B Z G Y H E I R B R
T E V W V S S J C U L A R N R
Z E F D C E I F E M B H Y O R
Y V N V P E N R O B B A T V M
E U M N U T I F G E I C Y A G
P V W J E A L A P R R E N U L
S K R E P K Y W O T Y K E J U
```

AIRE	NAIRN
AVON	NENE
DART	RIBBLE
DOVEY	SPEY
EDEN	SWALE
FINDHORN	TEES
GREAT OUSE	TOWY
HUMBER	TRENT
KENNET	TUMMEL
LOSSIE	TYNE
LUNE	WYE
MORISTON	YARE

Coats

```
Q T A O C R A C E Y R T K G A
T A K G R E A T C O A T O L H
A O O E H P S A N O I R M K X
O C E B A H G O C V N J E V W
C L C R G O S R B R C T M H K
R I K C U U E T E L O O S D T
U A E L O V K Z R G A O M E T
F T E L O R A F N O T N K T A
Y A B T E L J I H N P C K F R
P M N F B E D C I K A S G E F
I M E O R E N K Y J C H N V T
M E B K R O C V N Q A L I Y L
R M I E P A C Y P N C L O A C
E N O C M C K O D E X U T A K
F T R E T A E H C D N I W N K
```

AFGHAN

ANORAK

BLANKET

BLAZER

BLOUSON

CAGOULE

CAPE

CAR-COAT

CLOAK

FUR COAT

GREATCOAT

JACKET

JERKIN

MACKINTOSH

OVERCOAT

PARKA

PONCHO

RAINCOAT

REDINGOTE

REEFER

SPORTS

TAIL COAT

TUXEDO

WINDCHEATER

ANTI Words

```
K J T X U M N C I N B A Q Y G
K C O N K H E O D D F I E J P
K D B O D Y U M T V V M I R K
L E T O D M T M C O Q S N R C
W P T O U G R U I Q R E T C P
A R M R X A O N M O K P N K X
I E E O O I N I U O A T A V T
R S I S X N N S U C V I L F S
C S L U I Q F T H E L C U G I
R A B R D C E R N Z I E G R R
A N I I A I O O E T G T A O H
F T K V N T M H E E R L O R C
T C W Q T A J M I U Z R C I M
I S M A T T E R S S E E V A M
D N B X R S M T T H W I T F F
```

AIRCRAFT	NEUTRON
BODY	NUCLEAR
CHRIST	OXIDANT
COAGULANT	PROTON
COMMUNIST	SEPTIC
DEPRESSANT	SERUM
DOTE	STATIC
EMETIC	TOXIN
FREEZE	TRUST
HERO	VENOM
KNOCK	VIRUS
MATTER	WAR

Young Animals

```
A S Y W Q A A Y O J X E G N T
I M C P I C K E R E L L U Y E
R R C L C G K H B J B A L M L
C S H D Y R N W T B G H F P G
W Q I B G U E I W F U B A H I
C K C X N A M D L C R C P H P
H Z K U E P R I A R E Y R L P
W F R C T K L L Z L E Z R J T
L S Y L L I F E V L G D A Y L
L A U N X R E E H N D W I P O
W O M G R J R T X W W L U P M
P I O B S K O R U J Y A R U S
B A U Q S Q U E A K E R F P X
K I T T E N D Z Y F A K S Y C
A A S A S Q A T P P U L S D T
```

CALF	LAMB
CHICK	NYMPH
CRIA	PARR
CUB	PICKEREL
CYGNET	PIGLET
ELVER	POULT
FAWN	PUPPY
FILLY	SMOLT
FRY	SPIDERLING
JOEY	SQUAB
KID	SQUEAKER
KITTEN	WHELP

Held in Place

```
N E P A T O L L E S H R A P Y
I U K P Q C Z S I U M T B L W
A T C H S T C N T T A G I P D
H U M F A R O V E E I N K A Z
C K D C E C I V L S K I R D N
P O K W H L I C B M F R V L P
I O H S I R J G A V E T F O I
R H H A T C V L C U R S R C L
G D N T X R C O L C T E I K C
Y E Y V D L A G K B P B C V R
B A K M A T A P L P R U O E E
R T J S O V F W I O L C L L P
I S P N P X M Z P B L K E C A
K A K E V I S E H D A L A R P
Z P W X K K F P H O C E T O K
```

ADHESIVE	PAPERCLIP
BUCKLE	PVA GLUE
CABLE TIE	RIVET
CHAIN	ROPE
CLASP	SCREW
CLEAT	SELLOTAPE
HOOK	STRAP
KIRBY GRIP	STRING
KNOT	TACK
LINK	VELCRO
NAIL	VICE
PADLOCK	ZIPPER

In the Shed

```
Q F K C S R K T D F J C M T E
W A S W O B R U A O E Q R E F
H J E N N B O H G L D O E W E
L A D D E R F X C U W I W E A
P G G S A V H Y Q E B L O X S
Q Q I Q M P C A L A Y C M A G
Z G N K Z I S H M U Z A N S A
M B G G B O D B O M R N W R B
D U T C H H O E A P E T A E C
T C O G Z O T L S H P R L D I
W K O R C V L H B S S E F I T
I E L A T E O G A I K S R P S
N T N V T V E C E G V T U S A
E E F E E D K V M R Q L N K L
S E L L H S E K A R M E Y N P
```

BAMBOO CANES	MALLET
BICYCLE	OILCAN
BOW SAW	PLASTIC BAGS
BUCKET	RAKE
CHOPPER	SACKS
DUTCH HOE	SHOVEL
EDGING TOOL	SIEVE
FORK	SPADE
GRAVEL	SPIDERS
HAMMER	TRESTLE
LADDER	TROWEL
LAWNMOWER	TWINE

A, E, I, O, U

```
E T A L U C O N I A D D A E D
E I S U O L A J C E E K I L S
U M D T V Z E I H N N F O U U
P E A E E V V M O I O Y U O O
H E I L D K I I U T I E Q J I
O N G B U I T L S A T O E A R
R W O A C U O Y E G C S S G A
B S L I A S M V M U U S E I G
I L U C T L O U A O A U R G E
A N E O I A T E I N P A I N R
K R J S O V U C D H U R F U G
P U A N N R A Q O K H I O O A
C I T U A N O R E A P E T I E
D U O D E C I M A L M S U E I
V I N T R A V E N O U S A A O
```

AERONAUTIC	GREGARIOUS
AUCTIONED	HOUSEMAID
AUTOFIRE	INOCULATE
AUTOMOTIVE	INTRAVENOUS
CAUTIONED	JALOUSIE
DUODECIMAL	NOUGATINE
EDUCATION	OSSUARIES
EQUATION	PRECAUTION
EULOGIA	SEQUOIA
EUPHORBIA	TENACIOUS
EUPHORIA	UNAVOIDED
GIGAJOULE	UNSOCIABLE

I Agree

```
E O D P G M C E T I N U T F G
R P L H F U B O Q K Q O I Y F
E G E S T G R A N T G T M T C
H X I Q S I J C P T T E R I O
O G Y U E N W N O O R G E U I
C X M A T C H N G V A A P S N
T G Z R T W H E I L E G C W C
X N A E L G T A L L Y N L T I
B P D V E H K O H A L E A U D
B A M E E T W C L F E A N N E
R C C R G E O O G R H I F K T
N C X D D N Q T N E S N O C I
A O U H C O P W C O N F O R M
E R W U Q B P Y N O M R A H T
P D R U X S L L Z H Q O Z X Y
```

ACCORD	GRANT
ALLOW	HARMONY
COHERE	MATCH
COINCIDE	MEET
CONCUR	PERMIT
CONFORM	SETTLE
CONSENT	SQUARE
CONTRACT	SUIT
COVENANT	TALLY
ENGAGE	UNISON
FALL IN WITH	UNITE
FIT TOGETHER	YIELD

What a Commotion

```
N W I L S W E Y R C T U O E Z
O D F S Z L C B T R E P E T V
I R U Y A G O V O H L A F W N
T F R V S Q N W T S T H N U O
C X O M I T V L E T S O P P I
U U R F A J U J Y I U O D R T
R B E L M M L B H R B H T O P
C B J U U D S N M X Z O H A U
X F S T S D I S Q U I E T R R
M R O T S M O R X R U C K U S
P A Z E L V N A W C U R W U I
X C C R L F I C H C F E P A D
S A C M N U Q K I J C M Z M Q
B S P L A S H E R B U B B U H
K W Q J G K N T L R P E R Y T
```

BUSTLE	RIOT
CONVULSION	ROW
DISQUIET	RUCKUS
DISRUPTION	RUCTION
FLUTTER	RUMPUS
FRACAS	SPLASH
FURORE	STIR
FUSS	STORM
HOO-HA	TO-DO
HUBBUB	TUMULT
OUTCRY	UPROAR
RACKET	WHIRL

Golfing Terms

```
A X X Z O P M E T E W X F I R
T S B L V Z G O N O R P A R P
R S C L U B H E A D C O R E C
Y O L N S S S M H N F F T A
R R B O R W E S I A R O X T D
O T L I C K I P E N R L O U D
T A A V I T S N X R C K O P Y
C B R P N H S S G J D X E F S
E L S E O C Y V Y P R D F R T
J A N T L E M R D K A D A K D
A V C A O W R O F H X T Q F I
R T F P O R O U G H O Z H G L
T F Z V P W D W V O Y S C C O
X C U W S C D A H C T A R C S
E I M Y T S I R F E W S T G S
```

ADDRESS	ROUGH
AIR SHOT	SCLAFF
ALBATROSS	SCRATCH
APRON	SOLID
CADDY	SPIKES
CHIP SHOT	SPOOL
CLUB HEAD	SPOON
DORMY	STYMIE
FORE	SWING PATH
LOFT	TEMPO
MARKER	TRAJECTORY
PUTTER	WOOD

Eating Out

```
I  A  I  Y  T  V  Q  E  H  M  H  M  M  N  R
U  I  V  M  S  L  X  X  M  S  T  E  D  E  M
O  N  S  U  S  H  I  L  R  W  P  F  S  E  N
N  O  E  H  C  N  U  L  E  J  E  E  A  Z  F
R  O  Q  M  F  N  J  I  T  A  R  L  B  H  R
E  M  R  X  H  Y  Q  R  I  V  T  D  E  E  E
P  Q  E  T  L  V  E  G  A  A  P  E  N  G  U
P  G  Y  A  S  N  W  T  W  B  N  N  R  S  C
U  S  C  Q  T  I  I  A  D  B  I  M  H  Y  E
S  T  O  J  E  O  B  B  I  D  K  R  P  R  B
D  A  V  W  N  C  I  L  R  S  P  H  F  E  R
A  R  E  F  D  A  L  E  E  E  A  H  I  L  A
R  T  R  E  S  T  A  U  R  A  N  T  S  T  B
F  E  S  V  Q  A  P  A  R  T  Y  I  H  U  H
H  R  R  T  O  I  M  J  N  S  R  Q  D  C  N
```

BARBECUE	MEAT
BILL	MENU
BISTRO	NAPKIN
COVERS	PARTY
CUTLERY	RESERVATION
DINER	RESTAURANT
DINNER	SEATS
EATERY	STARTER
FISH	SUPPER
GRILL	SUSHI
LUNCHEON	TABLE
MEAL	WAITER

European Countries

```
A B H F N O A V O D L O M A R
I I L H R S C Y N D P O E U R
R R E S E I F A S C N S S G O
T P W R S E L P N T T S E H M
S S B P T O C K E O I R G U A
U I A I P B G N N A M U I N N
A I A O V M E I A A O G N G I
N N A W D G A L N R L M E A A
Y A D I R A E Y A E F I D R K
G L N O N B J Y B R J G E Y K
C B A X R E Y R A F U B W G Z
N A L T P R V W A W E S S T X
X N N A I T A O R C R I C V K
Y I I F V A S E L A W O M D X
F A F N O R V A Y S O F N M V
```

ALBANIA	MOLDOVA
ANDORRA	MONACO
AUSTRIA	MONTENEGRO
BELARUS	NORWAY
BELGIUM	POLAND
CROATIA	ROMANIA
ESTONIA	RUSSIA
FINLAND	SERBIA
FRANCE	SLOVENIA
GERMANY	SPAIN
HUNGARY	SWEDEN
ITALY	WALES

Fears

```
W M K P R L A I R E T C A B S
B S S E G N I N T H G I L E M
Y L T I G E R S P Y L V S B H
U A F X I C C O M Y O R K S T
W M I V V G I I G H O S T S A
W I L I N S C M Q H S N F E E
D N F I O R J I K I E A X V D
L A Y N O P N T A S C K D I N
N L R B L S H N P Q A E E N E
F N E K E U P I F O P S M K E
O S L C N P D D S O S R O H T
A B T D S E L D E E N V N E R
E S E P R Z S Y O E E V S U I
I R F S U X F S A X P O N T H
S D W O R C K P N P O S A A T
```

ANIMALS	LIGHTNING
BACTERIA	MICROBES
CROWDS	NEEDLES
DARKNESS	OPEN SPACES
DEATH	POISON
DEMONS	SNAKES
FLYING	SPEED
GHOSTS	SPIDERS
HORSES	THIRTEEN
INSECTS	THUNDER
KNIVES	TIGERS
LIFTS	WATER

Beekeeping

```
X S R A E O C T B T K R G H W
F M E Z N O E G G S O R N O C
G F P E O H K R M Y H E I W H
N L Q O R G E O A W D V T K S
L Y O L D T K L W A S O S H B
Y I F V S E J Z W Q F H O M A
B N E U E E H O B B Y R O R V
U G L V L S S L N A L C A F B
Z C Q L X U E R L Y I R Z M N
Z O Y F T E M T E Y Z W I Y E
I L S K O D V T I W L W N E L
N O L V Z O Q B K M O I I N L
G N L C N C D A Z H F L W O O
V Y E G A R D E N W H M F H P
X I C R T M L G D S A G O Z J
```

BROOD	GARDEN
BUZZING	GLOVES
CELLS	HOBBY
CLUSTER	HONEY
COLONY	HOVER
COMB	MITES
DRONE	POLLEN
EGGS	ROYAL JELLY
FLOWERS	SMOKE
FLYING	STING
FOOD	TREES
FRAME	VEIL

M Words

```
M X D E M C S U O I D O L E M
Y I K G H M A R Q U E T R Y M
M V M C H U R C V L M B P G O
A A R O M I L E A W M A M G L
R A C G W Q P M N E U I Y M E
M Y O H G E M M N N X F E I C
A G T U I A R A A T A A N M U
L A M A M S C Y U Y M M O A L
A Q D U E I M R M J B G M D A
D O M P N M E O E C I E E D R
E M U G C E X M D M M P Y E Z
Y S D T M M M E I H P T T N L
Q F D A M J G M U O S E Z A M
O Y L L N M U R M U R D T Z O
M B E A B I M Q M C N F T I M
```

MACHISMO	MELODIOUS
MADDEN	MEMORY
MAFIA	MENACING
MAMMAL	MIXTURE
MANNER	MOLECULAR
MARCH	MONEY
MARMALADE	MOPPED
MARQUETRY	MOWER
MAYBE	MUDDLE
MAZES	MUMMY
MEATY	MURMUR
MEDIUM	MUSTY

Capital Cities of Asia

```
P B E J V E A T R A K A J E N
H A R J R K B O D L T I U N A
N N O V N A Y N A N A T S A Y
O G P C U K T N A R H E T I P
M K A R O D I A B H R J Y T Y
P O G T U J N H A E S D Q N I
E K N X A P B A L B I U D E D
N X I K P I M L M E N J D I A
H O S P S J P U U H D A I V W
F K G H D P D E L B T W A N E
K R K N H T R H I A A A E L G
S E V V A I O N A H L K K N U
K E Y G K Y K A S H G A B A T
A L I N A M S E O U L I U L D
P Y O N G Y A N G A X U A K I
```

ASHGABAT	MANILA
ASTANA	NAYPYIDAW
BANGKOK	NEW DELHI
BEIJING	PHNOM PENH
BISHKEK	PYONGYANG
DHAKA	SEOUL
DUSHANBE	SINGAPORE
HANOI	TAIPEI
JAKARTA	TEHRAN
KABUL	TOKYO
KATHMANDU	ULAANBAATAR
KUALA LUMPUR	VIENTIANE

Mythical Creatures

```
H E F X I R N S T A Z Z O E F
N D I A M R E M S X E I X I P
F E Q S I Y Y U U Q X F Q N M
R I J A S R D V A M P I R E O
L A G B F E Y Y P R A H D G S
S L K S M G N M H M G S R M L
E A O A O X N I H P S K I I E
G G T R S H T O M E H E B N I
I N G Y T P N I S I J G R O P
A O R Z R L S I R E V F E T N
N M N O I Y R B E C I N D A I
T E V O C S B E X H S R N U R
W D L H B I G F O O T R U R P
T I T A N S N S I R E N H F L
K O R U G B A U V X P M T I W
```

BEHEMOTH

BIGFOOT

FAIRY

FURIES

GENIE

GIANT

GNOME

GORGON

HARPY

MEDUSA

MERMAID

MINOTAUR

NESSIE

PIXIE

SATYR

SIREN

SLEIPNIR

SPHINX

SYLPH

THUNDERBIRD

TITAN

TROLL

UNICORN

VAMPIRE

Art Media

```
O G O H E G A T N O M F G O H
C M O S A I C A S W T D R C H
H V C U S A A Z O L B C A V C
D D G O A C S O I T I R D F T
N O Y A R C D C L J T O A E E
T J V Y U C H I I O H A T I K
R G L Y U L P E O M T Y I L S
A I N T O J A N N W A W O E H
C W J I Q U S O G P D R N R A
E L T H Z Q T E C R B D E T D
R O I P F A E L Y R A P J C I
Y R N C R Z L Q I U A P T A N
J B G F N X T G B N W H H F G
A R E P M E T K K L E E C I W
V R U A D A P K I T A B S A C
```

ACRYLIC	MOSAIC
BATIK	OILS
CARTOON	OUTLINE
CERAMICS	PASTEL
CHARCOAL	PENCIL
CRAYON	RELIEF
DAUB	SHADING
GLAZING	SKETCH
GOUACHE	TEMPERA
GRADATION	TINGE
GRAPHIC	TRACERY
MONTAGE	WOODCUT

Bread Basket

```
B E Y T S U R C V D B I T V M
A R Y H N I H C N E R F S W Q
Z R J R S F E T I H W A A N M
O I L I G L K L N H R C O D N
L O N E Z L B D E M G H T B M
E G L W K A G A V N A A N S M
G N T Y K C T Y O M X P P K G
A W O E M R I B Y S B A V H S
B O R A I W P N R Z M T C Q Y
S R P S L H R B R I L T T S E
A B R T L O O H O E O I T U C
H A M O E K V G L U P C Y W U
F L O U R F I U L C C M H N A
D I N Q R F N O I D Z L U E S
G O U V J C G D L N R B U P P
```

BAGEL	NAAN
BAKER	OVEN
BOARD	PROVING
BRIOCHE	PUMPERNICKEL
BROWN	RISING
CHAPATTI	ROLL
CRUMBS	RYE
CRUSTY	SAUCE
DOUGH	TOAST
FLOUR	WHEAT
FRENCH	WHITE
MILLER	YEAST

A Words

```
T A C T R E C I N W Y B T H A
A R K L S K M M L M V I A S S
V E E M J N M Q R A C D O L S
L N N S Y R I A G S N I A F O
A O B D S U W A D E A D T V J
S T X R D A P V G A S T U T E
D E G A R E V A Q A E F T H T
E C W W A N U T A C Z T C N T
S A U R D T A N I V S C E Y N
I E C E S E H T K E O M K A U
V E I T X A S L T D L C Z A O
D D M F I I R T E I A U E I M
A I O A M S A U A T R V Y T A
A S T R O N A U T E I E Y C G
U A A C D E M A H S A C F H A
```

ACETONE	ASIDE
ADVISED	ASSERT
AFTERWARDS	ASTRONAUT
AGAINST	ASTUTE
AGAPE	ATHLETIC
AGENDA	ATOMIC
AILMENT	ATTACK
AITCH	ATTEST
AMOUNT	ATTIRE
ARMISTICE	AVERAGE
ARMY	AVOCET
ASHAMED	AZURE

Jazz

```
Q U J E G U Z U R B C J U S I
Y V W I Y N M R Z O E Q A H R
Z I B S V B R A O M H C T A S
Y L Y A O E O L D D S K H W Z
P C R B I O F S C B R G I E P
I O D E F M E B H U D N E C T
Q R B Z N N E X P A G R N T E
S E Y E I X R A G R R N W G Z
B A Y H B J F N O H U D B N M
E A S G Y I A O K F O L B U N
N S K X D M V R O R U C T O S
B M P E R E G C S E D A R D P
C F G E R H O E S Z T I V H I
K U H Q C W Y G C E Q I C J E
A J G N O R T S M R A D M A L
```

ACID	GETZ
ARMSTRONG	GROOVE
BAKER	HARD BOP
BASIE	HERMAN
BEBOP	HINES
BECHET	JIVE
BLUES	KRUPA
BYRD	SATCHMO
COOL	SHAW
COREA	SPIEL
DORSEY	SWING
FREE-FORM	TATUM

Abide with Me

```
E A B P T N H F D U C L F C Y
B R E M A I N Y P P G O A A H
E G I R W D H R E U T B T S F
Y G E N P Y E R R D H S E N T
Z S D E H N L A S H U S M A D
T B E O D A U T I E D I S E R
D K T U L W B A S G C T T K A
Q B R O O K E I T S Z O I C N
S E M A J K D L T T O L C O R
E O Z W X D M Y L O P E K N U
L Q R A L E N T G Y P R O S O
T I Y I M D N E T T E A U T J
T P H T I W P U T U P T T A O
E P E R M A N E N T F E G N S
S F J D P I A Z M T A W C T P
```

ACCEPT	PERMANENT
ATTEND	PERSIST
AWAIT	PUT UP WITH
BEAR	REMAIN
BROOK	RESIDE
CONSTANT	REST
DWELL	SETTLE
ENDURE	SOJOURN
INHABIT	STAY
KEEP	STICK OUT
LAST	TARRY
LODGE	TOLERATE

Costume Party

```
V W U U F R F D G U N W N Z N
N T U A N O R T S A O Y W N C
Z C L X I S P A M N C M O A H
T O B O R W K R D M N M L M E
X W M S O N E E S I R U C E P
P B R B I D R Z L A F M V V I
S O Q G I W M B Q E I X S A R
X Y H P O E O A U Y T L P C A
S T S M Q G M W T N E O O R T
A G A H C T I W P N I K N R E
H N F M D O P X P Q A T R P D
F K G A R G O Y L E E S R U N
K D T E I V I K I N G R K N T
B A G X L R W D F S W I F V E
D N E I L A Y S S E C N I R P
```

ALIEN	PIRATE
ANGEL	PRINCESS
ASTRONAUT	ROBOT
CAVEMAN	SAILOR
CLOWN	SANTA
COWBOY	SKELETON
FAIRY	SPIDER-MAN
GARGOYLE	TURKEY
GOBLIN	VIKING
KNIGHT	WITCH
MUMMY	WONDER WOMAN
NURSE	ZOMBIE

Global Warming

```
N A E C O X D F R I C C P C A
R I C E C A P N C E A C I O R
E H T N B F N O A R T X P N C
H O V H L I A W B S F A U I T
T V N W G L O O I L F S W M I
A C O P L U N M V K Z E E L C
E L I G S L O Q A W N T G F G
W O T R N I T R K S H A N N T
E U C E O A R Z D A S I I J S
M D N E I X E G N O S L T P E
E S I N S X E E O K O O L D R
R X T L S R S Z Z O T H E R O
T A X A I C O T C M W R M H F
X T E N M N E Q A V T C P Y P
E X R D E X E B A L B E D O T
```

ALBEDO	GREENLAND
ARCTIC	ICE CAP
BIOMASS	IPCC
CARBON	MELTING
CLOUDS	METHANE
COAL	OCEAN
COOLING	OIL
DROUGHT	OZONE
EMISSIONS	SAND
EXTINCTION	SUN
EXTREME WEATHER	TREES
FOREST	WATER

Palindromes

```
K P A X N O W I W O N N D R Q
S O L O S P I O L K R S V E G
O J O W E T S T E W H C R V B
H N G E D R M O W A M I N I M
C H P U E W Y P H F S V N V D
Q P A D E Q G S J E Y I E E D
D D D R D V Y P T L T C N R U
K E K E A X M O C A U P A Q C
R B P P M S V T S S T W N A Z
G J L A Z O S G A F K S A Z Y
G G D P T J A S G W O U D J W
X A F E H A N N A H O W H I Q
M C S R E F E R S R K F M A S
X I S W X G D R O T A T O R U
R N E U J Q B R T H J H R P X
```

CIVIC	REDDER
DEED	REFER
DR AWKWARD	REPAPER
HANNAH	REVIVER
HARASS SARAH	RISE TO VOTE SIR
KOOK	ROTATOR
MADAM	SAGAS
MINIM	SHAHS
MY GYM	SOLOS
NOON	STATS
NOW I WON	TOP SPOT
PEEP	WET STEW

H Words

```
S Z H S S N L C H S E H Q K H
P Q H S L U W Z B C Y G I G N
M H Y E N A O H A V E N D F M
U I E N B O A E O A O H P E I
H D G H Y R U Y D B I O P H H
G D A G H M E H Y I B K V I N
M E M I H N U W E N H L P N B
E N O H O V A N O Y O R E D U
T A H H P H A G G L E E J R H
S C Y U G B A X K C O D D A H
A I E L N X K H H R Q A Y N H
H R H E E C F T E H F E T C L
C R H H O G H O S D J H Z E Y
W U H E M P U E H I M S E L F
H H O T E B V H D M J C Y L H
```

HADDOCK	HI-FI
HAGGLE	HIGHNESS
HASTE	HIMSELF
HAVEN	HINDRANCE
HEADER	HOBBLE
HEBREW	HOMAGE
HEDGE	HONEY
HEMP	HUGELY
HENBANE	HUMPS
HEXAGON	HUNCHED
HIDDEN	HURRICANE
HIDEOUS	HYENA

Ice Hockey Terms

```
Y U G O T L S S A P J Y X G S
O E F L Z T E J C L L Q N P R
C Z N F O J T H H J A I X O I
E Z S H A V L J O P T D N N I
D G S Q A E E B E H Y I T E U
K N D D A C B S G N M C L T Y
L C R G D E T I I U V I G I A
F O U R O N F O U R N N W M L
R E J P I T E Q R E I G J E P
O I D O I R E P S K J L U R R
J L P D O E K M O P E S T S E
A A R C D F A O J H R Y B T W
M O S V V N H R U H S Z J I O
A G G R E S S O R L E P J C P
G N I R A E P S G D Y L X K W
```

AGGRESSOR	MAJOR
CENTRE	MINOR
DECOY	ONE-TIMER
FIGHTING	PERIOD
FOUR-ON-FOUR	PESTS
GLOVES	POINTS
GOALIE	POWER PLAY
HOOKING	PUCK
ICING	SCORE
JERSEY	SHOTS
LEAGUE	SPEARING
LINESMAN	STICK

Cheeses

```
L E D N A B C X A L M G K L E
M L E V O R P C T R L D N L M
O X K Y A R G R A V I E R A L
N N Y M A H P R A H S E B M E
T R N N F G L A T N E M M E T
E O F M O C S M P U J G S J T
R C V G F T L A I R O B E L L
E A I R A G Y T F X A T D W E
Y C D Q X O I R H Q I H Z S Y
J N R U C Q L E O A R F S G D
A W V A O K L B M R E G N Y E
C G N R G G K A A T E I R B N
K E L K F G F W A J N L O R I
V U E U L B G A T Y A M I E U
F B J C X F A Q T I P E T D I
```

ABERTAM	LEYDEN
ACORN	MAYTAG BLUE
AIRAG	MEIRA
BANDEL	MONTEREY JACK
BRIE	PANEER
DERBY	PROVEL
EMLETT	QUARK
EMMENTAL	SHARPHAM
FETA	TYNING
GOUDA	VENACO
GRAVIERA	XYNOTYRO
LAIROBELL	YARG

Electrical

```
X E G T L L C E W N M R Q A K
V V T E P V A U T B L U B I X
C E E K L L O V R H T R A E T
M E R C O S U L O R Y K G G K
X L M O N X N G T R E W O P Z
P S I S B O K Y P A I N K J I
M L N I J B E C A R G D T F E
C H A S E N I I D A I E H J Q
F N L T Y O T R A T U B I N G
L I V E E I I C K S A A A N S
R I Y A K T U U T K F H I T T
U U G D R C D I S W I T C H T
P Y I H N N N T U Q C R X C A
S R A L T U O R D U Z L Q J W
G T V Q R J C Y D V H O C Q D
```

ADAPTOR	PLATE
BULB	PLUG
CHASE	POWER
CIRCUITRY	SLEEVE
CONDUIT	SOCKET
CURRENT	SPUR
DUCTING	SWITCH
EARTH	TERMINAL
GRID	TUBING
JUNCTION BOX	UNITS
LIGHT	VOLTAGE
LIVE	WATTS

Rainy Day

```
O Q S M D E L U G E S P K P P
X W S H R A I N I N G A M B U
T J E S O Z N T J H I L D A D
A U N A Z R O V Z N U L I U D
O O T L D R I Z Z L E E L Z L
C I E P E L T I N G M R L A E
H L W S E O A W K X P B L M F
C S F J R M T G L Q T M J W I
N K B R S R I A A J H U H S P
E I E E Q O P N T L Y O O S Z
R N T W U T I O E E O A V Q G
T S W O A S C R H D K S G R F
T U Y H L U E A B I D C H I R
J Z C S L S R K N P B O A E A
S D U O L C P G C K H M S J S
```

ANORAK	PUDDLE
CLOUDS	RAINING
DAMP	SHOWER
DELUGE	SOAKING
DRIZZLE	SODDEN
FALLING	SPLASH
GALOSHES	SQUALL
HOOD	STORM
JACKET	TORRENT
OILSKINS	TRENCH COAT
PELTING	UMBRELLA
PRECIPITATION	WETNESS

Collectibles

```
M I M I N I A T U R E S U S S
P D C R P E Z D I G Q I I P E
Z S M R A H C Y K C U L Y M T
S S N S Z O T R T W K V M A A
J N D D G Y Q I S P G E A T L
V X A R R U P V P K D R T S P
X N G F O M M H A A O B W S O
S G A L F W O Y L S P O O N S
I R Z D W T S S S U E J B W W
C A R T O O N S D W Z S D L A
P V S S F L O R N A M E N T S
T M P H H T L M C N I O M G G
O Q D O T U P S I T W D T Z I
Y C O I N S C A N D L E S H J
S M Q S H P A R G O T U A D S
```

AUTOGRAPHS	MOTHS
BOOKS	MUGS
CANDLES	ORNAMENTS
CARTOONS	PHOTOS
COINS	PLATES
DOLLS	SILVER
FANS	SPOONS
FLAGS	STAMPS
JIGSAWS	SWORDS
LUCKY CHARMS	TICKETS
MEDALS	TOYS
MINIATURES	VASES

Human Characters

```
W N R Y S Z I E G P R J R E J
A R E T F I R D R E K K S C P
E M M Y S H D E M B A Z H N L
T N A D E P D R G V A N D A L
V A E Z K N A V E G R E V S D
M T R U O H H T T Y H P P I E
P O D W C N S S T N N E F U V
Y C Y D K I I U M A D M A N O
C O A E M D A A M M T E N D T
B I D I A E M E N N E O F W E
U L T S B I L A T O I I P Y E
F P C A S T K J N C B S R E B
O S G E N I U S J B M K Q O R
T J R E Z U A K E S O X W U W
R E G N U O L R X Y Z F A D M
```

AMAZONIAN	KNAVE
BEAUTY	LOUNGER
BOY WONDER	LUNATIC
CHARMER	MADMAN
CONMAN	MISER
DAYDREAMER	NUISANCE
DEVOTEE	OPTIMIST
DRIFTER	PEDANT
EGGHEAD	SADIST
FIBBER	TOPER
GENIUS	VANDAL
GENTLEMAN	ZOMBIE

Sheep Breeds

```
A L A D K F E T F X E T L E B
C H E V I O T T C L E T Y F I
N A T E B I T C U T J L Q S Z
H S B V Y P N C Q G W V S R I
T I E E V I O O A S O A Y C M
E A L I N C O L N N W G E C A
E L A G P K W B W A J L V O H
S L D R J A C R T A A X U T S
W O Y L Y X S E Q N R K J S A
A R E O Z I U D D L L T U W M
T A L N F O V I C O M V H O Y
E H S K D R C J F X F I K L F
R C N S V C R F O T H W P D O
W L E X E T U O M O M A S A I
S K W H O S O N I R E M D H R
```

AWASSI	MASAI
BELTEX	MASHAM
CHAROLLAIS	MERINO
CHEVIOT	POLWARTH
COLBRED	RYGJA
COTSWOLD	SOAY
DALA	ST CROIX
GALWAY	SUFFOLK
GUTE	TEESWATER
ICELANDIC	TEXEL
LINCOLN	TIBETAN
LONK	WENSLEYDALE

Bible Characters

```
I N L W X S J P P T Y H Z R T
E V P K G E Z E K I E L H H Q
M Y U X X L N O S M A S A R Z
O J V R X I A H A B S D V A P
S K I Z I Z M Z A R D B T Z C
E F U R X A K N A A E Y O Z K
S V K Z E B H R E R R S M A Z
B O J L O E E U T U U O I H Z
S A M O H T S K Y R K S N S L
C J G L E H H N A R A B J L J
L Y O P W A J X M B A G O E B
Y N R H K I N A M K D M A B G
K F P U N A X I M Y L E N H P
C V C R S S O F E E I K N W Q
D W W M G I H A R A S E A P P
```

AARON	JOHN
BELSHAZZAR	LABAN
BOAZ	LAZARUS
CYRUS	MARY
ELIZABETH	MOSES
EZEKIEL	PETER
HAGAR	SAMSON
ISAIAH	SARAH
ISHMAEL	SISERA
JAMES	THADDAEUS
JOANNA	THOMAS
JOB	URIAH

The Autumnal Season

```
B K Z W N U S R T G E S R N X
Y R T I U R F T C A S T E P N
E P V Y X M O H A H O R S P E
K U W P T O I C D H F C A S D
G R K I I L F G A U A L D I D
B C N X L H B E R R I E S N N
P W X Y Z B E A F A E B S J B
S H V V W E B S S S T T J S O
R E B O T C O B O T O I P W N
K S A E V J O E S R E W O L F
R O Y S B M T A I Z L R D N I
P N O F O G S N G O G D S F R
W Y I T U N G S O G L E A N E
D P I Q S L Q C E L Z Z I R D
J U L Y B X I Y F L J X U L C
```

ACORN	GLEAN
ASTERS	HATS
BEANS	MIGRATION
BERRIES	OCTOBER
BONFIRE	PODS
BOOTS	RAIN
CHILLY	ROSEHIP
COAT	SCARF
COOL	SEASON
DRIZZLE	SEEDS
FLOWERS	STOOK
FRUIT	STORING

Car Manufacturers

```
E Y W R U H K K R J A G U A R
J A I I T A R E S A M E C N Z
S S S V Z L L F K C V N D Y H
K U U A U S T I N O Y E Z F V
O T Z B Y S F J L M O R G A N
D O U R A I I V B U G A T T I
A L H A U R O Y E T O L O W I
Y C B H P M U I R T I M Y E F
K E M S Y D K A H N J O O D I
G D L L W U M O C B L T T N J
U R S I T S N O L P W O A I I
L O B E R D L D M G R R R S H
S F P S A N T D A E V S A S U
N L A M B O R G H I N I Y A Y
B N E G A W S K L O V O X N I
```

AUSTIN	MASERATI
BUGATTI	MORGAN
CHRYSLER	NISSAN
FORD	RILEY
GENERAL MOTORS	SAAB
HONDA	SKODA
HYUNDAI	SMART
ISUZU	SUBARU
JAGUAR	TOYOTA
LAMBORGHINI	TRIUMPH
LINCOLN	VOLKSWAGEN
LOTUS	VOLVO

Cooking

```
V X X D T P T N C E Z X Z Y G
L Q S O O T E H C N A L B U T
B G Z A T J Q K U S K U B S P
V F C X A R Y L T J T K A Y Y
Z H B N E J H E U S E O K D R
N H V M H E A H T S T L E C F
L E M B E M V E I L L I R G R
J I B O R D W A R Z S G E A I
S G V M E O R J W C C O D S T
Q E P E A B I Q Z O E T U A S
N U B Q D L B L B Z R A C S K
S W E A T O F R O V L C E E E
L S D I I N O E K O M S I Y N
W O Q L M W T S A O R Y G M W
C E L B N E L D D O C T J E G
```

BAKE	REDUCE
BLANCH	REHEAT
BOIL	ROAST
BRAISE	SAUTE
BROIL	SIMMER
BROWN	SMOKE
CODDLE	SOUSE
DEVIL	STEAM
FLAMBE	STEW
GRILL	STIR-FRY
MICROWAVE	SWEAT
POACH	TOAST

All Set

```
S E T H L M D K R S E T T T T
G S E T A I E F N D Z E R E E
S P S R S N A T T E S S S L S
E M R A E D D E C S S D A T H
T E O I T S S S A I A S E E T
A C C N F E E B E E G S E K R
B E L S R T T S H T N E S T O
L I O E E T Q T Z U I K H C F
A P S T E T H A S M T S E S T
Z T E S E I T G G E T F E X E
E E T S C B U E A X E R O S S
V S V K E S Y S E R S G Q C Y
S T S C S O E E N O P U T E S
E E K E A T L T O T U O T E S
T J T E S S S E H C O I G H S
```

BASSET	SET FORTH
CHESS SET	SET FREE
CLOSET	SET OUT
CORSET	SET PIECE
DEAD SET	SET UPON
GUSSET	SETTEE
HANDSET	STAGE SET
HEADSET	SUNSET
JET SET	TEA SETS
KNESSET	THICKSET
MINDSET	TRAIN SETS
SET ABLAZE	UPSETTING

Made of Paper

```
R O U E T E G A L L O C E M B
E X L T P R E T L I F S I A V
P D C P D O D N I C Z E Y G D
P O R I V I L R B R H T K A U
A C E E H K R E T N W A M Z S
R U T C J S W E V T Q L I I T
W M T E P Z O R C N C P B N J
F E E R I A K L B T E N T E A
V N L R G C R P S R O J O E C
T T S X A P M A U K F R U T K
O R W S L B M H S L O S Y Y E
W N E A H D C O O O S O K A T
E D N F Q O Z W N I L E B A L
L E S A R N E V T E I H O X W
B Z H B E R I F U N Y K C P Z
```

BILL	MAGAZINE
BOOKS	MONEY
BROCHURE	NEWSLETTER
CHAIN	NOTE
COLLAGE	PARASOL
DIRECTORY	PLANE
DOCUMENT	PLATES
DUST JACKET	RECEIPT
ENVELOPE	SACK
FILTER	TISSUE
FLOWER	TOWEL
LABEL	WRAPPER

Moons of the Solar System

```
P A S E A P O A L P W Z D S W
Q P K Y T D R A D N I L E B M
P H O B O S I H C E Q U S P S
U O L D H I U S E E L N D A U
L E L I X V E D S A K A E S N
O B E O W V P M A E P A M I A
T E I N Y S N N B L R C O P J
S F R E X R A E E Q E C N H F
I S A N O W N M O R Q C A A T
L R A E L F O E I J E D N E B
L G H L C E R X L M W I F E I
A M A L T H E A Y F T B D U A
C U G A Y A B N Z W G Q E O N
W L X P U C O A I L E D R O C
D X O J Z Q L R F U F O J V A
```

AMALTHEA	LEDA
ARIEL	LUNA
ATLAS	MIMAS
BELINDA	MNEME
BIANCA	NEREID
CALLISTO	OBERON
CORDELIA	PALLENE
CRESSIDA	PASIPHAE
DESDEMONA	PHOBOS
DIONE	PHOEBE
ENCELADUS	RHEA
JANUS	SKOLL

Emotions

```
N J J C D P X Q D N G Q S C E
Y D T I R C M E T N G A I O V
T R N R A E F C I W O N E B O
I C E N Y L G N S R A C D O L
L C M V T T R N O P S S I R T
I N T T E A I R A T E V R E E
B L N U E R R P A P S T P D I
A A I Y Q E E S G E R E N O U
R D O H T A Y N K A O R O M Q
E I P D A I M X C C M G I K S
N S P R H T M N H E E E T E I
L G A E I P R N S O R R O W D
U U S A N P S E E I V M V X P
V S I D J D Z Q D A M F E F W
W T D Z S S E N D A S X D S K
```

ANGER

BOREDOM

DEVOTION

DISAPPOINTMENT

DISGUST

DISQUIET

DREAD

ECSTASY

ENMITY

FEAR

HATRED

LOVE

PANIC

PEACE

PITY

PRIDE

REGRET

REMORSE

REVERENCE

SADNESS

SORROW

TERROR

VULNERABILITY

YEARNING

TOP First

```
Q Q I T V N K B G V Z C M S U
B E W T W I E U O J F E O S F
L S R O V T F X D H D P O A Z
I H D S F R S W Y I Z C F L T
O E U S G E A R S O C A T C S
S L F K V Q I H S X A G H S K
Z F Y R F C L L Y Y V U E O R
N X H A S O Z I L B O L F S A
O A H M S T C S W I N E O B U
T O Y T H E H P S J B V R T Q
C J A J S R C T C S H E M X C
H R E X E C U T I V E L H P K
O I H T F E A W Y X W Y P T S
I M Z V Y S Z D R E S S I N G
L Y V A E H Q P R I O R I T Y
```

CAT	MARKS
CLASS	NOTCH
COAT	OF THE FORM
DOG	PRIORITY
DOWN	QUARK
DRESSING	SAIL
EXECUTIVE	SECRET
GEAR	SHELF
HAT	SIDE
HEAVY	SOIL
LESS	STAR
LEVEL	THE BILL

NATO Members

```
U E U S D N A L R E H T E N O
Y P C O C O A I N E V O L S S
K N H E L O N C N A C X F M E
H R A D E I M Y M O H N N U T
U L A M N R T E N R T P X I A
N A I M R A G H B O U S I G T
G G K C N E L D U M R E E L S
A U A Y C E G E F A C W M E D
R T V N L A D D C N N S A B E
Y R O I X A U R A I A I S Y T
P O L A N D T R D A I M A B I
U P S P C V F I N P V O I R N
F Y Q S C A N A D A T N H I U
Y E K R U T B U L G A R I A U
C G R U O B M E X U L X R A Y
```

BELGIUM	LITHUANIA
BULGARIA	LUXEMBOURG
CANADA	NETHERLANDS
DENMARK	NORWAY
ESTONIA	POLAND
FRANCE	PORTUGAL
GERMANY	ROMANIA
GREECE	SLOVAKIA
HUNGARY	SLOVENIA
ICELAND	SPAIN
ITALY	TURKEY
LATVIA	UNITED STATES

Fish

```
O Y E R P M A L V C T Y R R B
F R M Y B A E P L U E A G O X
H L E U B E R B A T L Y S T S
C Y G P V S C R R T L X A U P
A H H N P K N O P L U R D U H
O M O S I I U R R E M C P H Y
L U S I G T K E A F P U X A D
G A T R E T I C C I S G D A B
B P S A U V Y H T S U U C M C
L R H N E D C M W H C E V R Y
S N A F T B D F A A K J E O E
U Z R Z A E F E R E E T L L L
Q J K F K V K R B P R I O I O
M I N I S A A W R A W B S N C
S G P W H B Z L G H F K Q G A
```

BARRACUDA	LING
BASS	LOACH
BREAM	LUMPSUCKER
CARP	MULLET
COLEY	PARR
CUTTLEFISH	PIKE
DACE	RUDD
GARTER	SKATE
GHOST SHARK	SOLE
HAKE	TROUT
KIPPER	TUNA
LAMPREY	WHITING

Clocks

```
K S I V T A Y K Y O Y T Z C E
A Y V V F X J T O V U E T E Z
D T Q A Q W L K J R P A K G N
H A N D S E C D R S B P W A O
E W N D V U K E F L S D H I R
X L I O C J T S E F G V L R B
C A N E M W L K A L A R M R J
L T P L T H L C A L C F S A V
T I M E P I E C E S J Y Z C S
K G A C N R E T A W A L L K P
K I Y T M D N O G S I L L K R
V D X R O A U B M C S N O R I
I A A I M M N L T N H A D S N
E D I C W E I S U X C X R E G
H G N I M I H C S M R R K B R
```

ALARM	HANDS
ATOMIC	KEY
BRASS	MANTEL
BRONZE	NOVELTY
CARRIAGE	PENDULUM
CHIMING	SPRING
CUCKOO	TABLE
DESK	TIMEPIECE
DIAL	TURRET
DIGITAL	WALL
ELECTRIC	WATER
FACE	WINDER

Fungi

```
P C L L A B F F U P W A Q J M
F N R P H Z T Z N Q U Z F O W
P I E D D E M O U T O N O F S
C M O E L D S V E H S R L V L
T E P M U R T O N L H A O I L
C I R A G A Y L F S T H O G I
O P O R C I N O U C J E T N G
E J D H M N V M A L G H S U C
I S S Z Q Y W P I R A J D F M
I T R B C A C O O K E R A P O
N U E U R H C E R L O S O U R
K M I T S C G E L B T N T C I
C S S T C T S Y P I T P E X L
A M E O S P S R P W U Q Y G L
P O A N U T N E G O C M S F E
```

BROWN CAP	MYCELIUM
BUTTON	OVOLO
CEP	PIED DE MOUTON
CORAL	PORCINO
CUP FUNGI	PUFFBALL
ENOKI	RUSTS
FLAT CAP	SMUTS
FLY AGARIC	ST GEORGE
GILLS	STIPE
INK-CAP	STRAW MUSHROOM
JELLY	TOADSTOOL
MORILLE	TRUMPET

How Very Abrupt

```
X Z B E L L F Q Y N F K F N V
V O D K B H G R U F F N S D U
X U E N R M C H F P R E E H S
R U P D I Z K S E S D M J S W
R D M K S S U R P R I S I N G
T E A V K I S A K T R T U A T
E K R E R F D H L Y E R E P U
O E C E F R S L A U C O U P B
C T Y I S H I W N R T H Q Y R
Z J T X R S G C I J P S S V O
Q S S V A J I U W F Z P U K K
U D A Y P V I C O H T E R S E
Q O H J I X Z U W R X R B V N
T N E L D H U R R I E D D Z Z
D E G G A J J T K W O K E O K
```

BRISK	RAPID
BROKEN	ROUGH
BRUSQUE	RUDE
CRAMPED	SHARP
CURT	SHEER
DIRECT	SHORT
GRUFF	SNAPPY
HARSH	STIFF
HASTY	SURPRISING
HURRIED	SWIFT
ILL-TIMED	TERSE
JAGGED	UNCIVIL

Greek Deities

```
I  L  S  I  M  E  T  R  A  O  M  S  E  R  F
S  E  R  A  E  A  G  A  I  A  O  X  T  V  S
J  B  H  I  P  I  O  C  C  E  S  L  A  R  U
M  A  E  S  C  U  L  A  P  I  U  S  C  P  T
X  M  A  H  E  R  M  E  S  F  E  H  E  R  S
E  N  E  L  E  S  T  V  I  O  Z  P  H  I  E
N  E  M  Y  H  A  X  H  D  T  J  C  D  A  A
S  W  M  W  O  F  A  E  A  B  H  I  O  P  H
U  A  X  D  S  T  M  I  O  N  M  Y  H  U  P
E  I  D  G  K  E  H  H  T  A  A  R  I  S  E
H  E  N  W  T  V  P  E  P  S  O  T  I  A  H
P  G  E  E  X  E  M  O  M  D  E  K  O  J  W
R  Y  R  F  R  E  L  R  I  I  P  H  K  S  L
O  H  S  O  J  L  G  T  V  F  S  R  W  K  R
M  F  S  Q  O  P  E  O  L  S  U  N  O  R  C
```

AESCULAPIUS	HEPHAESTUS
APHRODITE	HERMES
APOLLO	HESTIA
ARES	HYGEIA
ARTEMIS	HYMEN
CRONUS	MORPHEUS
DEMETER	PRIAPUS
EILEITHYIA	RHEA
EOS	SELENE
EROS	THANATOS
GAIA	THEMIS
HECATE	ZEUS

Famous Women

```
Q D U T O Q A J L N L Y V D O
J Z Y B P U Y L O E M J W W S
X P R F S A E T K W O O L F R
H A X T D V N R U H N F K I E
G B E E A I E K N X R G E D H
A N C C L M U S H A O M L E C
R T H C Q T O Y N U E L L L T
T N R I U N R K M Q R T E I A
A U I W H R E A Z F X S R L H
P O S E Z D N I H U K L T A T
O P T O M D N N R R W C K H P
E O I T E O R A A U A B N E O
L R E L U U L P G U C E R E D
C E A O D H P A F U H O P D P
H N Z W G I B A S W N F X R T
```

AUSTEN	JOHNSON
BHUTTO	KELLER
CAVELL	MANDELA
CHRISTIE	MEIR
CLEOPATRA	MERKEL
CLINTON	MONROE
CURIE	PANKHURST
DELILAH	PARKS
EARHART	PERON
FRANK	SALOME
GANDHI	THATCHER
GARBO	WOOLF

Genealogy

```
T M B Q P H Q S Q F M S E I R
Y R D R Y N P T N U A P S X L
S E T A D O E R W I Q A C C R
E R R P U S N F P K S M H H E
T C L S T G H E I R S U O U H
E M E S N B H C R W L I O R T
E Y Z I B A H T U B B R L C O
J W H M N A A K E D R I V H M
T T O W R A L H I R E A R R R
L T I T L E E M I G R A N T N
Q C S D R O C E R J X V T C H
W N Q L S X L A U N C L E H H
S N N A B L V S L B L H M R R
N D E S C E N D A N T U N H B
M U R M E K O Z H M L Q H C K
```

AUNT	GRAVE
BANNS	HEIRS
BIRTH	MAPS
BRANCH	MOTHER
CHARTS	NIECE
CHURCH	RECORDS
COUSIN	SCHOOL
DATES	SPOUSE
DAUGHTER	TITLE
DEATH	TOMB
DESCENDANT	UNCLE
EMIGRANT	WIFE

Buildings

```
R L T E K R A M R E P U S R C
T C R D Y P R G S C E N K K I
M H Y O C L F A C T O R Y R Z
B U V A E A P J H B A K E R Y
F R E P B I S C O W A V W R C
T C A S U B S T O V W J I A L
U H G A U Q E N L N J A B L N
C K D L N M I Y R E D I S U O
E W Y T I S R E V I N U M M I
E M H K A E S U O H N W O T S
C V X C G O D K U S D T S O N
A F I I O E A I Q A E X Q W A
L A M L P K V O C L Q F U E M
A E G O L H O S T E L E E R T
P I T Q L A X K K M P A M Z K
```

ABBEY	KIOSK
BAKERY	MANSION
CABIN	MOSQUE
CASINO	MOTEL
CASTLE	MUSEUM
CHAPEL	PALACE
CHURCH	SCHOOL
DAIRY	SUPERMARKET
DEPOT	TOWER
FACTORY	TOWN HOUSE
HOSTEL	UNIVERSITY
IGLOO	VILLA

Dressmaking

```
D U R G G G W G K L A H C F Y
N D Y Q N M G N I W E S I U L
D A S A A I N I B B O B R Y U
N R L P Y S T T E W N I B A R
O N N A O K L T C G B Q A F G
T E B S H O H U I D N Z F M G
T E R F E O L C W F Q I O N A
U D N E K H D Y M M U D G L R
B L O L E X C E K Q E P A D M
R E T Y K L N T I L I B A K E
O A T C Z I S E I N N E H L N
L Q O M H N E C S T R R H I T
I T C C N A P A M H S N A S T
A P A I R I L L T U O R C Y F
T M R M R O F S S E R D T E B
```

BOBBIN	MACHINE
BUTTON	MODEL
CHALK	NEEDLE
COTTON	PINS
CUTTING	REELS
DRESS FORM	SEWING
EDGING	SILK
FABRIC	SPOOL
FITTING	STITCHES
GARMENT	TAILOR
HOOKS	THREAD
LACE	YARN

Shades of Yellow

```
J V N O R F F A S O N Y M M A
T J I N E S H T A I E R N R N
X R L Z S E E D S S D A I A A
H H I P Z Y N L C B L N A L N
B A B X X T B I P P O A R L A
M M O B O E O P R A G C G I B
Z S R R K O E C A E N L E P X
Q W U O L L K M I N T U D R R
T H A N S A O C O R N C L E E
E A N Z F W V Y U R P C I T B
S R F E A L T D G C H A T A M
N A H R T A O F K G R C S C A
U P T C W D L W W H E A T Z C
S S W N A A X Y E R U Y G X R
L V Y J X L I B C R N O M E L
```

AMBER

APRICOT

BANANA

BRONZE

CANARY

CATERPILLAR

CHROME

CORN

EGG YOLK

FLAX

GOLDEN

HANSA

ICTERINE

LEMON

MAIZE

NAPLES

SAFFRON

STIL DE GRAIN

STRAW

SUNFLOWER

SUNSET

TAWNY

UROBILIN

WHEAT

Intelligence

```
W U R I D E L O O H C S G I D
Z N S G N I W O N K F N Z N E
Y D Y E G F T S D Y I J K T T
O E P A N X O E H N O D J E A
P R A H S S R R O R E V E L C
T S M F D O I S M S E M L L U
H T F Y T E A B R A V W U E D
G A D U T E T E L X T H D C E
U N T B R N V U V E E I C T A
O D Y D Y L U D T T N L O Y G
H I M X L C M O D S I W Q N E
T N M E N T A L I N A Q Y I N
H G W T K S A G A C I T Y A I
V C L E A R H E A D E D E R U
F A S E I T L U C A F X U B S
```

ACUMEN

ASTUTE

BRAINY

CLEAR-HEADED

CLEVER

EDUCATED

FACULTIES

GENIUS

INFORMATION

INSIGHT

INTELLECT

KNOWING

MENTAL

REASONING

SAGACITY

SCHOOLED

SENSIBLE

SHARP

SHREWD

THOUGHT

TUTORED

UNDERSTANDING

WELL-VERSED

WISDOM

Countries of Africa

```
C N A U A H I X I D I R T K E
X I Y I B T C O V N S L L M N
G G H D S O E R A O L I A A O
A E A E N I U G U O E U M M E
I R N G O I N T W G R M Z F L
R T O N V Y H U Y I A A N S A
E T O A O A W P T D L D O U R
B G H G F L T I A O E N B A R
I C A R O K U G G U S A A L E
L W I D K S A N K E O W G G I
I C M E N S A R N B T R J E S
A Y N D C A L E E C H A D R D
Y Y B A P O G N A C O G G I S
A M R I A A I U A Y B I L A J
P H A G L N C A P E V E R D E
```

ALGERIA	LIBYA
ANGOLA	MADAGASCAR
BENIN	MALI
CAPE VERDE	MAURITIUS
CHAD	NIGER
CONGO	RWANDA
EGYPT	SENEGAL
GABON	SIERRA LEONE
GUINEA	SOUTH AFRICA
KENYA	TOGO
LESOTHO	TUNISIA
LIBERIA	UGANDA

Seven-letter Words

```
K U Y M Y B E R E H W K F S V
T K T T P Q T R A N S I T H V
O E S O P O R P T S U G S I D
R T Q A X T B M W C X T H M E
M E Z U B N D I V H C P R Z G
E O S A I B J E L A A Y S O Q
N T G T Y L A Y T M E Y N U F
T N T A F T A T I B A H A T U
L A A J L U Y C H E U L L P B
Q I B C F L L O C R I O W O I
Q D L U K A E M K F N A D S S
U A O C P I X R Y E R I S T C
P R I N T E D A Y D O E X S U
U U D C O G W D S U M H T S I
Q Q S P A C E E N K K I E C T
```

BISCUIT	PROPOSE
CHAMBER	QUALIFY
COMRADE	QUICKLY
DISGUST	RADIANT
DOUBTED	RESTFUL
FORTUNE	SABBATH
GALLERY	TABLOID
HABITAT	TEQUILA
ISTHMUS	TORMENT
KNEECAP	TRANSIT
OUTPOST	UPWARDS
PRINTED	WHEREBY

Book Titles

```
M T D I B T A R A R O A D H A
Y H R E R N M M E V S P S T L
R R W D E Z C B M S J E D U U
D E J O D N B H C E B R M R C
A E V T M U I R E P M I N G A
I M A I L N S E W A L D E N R
L E G B H N E L P E X G E I D
I N N I R S Y V L E D I F N I
E I E U N O J G A E R G G W E
H N S Q D E O O O R B L S O N
T A G P E P V T A L E E I R E
T B R B D N W C S M O H H D A
G O E N O I L A M G Y P T T E
S A Y W H I T E F A N G A G H
P T B B E C I N E R E B H Z T
```

AGNES GREY	INFIDEL
APOLOGY	PYGMALION
BERENICE	ROOTS
BLUBBER	SHIVER
CARRIE	TARA ROAD
DEENIE	THE AENEID
DRACULA	THE BELLS
DROWNING RUTH	THE ILIAD
DUNE	THE RAVEN
EMMA	THREE MEN IN A BOAT
ENIGMA	WALDEN
IMPERIUM	WHITE FANG

Middle C

```
J C W S K F Q D E C R N C E G
F T S A N E H C T I K Z U N V
X C Y U U W E B C A S T N E D
R J D C C A S C A D E H I K I
D M V E K C S P M L C C C C S
I W O R L P E L A U C T O A C
C K U S E W L E E C R O R L A
C C C D C T M A D C I C N B R
A O H N E U N Y C X R N L Y D
L N E V I H N E K A O A G U A
F C R C W A C G C F T Y P B F
C E L D C C Q N P S C E C F O
S A B S C I S E U Z A X F C G
C L U V D U J X D H R N K J W
B T X G T E K C I H T X Z Y C
```

ABSCISE	NASCENT
BALCONY	PARCELS
BLACKEN	PLACATE
CALCIUM	SAUCERS
CASCADE	SPACING
CONCEAL	SUCCEED
DISCARD	THICKET
FLACCID	TRACTOR
FULCRUM	TUSCANY
HUNCHED	UNICORN
KITCHEN	VOUCHER
KNUCKLE	WEBCAST

Made of Paper

```
R H P M A T S E G A T S O P L
E Y A J V K X M H K K J U E E
T E R N O P O D E C X P N H G
T N Y O D U T O G A B A E T O
E O G G T K R O B S L N M K Z
L M A Q N C E N W P U S K T L
S F T T E E E R A E F P Z T J
W U T L M K R R C L L K R E R
E V F K E R H E I H E V N K E
N W I O T E E X T D I O A C P
S T G C A C C L V L P E I V P
E G O F T E Q X E U I O F Z A
P D A W S I M O O B V F G X R
C A A B S P L C N N A A R D W
D R M M C T L L I B L L B K J
```

BAGS

BILL

BOOK

COUPON

DIRECTORY

FILTER

GIFT TAG

HANDKERCHIEF

INVOICE

JOURNAL

KITE

LABEL

MAP

MENU

MONEY

NEWSLETTER

PLANE

POSTAGE STAMP

RECEIPT

SACK

STATEMENT

TEA BAG

TOWEL

WRAPPER

Pasta

```
I Q P E R O I F E R D A U Q M
L G I B J A I C C E R A S A C
L E L L E T S O E D I F F R E
I M L F A Y N B A E T A E N N
S E U R S Y J E N O L S N P I
U L S I N I T N Z D T G I F C
F L D N N F E B E E R W U I C
N I V O T P V F D E I E G R U
Q R T C R O T I N I L X N P T
I I L A S A G N A Z O Y I N T
Z N X M Y A G F A R F A L L E
E O I U L E I P E Z F O Z A F
M U S L N W G L P I U I Z Y E
L G I R I B L Z I R T E P R A
B U T R O F I E P I M T K M O
```

CASARECCI	MAFALDE
CRESTE DI GALLI	ORZO
FARFALLE	PENNE
FETTUCCINE	PILLUS
FIDEOS	PIPE
FILINI	QUADREFIORE
FUSILLI	ROTINI
GEMELLI	STELLE
GIGLI	TROFIE
LASAGNA	TUFFOLI
LINGUINE	ZITI
LUMACONI	ZITONI

Mountains

```
C S H U R N G V K J U R B E A
J I M A A C U U J I L E C R O
F N Q E H L N Z N W A G F A N
X E Y O R G K T N N K I L V F
R C O Y O U O E T I A E P I A
W Y A N B R J T H Q M J G L N
U L G R E I N I A R T N U O M
N G Z L Q N J S A R U I S B P
A E S I N A I C S L A N Q E J
E Z N N Q Y T J A S I R S C T
A W G V O D E T M V M T A U F
E V T L A W I A G I O F L R U
T R I V O R D C W H Y I I B J
P S E M G A E O L Y M P U S I
Y E S T P U N N N A Y J P B M
```

ADAMS	LHOTSE
ARARAT	MAKALU
BOLIVAR	MERU
BRUCE	MOUNT RAINIER
CARMEL	NUPTSE
CENIS	OLYMPUS
CHO OYU	SINAI
EIGER	SNOWDON
FUJI	TALUNG
GONGGA	TEIDE
HEKLA	TRIVOR
JANNU	VINSON

Words Ending END

```
D U D Z E N D D H D N E J D O
L N I N F H N N D E S C E N D
P B E H E E D E P D G D V E F
N E R R P T A K N R A N M F O
L N P S E G X E D N E E A F R
T D U W C V I E E N D T D O F
D S E O E F E W A D T N E B E
L N B E N D K R N E E I V N N
D R E C O M M E N D T R E N D
M Y F P T M P D I I L E L N S
G S R D S E P V S T I P E N D
C S I N D S I A E N D U G C J
E D E E F D I G G O D S E N D
N K N P H A F M D N E T N O C
D K D U E N D B S Y E N D N H
```

ATTEND	OFFEND
BEFRIEND	PRETEND
CONTEND	RECOMMEND
DEPEND	REVEREND
DESCEND	STIPEND
DIVIDEND	SUPERINTEND
EXTEND	SUSPEND
FIEND	TREND
FORFEND	UNBEND
GODSEND	UPEND
LEGEND	WEEKEND
MISSPEND	WEND

```
X E R E V Q T R M Y F S M O G
W R V E R Q W C B H A A R A D
S E Q Z W U X J I B A W I B I
F H J E F O S Y H D L Z I R M
J P T E R I H S S U E Y E A U
V S L R W O T S E Y T R R I H
H O C B A J T L R R U B P N W
Q M L T J H E C F T P L E Y H
L T H H Y M C O A T M R R N Q
Y A A Q E U R R L F E T I N J
W Y K N H E E S L V L E G A W
O J T H C P H O E U Z L L T I
L S Z A M A O S S N O W I S Y
B M S E Z C T H M Q Z M X H V
X T T Y U Z G O H C Q H R P C
```

AIR PRESSURE	HAZY
ATMOSPHERE	HUMID
BLOWY	PREDICT
BREEZE	RAINY
CHART	SEVERE
CHILL FACTOR	SHOWER
COOL	SLEET
ELEMENTS	SMOG
FAIR	SNOW
FORECAST	SULTRY
FRESH	TEMPERATURE
HAAR	THAW

Countries of the World

```
A S U X Q A W M O Z Q R H A D
A U M R Y M S A G Y N O M A N
V I R I B A N G L A D E S H B
W O R B U N C Y P E C N M O A
S A Y Y W A B A A U S O A I H
Q T D I S P J I A C W B L O R
I U N B L A N D O R R A S W A
I V A S A O O T W N M G A D I
F A L Z D R L V Z E C N E L N
G L E E M A U U F I D N G N Q
J U C Z N S B D O A M T U G B
W A I D O B M A C A O J Y G C
M H M A L T A O R E H J A B D
H I L Z J O P K N M Q N N W N
A D Y L E B Y L A T I R A O Y
```

ANDORRA	LAOS
BAHRAIN	MACEDONIA
BANGLADESH	MALI
CAMBODIA	MALTA
DENMARK	OMAN
ECUADOR	PANAMA
GABON	RWANDA
GUYANA	SCOTLAND
ICELAND	SYRIA
IRAQ	TUVALU
ITALY	USA
JAPAN	WALES

Social Media

```
E Q G C T L S C E U B C Y R H
S T E E W T O T H M P H K G J
M D I K G M G P A O P C W R P
E A E V M J N I S T I W Q O M
E V S E N T O T V L U K B U H
T A N H F I I U F K B S X P X
U T O G U N T K O O B E C A F
P A U G G P A R E O W W K I R
S R L I N K S O S B A J I E I
S T L D U C R U U D U H T K Q
F O L L O W E R G N N T Y M I
A E J Q T T V A Y S I E U A S
M Q U A A P N G N W N T I O W
U B G C C S O C T E S A R R Y
Y S T T S A C D O P F Z F R F
```

AVATAR
COMMENT
CONVERSATION
DIGG
FACEBOOK
FANS
FEEDS
FLICKR
FOLLOWER
FRIENDS
GROUP
INVITE

LINKS
MASHUP
MEETUP
ORKUT
PODCAST
POSTING
STATUS
TAGS
TWEETS
TWITTER
WIKI
YOUTUBE

Juggling

```
S E M U T S O C F S E T A L P
E B N O I T A L U P I N A M S
G L V S N F Z G J U G G L E R
N K T L Y W P A E Y A S J Z W
A S E L T T I K S C R G T J Q
R S A A E G E X T A N N U H Y
O O B B B G G S Z R G A C P J
L E M U A B G T U U I T L M S
O S S T L I N G P C A N R A E
R D S I J C I O A C R O G N B
T N T N O Z S E Y A F I I S W
N A K E U P S W O R H T C O K
O H E P O H A L E Y U Q H V X
C Z H O P J P P N O X S V V R
S T H D E Y T I R E T X E D R
```

ACCURACY

BALANCE

BALLS

CATCH

CIRCUS

CLUBS

CONTROL

COSTUME

DEXTERITY

HANDS

HOOPS

JUGGLER

MANIPULATION

ORANGES

PASSING

PERFORM

PLATES

POISE

RINGS

ROUTINE

SHOW

SKITTLES

STAGE

THROW

Earthquake

```
P D H C S K A E L S A G C G M
T R W D I M D E K A U Q Z E B
W A O E S N S U C O F D O C U
Y Z B M F T O R S E R I F N C
G A N W E O L T O I P S M E K
R H O I C R S U C L S T D L L
E H B R S U T E A E L U A O I
N D U E N R J T C F T R M I N
E S I A F X E R J I Q B A V G
T S M L I S O S N P J A G J W
M I D S S F K G K U N N E F I
W K B Z S D A D H C L C X A S
B P O A U M N L A V A E H P U
S Z V O R J C A I D Q R X A H
C Y W R E G E O L O G I C A L
```

BUCKLING	GEOLOGICAL
CRACKS	HAZARD
CRUST	LANDSLIDE
DAMAGE	MAGNITUDE
DISTURBANCE	PLATES
ENERGY	QUAKE
FAULTS	SEISM
FIRES	TECTONIC
FISSURE	TREMOR
FOCUS	TSUNAMI
FORCES	UPHEAVAL
GAS LEAKS	VIOLENCE

Nautical Terms

```
W D R A O B A P N L X J I B N
D E C T S L U L D T F A B I T
D T A O B R J R R H R D F V K
N R E T S S A Z D L O O R J C
H S X E H O F F I C E R P X E
F M R Z B E M F B L R H R I D
P C H R M I R Y D K Z E O J P
J S A T E R N D S T L O W N O
H T N R S E O N E S A C E H O
S E P S S A T S A C T O L I P
Y W F S R S M H P C K A K B Z
N A U K K I S I H N L L C G B
H R W C W I F P U S G E A K H
A D E L E G A R E E T S T T S
F D T N F O R E C A S T L E Z
```

ABOARD	PORT
AFT	PROW
BINNACLE	PURSER
BOAT	SHIP
CREW	STACK
DECKS	STARBOARD
FORECASTLE	STEERAGE
MAST	STERN
MESS	STEWARD
OFFICER	TACKLE
PILOT	WEATHER DECK
POOP DECK	YAWL

Train Ride

```
J Y E N R U O J S R F Y Y R T
N P X S C E E L S T A E S J E
O Y T D R L E X T L R I Y V K
I U R S E E F R E Z E L L G C
T E A Y H P G V I T S D E S I
A L C W S L A N G I S O L R T
N T K O I R U R E U Q O B G S
I S S U T E H G T S N R A U E
T I D E W Y F D G U S S T A R
S H A R R I V A L A R A K R D
E W N W I N D O W C G E P D A
D D Z N P V D M Y C G E R Y E
M S T N E M E C N U O N N A H
E C I V R E S R F K N B Q V S
Z T J R B G R E P E E L S R M
```

ANNOUNCEMENTS	RAILS
ARRIVAL	SEATS
DEPARTURE	SERVICE
DESTINATION	SIGNALS
DOORS	SLEEPER
DRIVER	TABLE
FARES	TICKET
GUARD	TRACKS
HEADREST	TRAVEL
JOURNEY	WHEELS
LUGGAGE	WHISTLE
PASSENGER	WINDOW

Things That Can Be Spread

```
E Z T W Y E M R I P P L E S Y
P F Z D R A D E V W K T U D J
P G S G E L D N A S M R A G P
W J F R O A T E W T I H U E F
I H C V M C H W E V P C S X X
L Y E A L X Z S S L V E F E B
D D G L E G R I A H E I I U G
F E U A P I K S E D G D T T E
I M O T G S T S S Z E T S T R
R C O L E E K U I R E O A R M
E V R P R E L J D R C P J C S
Q U I L T R H O Z E E T Y N M
V H T M R A W S H K C H J A M
D K M Y B N N T P A I N T X O
R M X R A G U S G N I C I G I
```

ARMS AND LEGS	PAINT
BUTTER	PATE
CREAM	PLASTER
DAMAGE	QUILT
DISEASE	RIPPLES
EIDERDOWN	SEEDS
GERMS	SHEET
HAIR GEL	THE COST
ICING SUGAR	THE RISK
JAM	VIRUS
LOVE	WARMTH
NEWS	WILDFIRE

Rivers of Europe

```
T T B Q M A K R S U G A T P O
L M F F A T R E E D U C Y L N
D N A C B E N F I O S M A C R
N E M R L N Q Z N U I R G N U
I R Y B E O M M E R N N O N T
E E E I J C E R I O L M A S L
S T V T Q D C F P G K M F I O
T V Q G W U U H R A E S T U V
E A D A N U B E I N D A I V T
R V Y K V B A L B A R N L R P
X A V O N T A K U R H G T V J
H S P T O K P E C H O R A A F
E F Z U X X S P S N N O W I B
S K S X N J G N K Q E I C D Q
P E F A V I S K A R S F Z G N
```

ALIAKMON	MEDWAY
ARNO	NEMAN
AVON	NERETVA
DANUBE	PECHORA
DNIESTER	RHONE
DOURO	SANGRO
EBRO	SAVA
ELBE	SEINE
GREAT OUSE	TAFF
ISKAR	TAGUS
LOIRE	VIENNE
MARECCHIA	VOLTURNO

Words Starting SUN

```
E T P N E E R C S N U S U N S
C A A S T X W U W U M F Q U E
N H R L U E N S P O N S N W S
A N T E D N D T U A B D H M U
D U N N I L H S S N R N A S N
N S U E T G C U U Y N S U E W
U S S G I S U N N I U N Y S O
S T S L U S E D F N S S A S R
G X N U S K N O L P S U D U S
E U N U N U U G O A U N N N H
S U V U U D S T W S N B U B I
S C S W S N E S E R S U S E P
S U N W A R D C R J E R U A P
S U N P O R C H K B T N H M E
S U N S U N D R E N C H E D R
```

SUN DANCE	SUN-DRENCHED
SUN DECK	SUNDRY
SUN HAT	SUNFLOWER
SUN PORCH	SUNKEN
SUN WORSHIPPER	SUNLIGHT
SUNBEAM	SUNNIEST
SUNBOW	SUNSCREEN
SUNBURN	SUNSET
SUNDAE	SUNSPOT
SUNDAY	SUNSUIT
SUNDEW	SUNTRAP
SUNDOG	SUNWARD

Costume Party

```
Z O N Z L B A N S R E P U M A
O T W E W C R S U C O I B D Y
M V G X I N S U A G L A N M C
R N O X T E F M L F T O M E P
A O B O C I A P C M S U W G G
V C L N H L S S A R M N X N E
I U I I A A P N T S O H G B I
X R N D A V Q S N R N L Z O B
P X D C Y S V H A S O U C P M
F I S R L V I T S W H N R Y O
N T I F I P H H I P Z R A S Z
B A Z K P G P Z M B O J D U E
F L I Y I K A T O B O R D Y T
E N L N V R L S U P E R M A N
G A K S D W O R C E R A C S H
```

ALADDIN	MUMMY
ALIEN	NURSE
ANGEL	PRINCESS
ASTRONAUT	ROBOT
BATMAN	SAILOR
CLOWN	SANTA CLAUS
FAIRY	SCARECROW
GENIE	SUPERMAN
GHOST	VIKING
GOBLIN	WITCH
HIPPY	WIZARD
KNIGHT	ZOMBIE

Hiking Gear

```
T V K C A S K C U R S K M W F
K N E F I N K X F K Y D Q O M
S K E Y I U Y T C R R K O X E
A R J L S R M O E K A D X O L
L P E M L U S E H K X C R D O
F Q S W P E N T L C N I S F P
M H E T M S P G A T R A R V G
U T O A O G L E L I S O L O N
U H P X E O S J R A D I T B I
C O F J V E B A R T S K H F K
A R U E H A R E M A C S I W K
V E S C S S A P M O C E E T E
H T T B I N O C U L A R S S R
R A F I E L D G U I D E W N T
M W T E N O H P E L I B O M I
```

BINOCULARS	MAP
BLANKET	MATCHES
BOOTS	MOBILE PHONE
CAMERA	RUCKSACK
COMPASS	SCARF
FIELD GUIDE	SOCKS
FIRST-AID KIT	SUNGLASSES
FOOD	TORCH
GLOVES	TREKKING POLE
HAT	VACUUM FLASK
INSECT REPELLENT	WATER
KNIFE	WHISTLE

Power Rangers

```
A S O U N O R N E I L R A H C
T T I D E U S N U X S Y T A A
X T R L D Z H O A H E E N Y U
E O M E E G H Z R A N N U I Q
D C K A G N Q Y F T O L V Q N
R S O N B U I T Z D S W I F Z
O N R B I R R H U H R E H L N
F E A O S N T C P M A R C O Y
A J G W C U J F E L C N R R D
R D G C F G C O B I E E E E A
I E A K G T V R R N G D U Y C
K X N X T H B X O G D G A P A
C H A D L E E R A C I M O U S
O Q P M A O A D D H R S F D E
T R I N I K W A N S B H V F Y
```

BRIDGE CARSON	KIRA FORD
CASEY	KORAGG
CESTRO	LEANBOW
CHAD LEE	LILY
CHARLIE	MAYA
CORCUS	NINJOR
DAGGERON	THEO
DAX LO	TIDEUS
DELPHINE	TRINI KWAN
DOGGIE CRUGER	TYZONN
JEN SCOTTS	UDONNA
KARONE	ZHANE

Oils

```
H D H A K L F X P T U N L A W
J I X B B V A U N L A W R Q Y
T E D U R C J L I C H X Y B S
T S W B S E S A M E F S A U X
O E U Q Q U R V O O T E I J L
O L I C L Y T A L M N N D F Y
F X J O N H J P S E E D I B L
S B O U E F X M Y S E S A C T
T W J L K A G D Q L A R O J U
A K O V A W E C I G A C O R N
E L B V N E D T H R O C A U A
N H A P S H A L E N L F U M E
X H A N O L E K U O X E U E P
L L I I O G T T V X T Q K E M
M L P V R X U E Y R H O W Z L
```

ALMOND	LINSEED
BABY	MACASSAR
CLOVE	NEAT'S-FOOT
COCONUT	PALM
CORN	PEANUT
CRUDE	ROSE
DIESEL	SESAME
EUCALYPTUS	SHALE
FISH	SNAKE
FUEL	VOLATILE
HAIR	WALNUT
JOJOBA	WOOL

Curtains and Drapes

```
F W Q N O G F W Z H Q L Y D L
I L R P W V U M S V O R A I C
X Z J E A O E F X T M O N C I
T E K D O A D R R S A E K M E
U S I N G L E N E I D G F S F
R G Z G B M A E I I L J E C C
E N V A L A N C E W T L S H Z
S R Y C I T C F Y O X R T J T
T E T R N E C I R B A F O J N
S T E N D R E T S E Y L O P I
G T F N S I R E W O H S N P H
Q A A Q H A N O T T O C S R C
T P S U I L S E P X N N P C T
X Q E L K C A R T F A O T N K
J W S W M C P L A M R E H T X
```

BLINDS	PATTERN
CHINTZ	POLYESTER
COTTON	PORTIERE
FABRIC	RAILS
FESTOONS	SAFETY
FIXTURES	SHOWER
FRILL	SINGLE
HOOKS	STAGE
LACE	THERMAL
LINED	TRACK
MATERIAL	VALANCE
NETS	WINDOW

European Regions

```
B A I R B M U P M N G E F Q D
E L E R E S I L I U N A K S A
I E O T B H Y T I O R A Z V J
K N C Z R S R S H M R C T T I
S T H S A A V R G L O E I V K
L E L Y T K V P N L R U B A H
E J E R I O L N R E A Y S R Y
B O N A S J O E N M N R M I O
U J V G L G Q M T A T S U B N
L G E L A H S E T H D C W S H
V S U R V T S T E H R P K P K
T X A Z A I I S N A V A R R A
O A S N L R S R A V B V D Z M
K C R O B E W B O E C A S L A
K C M N N O E L Y L D T U R N
```

ALENTEJO	MOLISE
ALSACE	MURCIA
ARAGON	NAVARRA
BRATISLAVA	NERETVA
BRITTANY	NITRA
GLARUS	OREBRO
HESSEN	RHONE
ISERE	TARN
LEON	TIROL
LIMOUSIN	UMBRIA
LOIRE	VOSGES
LUBELSKIE	ZUG

Geographical Features

```
J H I E G D I R X P V C M Y X
N C J B L C T C J Y E A S R K
L A O H S L O P E O R I N O V
Q E E X L C A X F S K Y R T A
F B N C N T F F H G C S E N L
L H U W O F S H R S O G V O L
E Y I L M X I N R E W K A M E
D Y L J Z L G A B U T A C O Y
G O G A L E P I H C R A M R Q
E S C A R P M E N T P M W P N
E N I L T S A O C R H L O W Q
Q C I C T V F R I O I P A O D
Q O A S I S R E S E R V O I R
M V M P Y X N C E N H Q E N
D U F J E H F O L R J A A R C
```

ARCHIPELAGO	OCEAN
ATOLL	PLAIN
BEACH	PROMONTORY
CAPE	REEF
CAVERN	RESERVOIR
COASTLINE	RIDGE
ESCARPMENT	RIVER
HILL	SHOAL
LEDGE	SLOPE
MARSH	SWAMP
MOOR	VALLEY
OASIS	WATERFALL

Occupational Names

```
A X T G K R N V C F R V R X T
D C R E H C R A T E P E B D E
N O S A M E S G W O N N O D U
J Z Y X N A A E R M A E W U H
E T W N D R R T U M G T M B S
V D I D D B E S T I H D A S X
G K L E R R B I H R M R N R A
S E N A E A P A X A K T E E D
R E G C H G W M K E L K Z R K
R O E O P A K E R E L L E O Z
M S H N E T A N T A R Y O W R
J M V O H A L J W S D C E M A
M I K Y S C A R P E N T E R G
K T B J K N W R E T X A B C Y
X H R E M R A F R E B R A B A
```

ARCHER	GARDENER
BAKER	MARSHALL
BARBER	MASON
BARKER	PITMAN
BAXTER	PORTER
BOWMAN	SADDLER
BREWER	SHEPHERD
CARPENTER	SKINNER
COOK	SMITH
DEACON	STEWARD
DYER	SUMNER
FARMER	WALKER

Volcanic

```
N H O E V I T C A D K W G M X
U S U D E C U K S S E S A G O
S M A M R N P H H L W T V K D
C R C K O I U M E L M A E T S
O H A R U N M H S A T D N P D
N G L H R E I V H V I A E L L
D Y D V A T C E E A M S X A E
U C E S N L E C F R M X L T I
I N R V N O G K O M U S K E H
T F A S D M I D M J S S W S S
K L Z G K A W T C C R U S T T
J A Q Q L C J M P J U U W I J
P N P Y W O O L Y U Q A Y A F
W K Z H Q N X R S C R A T E R
A M G A M E M A N T L E O G F
```

ACTIVE	LAHAR
ASHES	LAVA
CALDERA	MAGMA
CONDUIT	MANTLE
CONE	MOLTEN
CRATER	PLATES
CRUST	PUMICE
DORMANT	ROCKS
ERUPTION	SHIELD
FISSURE	STEAM
FLANK	SUMMIT
GASES	VENT

Plumbing

```
M S E R O T C I R T S E R C Q
F O T K Z M S F W E P X E N V
T L E D F E B O W N A P L T W
A D C Y A Q L K A I R P L S A
O E U L S U I E S H T F V U G
L R A G U K P K T C S I N K G
F N F Q P I A T E A R U X Q I
T O U K P E P M R M O M C E P
C U R L L S U O Y G T D E V R
Q G I C Y Q M O B N A X Y L E
A O K Q E F P R Z I I F P A T
S E W A T E R H X H D B D V L
D U W R K E A T P S A E E Y I
X U L F M U I A F A R G T N F
Q S B K V J K B O W T A N K D
```

BATHROOM	RESTRICTOR
BEND	SEALANT
BIDET	SINK
FAUCET	SOIL PIPE
FILTER	SOLDER
FLOAT	SUPPLY
FLUX	TANK
FORCE	TRAP
LEAKS	VALVE
PLUG	WASHING MACHINE
PUMP	WASTE
RADIATOR	WATER

At the Marina

```
B V E M P E G N A I B S A S R
R S G N I R O O M Y U Z U H Y
O F D A A N K L X P B P Y T V
K C O D C R E M V O P S I X W
E Q R N A U C F L L Y R K D O
R S J S F E E S I O U G T F F
O J U B E J M E U C F I K C I
R R E O S I S B E Q X R T N S
X E R A H B T S X A H O A T Z
K E E T G B D I T S L F H H E
H N L S U E U R L I T C X W W
G I I Y A R E L P I A H G H Q
E G A R O T S T C Y C A G Y W
W N R A A H K C O L L A D I T
L E T W N O O T N O P R F V L
```

BERTH
BOATS
BROKER
BUOYS
CAFES
CLUBHOUSE
CRANE
DOCK
ENGINEER
FACILITIES
FEES
FUEL

LIGHTS
MOORINGS
PILOT
PONTOON
SECURITY
STORAGE
SUPPLIES
TIDAL LOCK
TRAILER
WATER TAXI
WHARF
YACHTS

Carnival

```
T J M S V Q E J G J D F X W L
E E S S E C F A S C H I N G S
E X N D I S K R B F E E Q E T
R H W L F M R A O U P S S C A
T A O I G B L O D N O T D H B
S P L U K L X J H F N A F A O
D M C G O S U J L A M S H R R
A K O O K G D O N I M A X I C
N Q N K G N A N I R W U L T A
C S U L J T E J A A J O S Y A
E Q E S S P B U R B R B D I N
R R G G P K X D X R Y E R U C
S B Z A O V S G I P G V U R Q
B I N L R E V E L R Y E M R O
P C W F S K S S E M U T S O C
```

ACROBATS

AWARDS

BALLOONS

BANDS

CHARITY

CLOWNS

COSTUMES

DANCERS

DRUMS

FASCHING

FIESTA

FLAGS

FLOATS

FUNFAIR

GUILDS

HORSES

JUDGES

JUGGLERS

LORRIES

MUSIC

PENNANTS

POLICE

REVELRY

STREET

Ancient Cities

```
O H C I R E J A K U E L A P H
Z M A O B E C S R X R G X P N
U I A N G K O R E Y Y C M E S
H A R S G A E R D B M T J R R
C P T I N A A Z E S E L T S P
C P S N T E M Z T M G H A E A
I A I M O O Q S I I J F T P I
P R N A U M R I I O K R X O R
U A A L S M E K A T A A T L D
H H T O Q P A R A L P V L I N
C R D T M U Y G T N E E N S A
A O R O Q C Q I R N Q P L B X
M O P C A L N E H E E C P X E
Y K N O S S O S I Y P K G O L
F O W M S U S E H P E W D Q A
```

AKROTIRI   MACHU PICCHU

ALEPPO   MEROE

ALEXANDRIA   PALMYRA

ANGKOR   PERGAMUM

CALNEH   PERSEPOLIS

ENTREMONT   PETRA

EPHESUS   POMPEII

HARAPPA   SODOM

JERICHO   TANIS

KNOSSOS   THEBES

KUELAP   TIKAL

LEPTIS MAGNA   TROY

Photography

```
B I J X R H T L X P L S E K O
Z L U R E D N I F W E I V F C
A H U D N E O X E E D Z R A N
A R S B O P R T C T O A L Q S
B G E N T D Y U T U M H G M E
F L N M A X G A T E S L L N G
A K U I A P M E R X A H I H A
P Z L R N C S L O Z E N F R T
E R M A G N I F I C A T I O N
R W I A U H A N K C P T E X O
T F F S V L G P I R E X I F M
U E L C M O T V I A N L L E S
R K A L S O H N X J W A G W G
E F S T O P T X A L R R J N B
J H H L X S T N M E P G G S A
```

ANGLE	MAGNIFICATION
APERTURE	MATT
BLUR	MODEL
BULB	MONTAGE
CAMERA	PANNING
DODGE	PRINT
FIXER	PRISM
FLARE	SNAPS
FLASH	SPOOL
FRAME	TEXTURE
F-STOP	TONER
GLAZING	VIEWFINDER

Stitches

```
Z Y E F K G R G G G N O L I L
O H J Q A M N N G D T E N T T
K Z C Z X I I E N S M B W N O
X H G W T K N I A H C K F K M
N I S S C P L C P Y R L I H F
Z I A A R B R I F Y O H B E Y
B B T P L E L O H Q S L L M R
L A S A V S K K H A S O A M E
Z Y T O S S B A S Q H C N I D
D A R N I N G F M N C K K N I
B O E B L N C H O L W Y E G O
D N T A E A A T J D I L T M R
W N C C D M T P O E N A G F B
F B H K I U C N Q W B J S A M
V Y V F B A H X V W H I P N E
```

BACK	LOCK
BASTING	LONG
BLANKET	OVERCAST
BLIND	SAILMAKER'S
BUTTONHOLE	SASHIKO
CATCH	SATIN
CHAIN	SLIP
CROSS	STRETCH
DARNING	TACKING
EMBROIDERY	TENT
FAN	WHIP
HEMMING	ZIGZAG

Popes

```
T M W D U W C S S E N T U U W
S K E X D P U O C O N R E U X
U A N A I R E C N E B E I X I
I U I R E L H O C A S D G A S
C T T T C S C O N I Z A J U D
I J N C P U N H C F L M T S E
L A A O A N S N V U V A E U J
P Q T Q I I A U A R D S L N A
M R S H W R U P I O T U S O W
I S N N F Y N S E B N S U D W
S U O F E H M D S F E L I X P
S C C I O P A K N P M S L I L
K R S J F E C R E T E P U T Y
E A Y I X Z O D N A L S J E W
G M X K X X Y R A H C A Z S E
```

ADEODATUS	INNOCENT
ANTERUS	JOHN PAUL
CAIUS	JULIUS
CLEMENT	LANDO
CONON	LEO
CONSTANTINE	MARCUS
DAMASUS	PETER
DONUS	PIUS
EUGENE	SIMPLICIUS
EUSEBIUS	URBAN
FELIX	ZACHARY
FRANCIS	ZEPHYRINUS

Famous Building and Monuments

```
S C A E G N E H E N O T S Z X
V D L H L I S I L O P O R C A
P E I O A L K Q C S P A H C F
I S M M H M U E S I L O C N B
E U A E A E S U A H U A B N V
M O S W M R X A A R A X H T I
A H A O J K Y M L N B R Q O L
D S C O A M B P U A T B D W L
E I D D T R U K L M C W V E A
R N E C A L A P L A T S Y R C
T N L H I K X K M U M P A I A
O E N O N E H T R A P X P L P
N W C I T Y S P I R E J U V R
T I K A L E G A T I M R E H A
T E I N O R I T A L F H F C J
```

ACROPOLIS	KINKAKU
ALHAMBRA	KREMLIN
BAUHAUS	LA SCALA
CASA MILA	NOTRE DAME
CITYSPIRE	PARTHENON
CNN TOWER	PYRAMIDS
COLISEUM	SHARD
CRYSTAL PALACE	STONEHENGE
ENNIS HOUSE	TAJ MAHAL
FLATIRON	TIKAL
HERMITAGE	UXMAL
HOMEWOOD	VILLA CAPRA

Rivers of Canada

```
E H I L E R V O Y A R H H C Z
L N H K B T N I I H R P B F I
I W F S H J I A B I T I B I H
I W X I B E Q H M D Z P O N O
J J X N O K U Y W H N O A M R
T V F I K W Y A Y Y C M W V T
H D S W A W L Z D L D N J V O
N S T N N B A T T L E S E A N
O T I V A U D F O E W M N R N
S V E N G R M D G P F D I R F
L Y Y Z A Y R R W R E D E K T
E H Q I N P J M A R E V A E B
N I L S E T S S S A E V A L S
E G R A N D E O U S H K H E R
H S Y J D R N T O T I T E P X
```

ABITIBI	OKANAGAN
ALBANY	OLDMAN
ANDERSON	PELLY
BATTLE	PETITOT
BEAVER	RIDEAU
FRASER	SEVERN
FRENCHMAN	SLAVE
GRAND	SPANISH
HORTON	TESLIN
LIARD	WHITE
MOIRA	WINISK
NELSON	YUKON

Weighty

```
Y V Y P R E S S U R E S E M U
T F X V W A V Q N O B C C A B
I D A R A O L I F T G A N R E
V X Z Q U E M P S N W L A G A
A V N N Y A H E B S H E L O R
R Y C T S N C U T G E S A L I
G E F S F R N O S N A R B I N
D E I Q O W N R U I V N P K G
H V C F I E B X P H I E K P D
E V U E T A S S P S N D V C O
F P L B L L N W O U E R R X W
U D O L R O N H R R S U E M N
Y V A U T R C A T C S B S S F
Y S S E N I T H G I E W Q G A
T M G D U D Y Y H D L O A D Q
```

BALANCE	LOAD
BALLAST	MASSIVE
BEARING DOWN	OPPRESSIVE
BURDEN	OUNCE
CRUSHING	POUND
FORCE	PRESSURE
GRAVITY	SCALES
HEAVINESS	STONE
HEAVY	SUPPORT
HEFTY	TONS
KILOGRAM	UNWIELDY
LIFT	WEIGHTINESS

Night Creatures

```
L R E P I V H S A L E Y E O O
E I B C C R H D R G G T T L S
L E V A Q Y B A A Z A T T T Y
O I C E D F E U J O E E I A T
M Z E N D G A X T R J O G R O
E J Y K A N E S H R G R E S L
A Q A M E L A R G N A J R I E
O J E B K M E I I M P W L E C
J Y Y O U V A D N A P D E R O
B E A P A E S K R A V D R A A
H L R E D F O X A E M X E I I
A G B B X J O W W K F S J X T
K R D D O C V R G N A V A H P
L O O E J A M U S S O P O T E
R O T C I R T S N O C A O B M
```

AARDVARK

AYE-AYE

BADGER

BEAVER

BOA CONSTRICTOR

DINGO

EYELASH VIPER

FER-DE-LANCE

JERBOA

KAKAPO

KOALA

MARGAY

MOLE

NIGHTJAR

OCELOT

OPOSSUM

OTTER

PUMA

RED FOX

RED PANDA

STOAT

TARSIER

TASMANIAN DEVIL

TIGER

Islands

```
F I J I Z M A U G M E U L G N
T U K J C S P B V J A L U T Q
H A H C O R F U U E F E I Z D
G M A B J A V A N C R Q Q N D
I B R V T I J I A N M M A H S
W P G U R O U Q S A O L O A G
F F Y P S G B E D D T I R G R
K N A N W I Y A O O O K I W D
H C S E J R G M G E Z E K O Q
C X N N I A O X N O O H M Z E
P B I D S K J R B E G I O C O
X C P C C G O U S F N H C L A
V H A P H B L S D I I W J B V
N R H B I V V C C G Z K I A L
V I S O A Z B A F F I N T S H
```

BAFFIN	ISCHIA
BORNEO	JAVA
CAPRI	KHARG
CORFU	KOMODO
CUBA	KOS
DOMINICA	MADAGASCAR
EIGG	MAUI
FIJI	NEW GUINEA
GOTLAND	SARK
GOZO	SHAPINSAY
GUAM	TOBAGO
GUERNSEY	WIGHT

Birds of Prey

```
S P A K W A H W O R R A P S E
O E N O C L A F R O D N O C Z
S U C W O R C N O I R R A C G
P B A R N O W L B N E H D H H
R K R B E L W O Y N W A T X K
E W A K L T Y Z N P W R C N W
Y A C M I R A U E E R R M O A
A H A J X T R R R Q O I E F H
B H R X P D E U Y L Y E R F N
J S A W A G T K E B E R L I E
A I R O R L S R B L I J I R K
E F R I U I T O G D W R N G C
G E N V F S H A B E E V D W I
E E D R E I E G R E M M A L H
R M F K W A H S O G S F E I C
```

BARN OWL

CARACARA

CARRION CROW

CHICKEN HAWK

CONDOR

EAGLE

FALCON

FISH HAWK

GOSHAWK

GRIFFON

HARRIER

HOBBY

JAEGER

KESTREL

KITE

LAMMERGEIER

MERLIN

OSPREY

PEREGRINE

ROADRUNNER

SECRETARY BIRD

SPARROWHAWK

TAWNY OWL

VULTURE

Goodbye

```
P A H T A H C T A P S E D U C
I A U F W I E D E R S E H E N
R F D E P A R T U R E S T S U
T V C X U D C G O O D D A Y G
T W P G N I V A E L T L K K E
N A Z E A V G O I N G A W A Y
A D V O V S O L O N G Y T H B
S I C R E D E V I R R A K A D
A O W Q S P E T O O D L E O O
E S C H E E R I O V E R U A O
L N Z W Y A N V E D O X J A G
P U A B P N Q D E E P S D O G
G V E T A J S E O E Y I A X E
E Y L L E W E R A F E M P L B
B S A Y O N A R A U F D C F M
```

ADIEU

ADIOS

ARRIVEDERCI

AU REVOIR

AUF WIEDERSEHEN

BYE-BYE

CHEERIO

CIAO

DEPARTURE

DESPATCH

FAREWELL

GODSPEED

GOING AWAY

GOOD DAY

GOODBYE

LEAVING

PARTING

PLEASANT TRIP

SAYONARA

SEND-OFF

SO LONG

TA-TA

TOODLE-OO

WAVE

Zoology

```
E U N G U L A T E M P D M E S
N U P R P N N N D J D E E L Y
I V B T N A I Z R Z T O N I Q
N F E E E U L A W A Y T E G Z
A U L T G O L L B G V N U A C
C I W N A U J O I N T E D V O
D C A I L R L Y A U U V K I L
E V L A V I B R L D M E F P O
R B C R C G U E N A A E E M N
C Y M H M N N U T X C D L A I
L Y T C A D O I T R A S I N A
Y R E D I P S M S T E V N T L
U S A U M A W Z E N A V E L F
H P P O S T E R I O R G Q E R
Y A C A U D A L L M Z P S N N
```

ACAUDAL	FELINE
ALULAR	JOINTED
ANGUINE	MANTLE
ANNELID	METABOLIC
ANURAN	PALLIUM
ARTIODACTYL	PEDATE
AVIAN	POSTERIOR
BIVALVE	SCALY
CANINE	SPIDERY
COLONIAL	UNGULATE
COMPOUND	VAGILE
EVEN-TOED	VERTEBRATE

US State Nicknames

```
M E N U G X T D G P V U Q M A
E N E S Z C B S U N S H I N E
G O E E I R I A R P U C S O N
R T R K B W Y E S I N A O U O
E S G A R A R J I I F E O E L
I Y R L S U D E L T L P N C D
S E E T S N P G V Z O H E M L
O K V A C Q U S E A W X R B I
O B E E H I V E R R E Q H V N
H R W R N A E C O W R B A H E
T L T G R A N I T E Z A W L A
D E M W O H S M T G L H K Q G
Y O R E M M A H W O L L E Y W
R G Y K X F R H H F J X Y A R
N E D R A G D A P U Y I E D B
```

ALOHA	KEYSTONE
BADGER	OCEAN
BEAVER	OLD LINE
BEEHIVE	PEACH
EVERGREEN	PRAIRIE
FIRST	SHOW-ME
GARDEN	SILVER
GEM	SOONER
GRANITE	SUNFLOWER
GREAT LAKES	SUNSHINE
HAWKEYE	TREASURE
HOOSIER	YELLOWHAMMER

Tennis

```
A S E H I K H I A M Q P T Y S
I E O Z E G O V S O S C I L I
N L X B A H O E H W H T P R A
C S W H G S U M E I I E O G G
O A T R I Z M A N E W N A H Q
L M W D W B K G M V C S G C S
E S I I B K I Y A G S I H D E
Z A M B J S Q T N I K O L B C
V I B A B N Q T I A P N S S A
A P L R S K P A X O D I I K C
M G E B E H C Q N E N A L D G
Z A D A W X X O E G I C L R S
K U O I I V S S L G O O A T Q
Q M N H S D G E E B C S E T S
Z S C U S T S K B P S N H Z A
```

ACES	NETS
AGASSI	SEED
BLOCK	SETS
BREAK	SHOTS
CHOP	SINGLES
EXHIBITION	SLICE
GAME	SMASH
GRASS	SWING
GRIP	TENSION
HENMAN	VAIDISOVA
HINGIS	WIMBLEDON
NADAL	WINS

Sushi

```
N I G H K B S P T D E W D W Z
O W H A D R F I U H C A I U O
M I P S E P K Y B B I S U D D
L P G T U U Z K I U R A Q E I
A X S A R Z R O L L S B S E Q
S Y H A N G E O A E C I D W Q
O N A O E U W R H E A C R A B
T J M N S E W Z A N L F A E T
B Q O O W U T A N N L K H S U
H T J M V T P O U E O E C J N
O A I I E M Y O N J P Z V I A
C M E K T A N R T O B I K O P
H A V A M O R E L C I X M Z L
O G L M D E F S S J O C J D A
D O Q X M J C U J N S Y T A V
```

CRAB

HALIBUT

HOCHO

IKURA

KAPPA

MAKIMONO

MAYONNAISE

NAREZUSHI

OCTOPUS

OYSTERS

PICKLE

RICE

ROLLS

SALMON

SCALLOP

SEAWEED

SHAMOJI

SQUID

TAMAGO

TOBIKO

TOFU

TUNA

UNAGI

WASABI

Transport

```
Z P B O Q R J O T K C U R T C
M M O L A D E P B A L L O O N
D N E E Z A P T N X O R X P Z
H P I H S E C A P S Q B Z W H
W C O I D N B O F O U B E A T
Y Y T A N A H T A P C X P H Z
R R P E R O C Y R C M I K A M
E R B G K A I A K C H Q L A C
T O E C P A F Q R S U P R E W
H L M L I N E R E M I T C G H
G E L U M Q D S K H A A T D Y
I X R N X K I T S N M D G E J
E O N A C U A R D E R Y A H R
R E M W R X I E L C Y C I B L
F I L C I A M G D S E D A N Z
```

AIRSHIP	HELICOPTER
ARMADA	KETCH
BALLOON	LINER
BARGE	LORRY
BICYCLE	MULE
BOAT	PEDALO
CAMEL	SEDAN
CANOE	SPACESHIP
COACH	TANDEM
CRUISE SHIP	TAXI
CUTTER	TRAM
FREIGHTER	TRUCK

Windows

```
Y L Q W D I J S Y H T E X Y P
T L O S L A T S S D W R H A U
S B L C A E C A S I N G N B Z
I P A I K B S D K X L E L R B
M P X F X V M F Y L C E A Y U
E A A D C L E H L B Z E I K C
T T R L E A D I M P L E S R R
T T T R A N S O M C R E R R O
E E A R U L I E V F F B Y E S
S R F R A M E A M J A M B T S
O N Y K L V U T T E E C E T P
R E M R O D E V H S N Z X U I
D D J X X I E R X G U T P H E
O R P H X W Q L S F I H K S C
E I S U O L A J Q E Y L H U E
```

BAY

BOW

CASEMENT

CASING

CLEAR

CROSSPIECE

DIMPLES

DORMER

FRAME

JALOUSIE

JAMB

LIGHT

LOCK

ORIEL

PANE

PATTERNED

ROSETTE

SASH

SHUTTER

SILL

SLATS

STAINED

TRANSOM

TRAVERSE

Things That Are Measured

```
N A T Y S E S N A P X E L A I
V Y M A S J K X F T N R C D N
V T E G A N N O T G A U L E L
P F X R M B H J I R P S L R R
X W O U E L G N A O S O I U U
T H G I E W H V T W V P Y T T
I W Q I J L O E T T A X A A L
S H T P E D N P A H F E I R S
P K C N D T U C X T R N R E S
N U G U I I P R H A T P F P E
R T L A R S Q F A E V P L M N
H I L S I R C C L T E H O E D
E M E Z E B E A D D I N W T R
K E E H K G C N X T M O W R A
H T D I W S S R T C K D N E H
```

AIRFLOW	MASS
ANGLE	POTENTIAL
AREA	POWER
CURRENT	PULSE
DEPTH	SCALE
DURATION	SIZE
EXPANSE	SPAN
EXPOSURE	TEMPERATURE
GROWTH	TIME
HARDNESS	TONNAGE
HEAT	WEIGHT
LENGTH	WIDTH

Sauces

```
T I A M I F C Y T R E P P E P
J E Q E U E E S E E H C H Z V
D D R F G L A P L L E E O E A
A R B I S H P P P G T F L M U
R R A R Y R P M L I R O L G P
M C A T E A N L H U U E A Y O
O P A N S L K W U T D S N R I
R E U P O U O I E R X I D R V
I S R T E B M N E N B B A U R
C T Y A O R R V G E G U I C E
A O J T I M A A O A N O S P M
I R U E S S A H C W P S E L D
N A I O L I P T O P B S Z A R
E H T A J L E R O J N A E M T
E X S N M V B A O C S A B A T
```

AIOLI

APPLE

ARMORICAINE

AU POIVRE

BROWN

CAPER

CARBONARA

CHASSEUR

CHEESE

CURRY

ESPAGNOLE

HOLLANDAISE

MUSTARD

PARSLEY

PEPPER

PESTO

PLUM

SALSA VERDE

SOUBISE

TABASCO

TERIYAKI

TOMATO

VELOUTE

WHITE

Creatures' Features

```
M R T U M S E L T S I R B Z A
V C O H H D V I B C C C B Y W
I S R E P P I L F G A S Q W L
U B U D V M T J M N L E I W L
S G N A F L I A T U O N S Z E
M E X H I M N L D B G I D X H
Z S A P N E E G O S M P O L S
U I R M S R S S P O T S O O O
K C O U S H E X L L K O T C F
Y S H H F A P L A E W S T N Z
D O T O V M I I L X K T M A P
A B M O C B R E C A R A B R P
W O D V Z T T R O Z T U E F V
S R S E M O S J A B D C E B D
R P P S N R N H T Y Z F V J I
```

ANTLERS	HUMP
BEAK	MANE
BILL	PROBOSCIS
BRISTLES	SHELL
COAT	SNOUT
COMB	SPINES
EXOSKELETON	SPOTS
FANGS	STRIPES
FINS	TAIL
FLIPPERS	THORAX
FUR	WINGS
HOOVES	WOOL

Washing a Car

```
J L P S J K Y Y T G G R G X H
D X O R E T A W J N W I Z U B
W B F O S C D L I I N Y E G J
O C I R H P H N S S E A S N V
D C D R S A A S G N H W O I F
Q L O I I E R C U I V E H B K
E M T M L F D D B R X V N B E
E M S C O H W S W U B I E U L
T R I P P M T B W O H R D R C
S J S R O H G A T E R D R C I
H P S Z G N X D H P X K A S H
I I A I C I G S Q U E E G E E
N G L O N G U E H S R O O D V
E T G G S F F F O G N I Y R D
U L Z D B I C E S L E E H W Q
```

BRUSH	MIRRORS
CHROME	POLISH
CLEANING	RINSING
DOORS	SCRUBBING
DRIVEWAY	SHINE
DRYING OFF	SOAP
GARDEN HOSE	SPONGE
GLASS	SQUEEGEE
GRIME	VEHICLE
HARD WORK	WATER
HUBCAPS	WAXING
LIGHTS	WHEELS

Varieties of Rose

```
S  O  R  M  A  A  D  F  K  A  U  E  N  K  F
C  I  W  Y  E  N  I  N  N  H  C  S  W  L  W
E  N  H  R  J  W  I  A  E  A  G  K  Q  I  H
E  F  V  I  X  T  U  T  E  G  T  V  R  M  H
U  S  G  A  D  G  I  P  A  S  E  R  S  B  S
M  B  L  M  I  E  S  F  N  L  K  L  U  O  H
B  N  I  U  A  D  A  O  F  A  J  O  T  S  O
C  A  I  L  P  S  W  R  R  A  R  P  G  R  T
I  M  I  C  A  M  H  D  E  Y  N  R  J  Q  S
U  N  B  D  A  M  I  R  M  S  E  Y  O  M  I
P  E  R  G  O  N  J  O  A  B  T  Q  T  R  L
R  D  I  T  A  L  H  K  E  M  P  I  O  Y  K
O  C  D  L  M  A  E  C  I  G  B  X  U  G  J
U  C  E  T  N  R  I  U  T  E  U  D  J  Q  U
D  E  Z  A  G  U  H  C  T  L  C  S  X  Z  J
```

ASHRAM
BRIDE
DEAREST
DENMAN
ICEBERG
IDOLE
IGUANA
IMPULSE
KARDINAL
LATINA
LEGEND
LIMBO

LUXOR
MALIBU
MOHANA
MOYES
MYRIAM
PEACE
PROUD
SHOT SILK
SNOW MAGIC
TIBET
TIFFANY
TRUST

US State Capitals

```
C S I L O P A N N A L B A N Y
Z D J E C N E D I V O R P A K
S P R I N G F I E L D V U Z F
S K T Z I P X A I B U T T B Y
U N F G N I S N A L U A P T S
Z C X M N W C T U M T Y I C E
A F H E A O C L Q J R C R H K
K R O A L D O J A N E F N E E
E H E N R N I I O K N I G L N
P B S V O L P S A N T A F E N
O D I H N M E L O S O B S N E
T O O B Y E T S U N N F A A Y
L V B L X L D A T A L D L R E
T E O H A H U X H O M P E K H
P R N S E R R E I P N U M T C
```

ALBANY

ANNAPOLIS

AUSTIN

BOISE

CHARLESTON

CHEYENNE

DENVER

DOVER

HELENA

HONOLULU

LANSING

LINCOLN

MADISON

OLYMPIA

PHOENIX

PIERRE

PROVIDENCE

SALEM

SALT LAKE CITY

SANTA FE

SPRINGFIELD

ST PAUL

TOPEKA

TRENTON

Puzzles

```
S K N I L R S Y Z H J B A M N
C I G O L E E O D R D I A P L
K S Z Q Z A E W L R T R Q O S
V E T A Z D I H S V G G Y S E
G D M V E Z Q X W N E F Z E L
W O M K T U C A A D A D I R D
H C D Y O F S T C X R X O D D
S G R T R G G D E R P O I H I
X E E E I O U A E X Y L W A R
S S M J N U M B E R E P Z N H
E U N A T S Q E O M G F T J J
U D A J G U Z X M E T H Y I X
L O T P D M X A Z A I Q F E C
C K W R E S A E T N I A R B P
M U O N O K L H K S U B E R U
```

ANSWER	MEMORY
BRAIN-TEASER	NUMBER
CLUES	POSER
CODES	QUOTES
CRYPTIC	REBUS
DILEMMA	RIDDLES
GAMES	SOLVED
HANJIE	SUDOKU
JIGSAW	SUMS
LINKS	TANGRAM
LOGIC	THINK
MAZES	WORDWHEEL

Chickens

```
G A R D B D N R O H G E L A D
K R E W R O V S M T N A T M R
X T V S A A S V G L I C H H A
F A A U M A R A N S K R G A B
O M H L S G Q A P D R O I R G
R U S T G O K L U E O N R B E
P S D A Y F W Q Y C D I B M L
I N E N I H C O C F A M E P M
N O R F O L K G R E Y N S Q A
G F M S P H A M B U R G A S E
T E Z Q K E L Z Z I R F X U R
O D Y Q Z H K A E I K L I S C
N H T R O W X I L U N K O S I
A T N X A P P E N Z E L L E R
S K C O R H T U O M Y L P X Q
```

APPENZELLER	NORFOLK GREY
ARAUCANA	ORPINGTON
BRAHMA	PEKIN
COCHIN	PLYMOUTH ROCK
CREAM LEGBAR	RED SHAVER
DORKING	SASSO
FRIZZLE	SEBRIGHT
HAMBURG	SILKIE
IXWORTH	SULTAN
LEGHORN	SUMATRA
MARANS	SUSSEX
MINORCA	VORWERK

Wood Types

```
L A C G G L O D F L S R H L G
X I G U U S E L T W I L L O W
H J Z T N A C A I S H W A G C
Z C S I L M U V U V U I K S H
H B R I A R R T A G E C A C H
C C C A F N P T S R M K E N F
H A Z E L Y S L U A Z E T I W
E T Q T L Q G F P N B R R Z G
R N C A Y E V L F A T K A O T
R N C T N Z E D X D L S O S P
Y U B F O A Q B U I T Q E U E
E L A R B L X I M L F A U H Q
H I L Z E D N R O L E M E Z C
M K S M W E Y C F A T B L R P
X K A B I R X H P E N W X E M
```

ALDER	FIR
ASH	GRANADILLA
BALSA	HAZEL
BEECH	LARCH
BIRCH	MAPLE
BRIAR	OAK
CHERRY	OLIVE
CHESTNUT	SPRUCE
DEAL	TEAK
EBONY	WICKER
ELM	WILLOW
EUCALYPTUS	YEW

Good-looking

```
S U O R O M A L G E T X E M E
U T B R D Y H S I E T M Q L R
A W I R S A T R E F O U B O C
H A B Y E U N X A S B A C V N
F A V T N A Q D N D N R E E X
B O N N Y U T I Y O I P L L A
E N I D I Q W H I B H A D Y T
S N J S S I A H T G R A N D T
G U I S C O S L E A P V R T R
U T O F M A M C L P K R V Z A
E T B E F A O E E U U I K T C
X I H T G M R R G I R L N N T
W Y T T E R P T A O N I Y G I
Z O D L T J O H N K O G N B V
S T Y L I S H G T W W C O G E
```

ALLURING	FINE
ATTRACTIVE	GLAMOROUS
BONNY	GORGEOUS
BREATHTAKING	GRAND
COMELY	HANDSOME
CUTE	LOVELY
DANDY	PRETTY
DAPPER	RADIANT
ELEGANT	SMART
EXQUISITE	STUNNING
FAIR	STYLISH
FASHIONABLE	WINSOME

Ready

```
D E C A R B T D E N N A L P C
W T S S C T K E E S Q N S O V
D E X I F P D Z S R H H E U W
P O C N S M H S I L A L F E I
D P K O T O B L W R L P D N K
G X N R R R L P I Z A E V G
I K P D I P E F G W F S H R G
D M C E G A E L W N L T S E P
E Z M R G R S Y A W I C I P G
N A K E E B M K D R L T N D G
I S R N D D I S C E R N I N G
L T I P O I Q F V G E P F A V
C U K M U V A E Z A A P K P W
N T N M T I R T M R D J S Z X
I E Q U I C K D E G N A R R A
```

ALERT	INCLINED
ALL SET	KEEN
ARRANGED	PLANNED
ASTUTE	PREPARED
BRACED	PROMPT
CLEVER	QUICK
DISCERNING	RAPID
EAGER	RIGGED OUT
FINISHED	SHARP
FIXED	SPEEDY
IMMEDIATE	SWIFT
IN ORDER	WAITING

Beer

```
O R Y U C R N J S X R P T G Y
T I A C E E O Q R R O U Q I L
O U L H L N I E E G L X U M U
C L O B L S T R E N G T H P T
A P D T A L A W B I D S R E S
S L B A R I T R E T R O P R E
K V A L L P N A T L L H E I F
S N R G E E E B I A J A A A R
J W L T E R M P H M L F C L E
T J E Z C R R I W A Q F J T B
U S Y P A L E A L E B C R S O
O A A U J G F E B D M L G R T
T B I E P O R U H J Y E O D K
S P I C Y D W I D K K D J N O
J Q V H U C C M Z W O E P G D
```

BARLEY

BARREL

BLOND

CASKS

CELLAR

FERMENTATION

HOPS

IMPERIAL

KEGS

LAGER

LIQUOR

MALTING

MILD

OKTOBERFEST

OLD ALE

PALE ALE

PILSNER

PORTER

REAL ALE

SPICY

STOUT

STRENGTH

WHITE BEER

YEAST

DAY Words

```
Y R E G R U S C E S A E L E R
N A O Z O T T C T O Q S D A G
A C F A O H J O F R E S T H Y
X Y T J M G R J M U A V E I K
L L H Q J I E I Y P Y D J A S
V I E N R L D A A C A R E T F
Y L W B E A R R K H S R N R L
L B E L M L A O O Q B E Z W O
E R E I A N O S C T M C A Z W
S E K N E B B U F G V T V Y E
C P F D R V K I D Q C E E K R
H P P N D K H U W H T M C O L
O I D E L S J O H I H I G A O
O R E S N F R X K R E T U R N
L T O S O K P T F E Y M D O G
```

BLINDNESS	OF THE WEEK
BOARDER	RELEASE
BOOK	RETURN
BREAK	ROOM
CARE	SCHOOL
DREAMER	SHIFT
FLOWER	SURGERY
LIGHT	TIME
LILY	TRADER
LONG	TRIPPER
OF JUDGMENT	WATCH
OF REST	WORK

Ability

```
E  B  C  L  V  S  S  S  E  N  I  D  A  E  R
K  C  O  O  G  Z  Z  C  R  X  T  D  E  W  L
C  O  M  J  W  C  R  E  N  E  R  G  Y  O  L
A  T  P  S  E  O  L  Q  U  C  W  K  E  H  I
N  D  E  U  F  V  I  E  A  S  F  O  D  W  K
K  E  T  I  F  K  I  P  V  S  C  I  P  O  S
M  X  E  N  I  U  A  Y  M  E  A  N  S  N  C
A  T  N  E  C  B  P  Y  P  N  R  Y  Z  K  O
S  E  C  G  I  R  T  T  H  T  E  N  E  N  P
T  R  Y  L  E  M  I  L  I  I  H  T  E  P  E
E  I  I  H  N  I  T  U  H  O  Z  L  R  S  I
R  T  U  W  C  G  U  C  O  R  X  E  G  O  S
Y  Y  O  D  Y  H  D  A  E  D  R  I  A  L  F
A  H  C  U  O  T  E  F  G  A  E  P  I  Q  U
B  G  F  H  L  G  U  S  S  E  N  T  F  E  D
```

ADROITNESS	FORTE
APTITUDE	GENIUS
CAPABILITY	KNACK
CLEVERNESS	KNOW-HOW
COMPETENCY	MASTERY
DEFTNESS	MEANS
DEXTERITY	MIGHT
EFFICIENCY	POWER
ENERGY	READINESS
FACULTY	SCOPE
FLAIR	SKILL
FORCE	TOUCH

Easter Passion

```
N N U S T S E I R P F E I H C
S N R O H T C P N F A G E S B
N O I T C E R R U S E R N L N
S X M A S T E T I Y K N E E J
L C W E N A K U O B E S L G O
I L M O C L M R J S E S A N I
A S M S A I T O I K S S D A N
N I M U L P H R H O T U G U I
S Y C S V S I S R T E O A V N
S T J E A U E C A L C O M T T
U P O J R I V O G V P E T B H
A Y E N Y T E U E R K E J P H
M I J A E N S R N M C O T C O
M N Z I R O J G I H H S F E U
E A H N B P N E V N E S F O R
```

ANGELS	RESURRECTION
CALVARY	RISEN
CHIEF PRIESTS	SCOURGE
CROSS	SCRIBES
EMMAUS	SIMON
JESUS	SPEAR
JOHN	STONE
MAGDALENE	THIEVES
NAILS	THOMAS
NINTH HOUR	THORNS
PETER	TOMB
PONTIUS PILATE	VINEGAR

Cookery Terms

```
Y J V B X T K K C J B E N Z I
C O J U T H A U N D V L Y O C
E A O T H Q E N E G L O E K R
R R S Y C N E R O M T N O M A
C E S S C P N I T A R G U A F
A O S A E T T E U Q N A L B J
L G C U U R T Y M D E P C R A
A A E O O T O J A G M S S O Y
A R D J T S E L U N A E Q U M
G N A Y R T F L E L R H C I O
T I L A L D E N T E I O J L C
C K U D E T U O R C N E M L H
L Y O N N A I S E L A N N E A
W R R W H V E B U A D N E N Y
E T O L L I P A P N E R Y U E
```

A LA CRECY	FARCI
AL DENTE	GARNI
AU GRATIN	JULIENNE
BLANQUETTE	LYONNAISE
BROUILLE	MARINADE
CASSEROLE	MOCHA
COCOTTE	MONTMORENCY
DORE	MORNAY
EN CROUTE	ROULADE
EN DAUBE	ROUX
EN PAPILLOTE	SAUTE
ESPAGNOLE	SOUSE

Bills

```
J B R F Y W G Y M S V L X B W
T I E B E R Y D L W E F Y E D
H U H A M N W M X K X T R S R
U E C D U O O A A X N B A O B
L E A D R M R T L N E A G G M
L W E R R C O R X N G E H T A
U T R U A O L N I A R E Y S Y
B R T S Y D T U T S P Q D I N
N E X S R Y K B E S A Y I U A
R P F E K E Y Y A U L W T Q R
U H V L Z E V H O I T M N N D
T J X L L T W A G D L K Y H I
F J Z A K C G D R I D E C E U
K Y H N O X T O H T N I Y R L
N O T N I L C X H O V E E M P
```

BAILEY	PAXTON
BEAUMONT	PERTWEE
CLINTON	REHNQUIST
CODY	ROGERS
GATES	RUSSELL
HALEY	SHANKLY
LAWRY	TIDY
MAYNARD	TRAVERS
MORRIS	TREACHER
MURRAY	TURNBULL
NIGHY	WERBENIUK
ODDIE	WYMAN

First Names

```
E P E W Z U N N A C A S S E T
P B N X U R R N L L X K B C V
O A I S E M U Q K A U A D A M
H R L D S T H M K Q G S H T U
C T E A M G T Q E G S R R S D
L H U E N I R E H T A C A U G
J O Q R H C A R N I T M L E G
I L C L E M E N T I N E S H F
N O A L A D Y S O J O L I V E
K M J I O V N B R E T T C S L
F E H P N D E A R U N O N H I
G W R E K O A I X G Y N Z A C
U I I M E Y S G L E B A O D I
N L E I R U M C H N L A G V T
L R W O A Z X Z K E U A W G Y
```

ABEL

ADAM

ALEXANDER

ANTOINETTE

ARTHUR

BARTHOLOMEW

BRETT

CATHERINE

CLEMENTINE

CLODAGH

ELTON

EUGENE

EUSTACE

FEARGAL

FELICITY

HOPE

JACQUELINE

LANCE

MURIEL

OLIVE

SONIA

TESSA

URSULA

YVONNE

Shades of Pink

```
E N H N E B C Y E Y P F D O D
K V L A R O C H N S X E N C Z
N I O I P R P O S S I I A P P
I L L L M R E O T U R R H C S
P A Z U G A I R W E L K E K H
E V O H P X A C F D B S N C O
V E U T F W O L O L E I H E C
O N L I B D O F A T P R A R K
L D T E W S A N B A B A I M I
C E R G O N C B N G S M S A N
Q R A E D M G I L A W A H G G
Y S L A A M H T L U A T C E Y
R O N N P C R M I G S T U N C
K G G P E S O R P L T H F T F
O E C A R N N O I T A N R A C
```

APRICOT	MAGENTA
BLANCMANGE	PAEONY
BLUSH	PEACH
CARNATION	POWDER
CERISE	ROSE
CHINA PINK	SALMON
CLOVE PINK	SHOCKING
CORAL	SOLFERINO
FANDANGO	STRAWBERRY
FOXGLOVE	TAMARISK
FUCHSIA	THULIAN
LAVENDER	ULTRA

Famous French People

```
U N T H V M A T I S S E J X X
A O M A D E P A R D I E U J D
E E L I I X G O E N L S W C D
T L H V A R L B Z A A B Y N R
S O N C Y E E C H I R A C J O
U P E N D R Z E N R E R G R B
O A P D G H C T B B N D I U E
C N W E N U L B K U O O C E S
W J R B N A K U L A I T R T P
I A Y E U E L C A E R T E S I
C M A R S C P L N T R P S A E
C O E L A R I U O A G I S P R
I N E I M A Q X S H R P O Y R
T E B O U M X E F C Q F N T E
N T O Z D E G A U L L E B B X
```

BARDOT	FRANCK
BERLIOZ	HOLLANDE
BLERIOT	MARCEAU
CHATEAUBRIAND	MATISSE
CHIRAC	MONET
COUSTEAU	NAPOLEON
CRESSON	PASTEUR
DE BERGERAC	RENOIR
DE GAULLE	ROBESPIERRE
DELORS	SAINT LAURENT
DEPARDIEU	SARTRE
DUMAS	VALLS

Obstinate

```
T N E T S I S R E P I D T Q E
Q T S H E A D S T R O N G D Q
D N E T I N F L E X I B L E Z
E A V Y I M U N B E N D I N G
L M I E D F M C T H S R P I F
L A T L S R F O I D E X W M D
I D S H U T U D V P K U L R S
W A E D P F E T H A R D S E T
F I R M E B L A S F B U N T U
L O A Z O X O I D M X L O E B
E R Z U R D I L W F U D E D B
S M N Y T B I F E D A L C K O
U D O G G E D G V U P S I B R
U N R E L E N T I N G J T S N
S U O I C A N I T R E P I U H
```

ADAMANT	PERSISTENT
DETERMINED	PERTINACIOUS
DOGGED	RESTIVE
DOUR	RIGID
FIRM	SELF-WILLED
FIXED	STEADFAST
HARD-SET	STIFF
HEADSTRONG	STUBBORN
HIDEBOUND	STURDY
IMMOVABLE	UNBENDING
INFLEXIBLE	UNRELENTING
MULISH	WILFUL

Dragons in Myth and Story

```
M P O U E Z I Y B B C C T Q Z
U P U Y E R I A R E M E T Q T
T A P F I A L N Q Q U L I I L
F I S N G H Y C L U D C N N F
A T M O O T I A M A T O T G V
L A A I O A A L R I D J A L Q
K K U R M C F A N A T T G O O
O H G E I S G G L Y D E L N X
R E W S H A R O N R C N I G O
H W A I H I L N T Z F O A J K
B K W V A E A Z G K I T U Y P
B J E U E D J R D E A L G I N
Y E L N I D H O G G Z U A L K
T E G Q M M A L E F I C E N T
L I Z O M O K W V C X S U N T
```

ANCALAGON	QINGLONG
DANNY	SCATHA
DULCY	SCULTONE
FALKOR	SMAUG
GLAEDR	TEMERAIRE
GRIAULE	TIAMAT
IGNEEL	TINTAGLIA
IMOOGI	VHAGAR
KATIA	VISERION
LADON	WAWEL
MALEFICENT	ZILANT
NIDHOGG	ZOMOK

Farm Animals

```
T G D S L E R E K C O C G G Y
O H U L F Z E S E I N O P J N
J G M C V H K M S S D F U B E
L O S S H I D A U B E S N W Z
L S D S T I U R M H M V U P S
B L S T A C C E A B W A L M G
U I E T H S K K U K R D L A V
Q N Y M T O S L E K E Y O R C
S G R W W W L W G N C S A G P
W S E P J S E U I L S G S E S
C W I L E S P J I B L S V S W
M G I Y T G L O B W O T Q E L
S J T T E T L L L A M A S E T
H O R S E S A K T O L O R G H
S R E D N A G C J G X G R S E
```

BOARS	GEESE
BULLS	GOATS
CALVES	GOSLINGS
CATS	HORSES
CATTLE	KIDS
CHICKENS	KITTENS
COCKERELS	LAMBS
DOGS	LLAMAS
DRAKES	PIGS
DUCKS	PONIES
EWES	RAMS
GANDERS	SOWS

A Words

```
L B A O W A N T U A Y I J P A
D U N T X S N S U T U R N F Y
I X N X N U D Y M R A F W Q F
N A E N O E A J Z M H A V A R
H H T M A R M I S T I C E J E
C E A E A A J H I A B Z T A C
A S C T A T T A C K E R T I N
R S H N L J M B A A Z T E C A
A V E R A G E R G V T S X D W
A A S U N D E R R T E T A Y O
S E R F W B N D A Q A N A C L
P A T T M F Q E Q Z K I U N L
E L Q A I J Z P T A K D F E A
C A T T E S T L R T E P A G A
T Y L P P A T A N I A T T A F
```

AGAPE	ARTIST
AGENCY	ASPECT
AITCH	ASUNDER
ALLOWANCE	ATTACHMENT
AMBER	ATTACKER
AMOUNT	ATTAIN
ANKARA	ATTENDANCE
ANNUL	ATTEST
APPLY	AVENUE
ARACHNID	AVERAGE
ARMISTICE	AWRY
ARMY	AZTEC

Varieties of Rose

```
W Y W L P B H J F J V W T E O
E J A C K W O O D G M S T S B
L I M W P A M K B O E Y I H M
O W L R G J U I H F U L F O I
D U O L C T N A R G A R F T L
I U L X G A N E J A E K A S A
D I L K F A B E J G M M N I D
M P E V K O A E V N M A Y L N
A I H K T N R C E O A I I K A
R G T C G A G A J L L R L V C
H U O I C W D E Z I I Y W S S
S A O E B L W P U M B M B E C
A N O O M E U L B M U D Y A H
O A F S R A T S R A L O P K B
C A R R O T T O P W M N S S E
```

ASHRAM	MOHANA
BABY LOVE	MOYES
BLUE MOON	MYRIAM
CARROT TOP	OCTOBERFEST
FRAGRANT CLOUD	OTHELLO
IDOLE	PEACE
IGUANA	POLAR STAR
JACK WOOD	PROUD
JEAN GIONO	SCANDAL
LIMBO	SHOT SILK
MALIBU	TIBET
MILONGA	TIFFANY

```
A X H A L L E R E D N I C D I
B E O X K G L T I M I M L L T
A T W O E E B T T G E C E O R
B K X N T L G S U H X S M E N
I W I E P V T P C N N M K O B
L E R G E E T E A Y A N M Y
A G S C D S I E H T M N U A L
D N I Q F W U P U E E H J R S
W L E G I Q L C O I T R G Y S
A B L H W O K H D M G I P M E
R L H O D E S T O A A K I A C
V D N U R E D T K N B S W R N
E S R B N T R Z T W E N D Y I
S D I A M R E M E L T T I L R
V J K N I D D A L A K H F S P
```

ALADDIN	PETER PAN
ALI BABA	PRINCESS
ALICE	RED HEN
CINDERELLA	RUDOLPH
DWARVES	SHOEMAKER
ELVES	SINBAD
GENIE	SNOW QUEEN
GIANT	TOM THUMB
GRETEL	TOMMY TUCKER
HANSEL	TROLL
LITTLE MERMAID	WENDY
MARY MARY	WITCH

State of the Nation

```
K E O T D S L W E P I E A M C
G C O U L R B X P Y T M R I A
D E O L P N E S N A E C O N B
A O I U G O I A M A X S L I I
U H C D N I W I L R H F F N N
M S N K D T L E C M Z M E G E
A L L Y S C R K R S H D S S T
C I Z E C U G Y W I A X R A P
G R D N R R N K D R X P E R F
R V D E I T K D T U E R F M Q
O H M R M S V A C O U A J Y B
W H T G E N W D P T U J Q T L
T S T Y V O K L A N Z N I E A
H P R I N C E N A N L V F P W
A C O L L E G E S Z D G L T K
```

ARMY	HILLS
CABINET	LAW
CLIMATE	MEDIA
COLLEGES	MINING
CONSTRUCTION	NATURE
COUNTRY	OCEANS
CRIME	PEOPLE
DOCKS	POWER
ENERGY	PRINCE
FAUNA	REALM
FLORA	TOURISM
GROWTH	TRADE

Dances

```
U U A X W B A K D Q C E C Z Y
Q M G E E K A H S O S V T T D
V A H A G N O C F E W I W L C
Q S Q V K R N A N O E J I A A
N H O D N L U I B L X I S W N
O E D P I P U D L M L T T G C
T D I M N G O I W G U L R O A
S P B E E I R B K B E R G O N
E O O B M D J C Y E O L R B T
L T J L A O Y I R Y R O C J S
R A S U K M J R G T L A G W E
A T Q A M A M B O J U T A I G
H O S I M O K R J T A N G O E
C D H U B B M A Z U R K A E K
A S R D R Z A F F F C K B N J
```

BEGUINE	MASHED POTATO
BOOGIE	MAZURKA
BOP	POLKA
CANCAN	QUADRILLE
CHARLESTON	REEL
CONGA	RUMBA
FOXTROT	SAMBA
HORNPIPE	SHAKE
JIG	SHIMMY
JIVE	TANGO
LIMBO	TWIST
MAMBO	WALTZ

S Words

```
S S S H S P R S K T S U N I S
S S A G Y E O S C W A Y N R E
S E J B F M D D L S B O S F E
M S I B B S H I E P I R T S T
R N I R O A E N M I D R O S H
A E E C T J T S F E S R K V E
V R R S L N N H I B N O E O S
O Y E A S M E S O F S T S E U
M Z M L E L C S E A S Z A R S
A A M R Q H A T F S E S N R Z
S X U L O E S E M A I S T E Y
S F S O Q T T W N D Z R H C S
I J L P S Y S I E N I W S C U
O S N S R R Y N N H N V V O L
R E T F I S S G S O G G Y S S
```

SABBATH	SIFTER
SAFETY	SINUS
SAMOVAR	SOCCER
SCHOOLS	SOGGY
SEASIDE	SOMBRERO
SEDIMENTARY	STEWING
SEETHES	STOAT
SEIZING	STOKES
SENTRIES	STORMY
SHEARER	STRIPE
SHIRT	SUMMER
SIAMESE	SWINE

Indoor Games

```
R B S K N I W Y L D D I T C E
B S R I A H C L A C I S U M R
C R G G N O J H A M M I S P I
A I I U L L A B Y E L L O V A
R R S D C H A R A D E S U A T
M W T P G S T S J P L M B T I
W C H Z Y E S M C T X I A O L
R C S S E O A E E R L N A L O
E H T E Z N N K T L A I Z E S
S E R V C I A A I T K B V P L
T C A E H M C A F I E I B O N
L K D N E O R C D C F L O L X
I E C S S D I O J B K P U Q E
N R B A S K E T B A L L K O N
G S E V I F O S E L B R A M R
```

AIKIDO	I SPY
ARM WRESTLING	MAH JONGG
BASKETBALL	MARBLES
BILLIARDS	MUSICAL CHAIRS
BRIDGE	PELOTA
CANASTA	POOL
CHARADES	ROULETTE
CHECKERS	SCRABBLE
CHESS	SEVENS
DARTS	SOLITAIRE
DOMINOES	TIDDLYWINKS
FIVES	VOLLEYBALL

Wise Words

```
P H D T B L U F T H G U O H T
V S W S H N D E M R O F N I F
I I E S I G T W T E A P A E I
E L R K A I I N X V O M L V R
D W H A D S E R B E B T S I A
U O S U D D K X B L E R R T T
C A R O U N D S L C R E Y P I
A E M R O E T U T S A T E E O
T H P W N J F D H S W C L C N
E N I R W D E T O S A L B R A
D N A E N R C N I R Q S I E L
G E M I O G A N E A A V S P N
L X M T O B V F P S B A N N Y
L R U G L O U L S A P I E N T
O T V E I L X Y D S N G S W A
```

ASTUTE	PERCEPTIVE
AWARE	PRUDENT
BRIGHT	RATIONAL
CAREFUL	REASONABLE
CLEVER	SAPIENT
EDUCATED	SASSY
ERUDITE	SENSIBLE
INFORMED	SHREWD
KNOWING	SMART
LEARNED	THOUGHTFUL
MINDFUL	TUTORED
OWLISH	WISDOM

Bays

```
S W A J D P G V O Z C O K M X
A J H S D L U N E K O R B S A
R N U I E Z A L I N A M I X B
E S F V K G N S I H Z V A Y U
D A Y L W Y T A S P R F B D K
N N T A A U A E G E O R X E I
A F I W H B N P J N A P K S R
B R L I G Y A O A C G A J E S
S A L N A N M P K L E N D T F
G N B C E W O L M P A N A J H
S C S A B E E L A A U C L H P
S I E E F S R S A H T R H G P
B S L P H F E G T H J G P E N
M C Z A X H I T A B L E S A E
Z O M N C G I N P H U D S O N
```

ABUKIR

APALACHEE

BAFFIN

BANDERAS

BISCAYNE

BRACKLESHAM

BROKEN

CHESAPEAKE

FAXA

GALWAY

GREEN

GUANTANAMO

HA LONG

HAWKE

HUDSON

JERVIS

MANILA

PHANG NGA

SAN FRANCISCO

SHARK

TABLE

TAMPA

THUNDER

WALVIS

US State Nicknames

```
Q W V V K R R C E A M T H Z H
V N H O E T E E G C P S D O R
H H O V P I R R G E P E C E O
V Y A R E N O O S D Y E I H L
Z E G B T S M I P E A T G C D
B E O E N H H T K N N B A A L
M Z L E H F S C R O E R R E I
F A D H E R U T R E E V D P N
I P E I E B R F A E A P E R E
R E N V T B T D T R J S N A N
S L L E D S N N A B N O U I N
T I J L A I U L E T I N A R G
S C Q L K L O S O C X H G I E
Q A Q T O H M E M W O H S E T
P N D V A C H C N A T U R A L
```

ALOHA	NATURAL
BADGER	NORTH STAR
BEAVER	OCEAN
BEEHIVE	OLD LINE
BUCKEYE	PEACH
FIRST	PELICAN
GARDEN	PRAIRIE
GEM	SHOW-ME
GOLDEN	SILVER
GRANITE	SOONER
LAST FRONTIER	TREASURE
MOUNT RUSHMORE	VOLUNTEER

R Words

```
Y I R N R J Y T N I K E M A R
R R T A R E C N E R E V E R R
A H R R V E C F T V R R R D P
S G I C R R S R R O I J O L R
O N H A W K E T O E P R M A G
R I L S R N G D I R T D P B N
Y L R S T N T T E T G I E I I
Y L B A Y E R O V F U J R R H
Y O L R L A R A B B I T S E S
K R F G R H O D I U M N I Q U
S Z N E F O C R L R R Y E O R
I I B Y A R T R U F F I A N N
R I U R R V I T V R I B B O N
T D Z A M Q X C E D R R H Y E
R R E L A X S S E N I D A E R
```

RABBIT	RIBALD
RALLY	RIBBON
RAMEKIN	RINGLET
RAREBIT	RISKY
READINESS	RIVET
REDEFINE	ROLLING
RELAX	ROMPERS
RENTAL	ROSARY
RESTITUTION	ROTTEN
RETIRE	RUFFIAN
REVERENCE	RUSHING
RHODIUM	RYEGRASS

HARD to Start

```
T E S E E H C E T R U O C M Y
X N T K N O C K S P X J F F T
A M U H N A S S L E V J R O L
A T S A F D N A V S E I P O C
L C K R Z K D I S S E L L C U
Z H U C M Z R Q D N E O O K T
T S S G U D O O X A A V S S G
D D B A D L C S S P E I J I N
E R C K C D K E F R Z A L D I
D E G O E Q H N M T W J V S K
A M R S O F H E A R I N G D R
E E O A M O D F Y A U M R I O
H N Z M W D R V T I M E E Z W
J Z Z F E E L I N G S K K S B
D E S S E R P M E Z R C O W S
```

AND FAST	KNOCKS
AS NAILS	LUCK
CASH	NOSED
CHEESE	OF HEARING
COPIES	PRESSED
CORE	ROCK
COURT	SELL
COVER	SURFACE
DISK	TIMES
DRIVE	TO PLEASE
FEELINGS	WARE
HEADED	WORKING

Trucks and Vans

```
H H W E G D O D R E E O F D C
T R A N S I T Y O L C C D N U
R A S C A L S S E L A E R A H
O O H R T W T U R W P V O L V
W M C V E H Q L Z T S I F Y J
N D S O J N A C I U E F D E G
E O U C M R I M D B P I E L D
K T K C A M R L E A R P B T I
B F A T A N E H T S H E R P A
Q R I I E T I R I H N F T P Z
B V I V Q H O A U N G D A E D
H O H S S L N L G R O I F R P
V R E H T U R G N I L R E T S
P T J S T O K Y V G C Y D R N
L K A D B C L D N E D O F E F
```

BEDFORD	LEYLAND
BRISTOL	MACK
COMMER	PATROL
DODGE	PETERBILT
DUCATO	RASCAL
ESPACE	RHINO
FODEN	SCANIA
FREIGHTLINER	SHERPA
ISUZU	STERLING
IVECO	THAMES
JEEP	TRANSIT
KENWORTH	VITARA

Costume Party

```
N R E I D L O S K W V Q U A J
I O T H B I G F O O T B I B H
D P C C W O R C E R A C S E W
D L C T H B K Y Y T H B W L E
A L L I R O G T X R A I W Y R
L A P W M N A M E R I F L O E
A P C O W B O Y N L K A B G W
Y A R T A P O E L C B O F R O
C C E P E Y Y P W A T Y A A L
L I E S I R M T T T I F P G F
O F R W U R J M S W A C E A P
W U M B M V A F U O L N K L X
N Y B A F N F T X M H S G I B
P L N X W Q E U E A K G T E I
E C I V G Z Z M R N R P E N L
```

ALADDIN

ALIEN

ANGEL

BARNEY RUBBLE

BATMAN

BIGFOOT

CAT WOMAN

CLEOPATRA

CLOWN

COWBOY

FAIRY

FIREMAN

GARGOYLE

GHOST

GORILLA

HIPPY

MUMMY

NURSE

PIRATE

ROBOT

SCARECROW

SOLDIER

WEREWOLF

WITCH

F Words

```
F E B A F A Y J Y X E D F U F
O K L R Q R Y H T G H K E O A
G Y B B A L F Q D B G T A F N
T F D Y I F A U F Y J O F H E
H D T Y R X F S I Y P O F I N
G U F E F A E F E R R I K A F
I F S U O P I L I E A I F K R
R H F Y S F E R F G A F F N E
H V W X S I X R F R M R I A T
T F N O I O O U Q O D E G R S
R Y E O L N R N G F D A N F O
O O A N T L M F P Y V K T T F
F E J G D N A N F D E Y A L F
F U R T H E R F M Y P P O L F
Z E F J X O R Y L D N E I R F
```

FAKIR	FORGERY
FALLOW	FORTHRIGHT
FENDER	FOSSIL
FEZ	FOSTER
FIFTH	FRANK
FIGMENT	FREAKY
FLABBY	FRESH
FLAYED	FRIARY
FLEXIBLE	FRIENDLY
FLOPPY	FUDGE
FOGGY	FURTHER
FOREFRONT	FUSION

Narrow Things

```
C T U R O X N Z T R Z V D V O
W G W G L E N P A E N I L T H
L E O K M T H I C N Z Z A A T
F E Q M C V L E N N A H C P H
E L P L N E R T W R O B N E R
H O V O I I N R T W Z B F R E
G H E D R N R E I P A R B W A
Q Y S W Q T R A L H S O M I D
S E S G L Y H G W T N J M S R
F K A E R T S G A A T V A T I
F E O R E D J V I P A O E H D
U M I N R F E Q K T H N B M K
M S A H C W T Y V W E F B U G
O L P I N S T R I P E L C S Q
E O N A C U Y H E L Q B J M Z
```

ARTERY	PATH
BEAM	PIN STRIPE
BOTTLENECK	RAIL
CANOE	RAPIER
CHANNEL	RIBBON
CHASM	RUT
GLEN	STAVE
ISTHMUS	STREAK
JETTY	TAPER
KEYHOLE	THREAD
LANE	TIGHTROPE
LINE	VEIN

Inventions

```
I C K R E V L O V E R S U S S
O R C L E V L Q H C Q E A E N
O A H R E T P E K V Z L H F E
S D M E C F E W E S B C D A L
Q Z E I L O C M I H T Y Y S T
L M M P U I R E O A W C N C C
A M I O R C C K M D N I A A A
W C S C T O O O S E E B M C T
N E A O R O T M P C N E O I N
M G A T E O R C P T R T P T O
O O Q O S Q S C L A E E X S C
W C R H A E D C A O S R W A G
E V H P L V Y Y O R C S U L A
R C O R D I T E R P B K Y P N
E N E L Y R E T S I E R X C O
```

BICYCLE	LAWNMOWER
CAMERA	MATCHES
CAT'S-EYES	MICROSCOPE
CEMENT	MOTOR CAR
CLOCK	PHOTOCOPIER
COMPASS	PLASTIC
CONTACT LENS	REVOLVER
CORDITE	SPEEDOMETER
CORKSCREW	TERYLENE
DYNAMO	TORPEDO
HELICOPTER	VELCRO
LASER	WHEEL

```
B Y Q T U N P H O W Q K G Y A
E T N H E Q A F S Z C R M J N
M I P T E S T A A U G K A L Z
O L S D N L I T C E P S E R R
C I S R O O E T N X X P T R I
L B K P T Y N N R E C N O C G
E A I R E A C T I O N R F R H
W I L V C L E Z O F O K R O T
O L L Y I T P R J V L T O D S
T E E E O Y H A N D L I N G P
F R N R V P O B D H X P T U E
O T U P A I N C E F X T L C O
C P G S T C E L K I M A I K P
U L I J T P P X F S Q C N J L
S O E C I V D A W C E T E L E
```

ADVICE	PHONE
CARE	REACTION
CLIENT	RELIABILITY
CONCERN	RESPECT
FOCUS	RIGHTS
FRONT LINE	SKILL
HANDLING	SUPPORT
HELP	TACT
LISTEN	TEAM
LOYALTY	TRUST
PATIENCE	VOICE TONE
PEOPLE	WELCOME

Moods

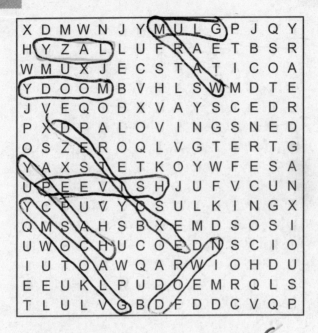

```
X D M W N J Y M U L G P J Q Y
H Y Z A L L U F R A E T B S R
W M U X J E C S T A T I C O A
Y D O O M B V H L S W M D T E
J V E Q O D X V A Y S C E D R
P X D P A L O V I N G S N E D
O S Z E R O Q L V G T E R T G
Y A X S T E T K O Y W F E S A
U P E E V I S H J U F V C U N
Y C P U V Y O S U L K I N G X
Q M S A H S B X E M D S O S I
U W O C H U C O E D N S C I O
I U T O A W Q A R W I O H D U
E E U K L P U D O E M R Q L S
T L U L V G B D F D D C V Q P
```

ANXIOUS	HAPPY
BORED	JOVIAL
CONCERNED	LAZY
CROSS	LOVING
DEPRESSED	MOODY
DISGUSTED	PEEVISH
DOWN	QUIET
DREARY	SULKING
ECSTATIC	TEARFUL
EXCITED	TESTY
GLOOMY	TETCHY
GLUM	WARM

TAIL Endings

```
L L G L L L C T A C O F H D L
I L I I I I I O L L I I U I
A I I A Y A A A C O I S G C A
T A L A T P T T T K X H H K T
G T J I T T T R B E T T T K
A G L P A N L U U O D A A A C
W I L I Z T A I R C B I I I A
T P L I A L T F A N O L L L L
A E O R A T I R A T T A I L B
I M N E L T W A I J S A L I T
L I A T N I P O T H B E I G A
T H S A A L A I L Y S T R L I
A O Z I I I K T H L N K A A L
I B T L U L L F M W E O Q I M
L I A T E V O D T A I Y P I L
```

BLACKTAIL	MARE'S TAIL
BOBTAIL	OXTAIL
COAT-TAIL	PIGTAIL
COCKTAIL	PINTAIL
CURTAIL	PONYTAIL
DETAIL	RAT-TAIL
DOVETAIL	RETAIL
DUCKTAIL	SHIRT TAIL
ENTAIL	TURN TAIL
FANTAIL	WAGTAIL
FISHTAIL	WHIPTAIL
HIGHTAIL	YELLOWTAIL

Cakes

```
S L E R R D D I T U N O C O C
Y E T G A N L I D E E D N U D
U M S I I T O K O R A N G E C
L O E N S N M R O H S U R U F
E N R G I R E Y F D Q O P Y U
L S O E N M R B S F E P K O N
O P F R S O I E L F A C Y A H
G O K G E C N Z I L Z S P M Y
K N C G Y H G M V T A I X R E
N G A N U A U T E O Z Y I S R
P E L I O F E Y D R V A E E T
T N B C F J D T A R F E T R I
B X L I Y R M M H A H S W H U
X E N L E N M I S C A E I C R
T U N L A W D N A E T A D Z F
```

BLACK FOREST	LAYER
CARROT	LEMON SPONGE
CHEESE	MARZIPAN
COCONUT	MERINGUE
DATE AND WALNUT	MOCHA
DEVIL'S FOOD	MUFFIN
DUNDEE	ORANGE
EASTER	POUND
FAIRY	RAISIN
FRUIT	SAFFRON
GINGER	SIMNEL
ICING	YULE LOG

Words Starting ILL

```
I L L I G S E V I S U L L I
H D B I L L U S E Y I L L I S
I L L I C I T I E R L W Z U W
K J J I L L U D E N L Q O D D
D E V I E C N O C L L I I E I
I A A I R Y L L I D R L T R L
L L I B L E G L E T L A I B L
L I L M M L L T S F E I L L I
I L L U R F A U I R L L L L B
N L L E E F L T T L A L U I E
O L O D L L T L E K Q T S W R
I U A L I I L G P A I I I L A
S C I C N I A I L L S M O L L
I K U G I L L O G I C E N I L
I L L E G I B L E B N D L L I
```

ILL AT EASE	ILLINOIS
ILL LUCK	ILLNESS
ILL WILL	ILLOGIC
ILL-BRED	ILL-TIMED
ILL-CONCEIVED	ILL-TREATED
ILLEGAL	ILLUDE
ILLEGIBLE	ILLUME
ILL-FATED	ILL-USE
ILL-FED	ILLUSION
ILL-FITTING	ILLUSIVE
ILLIBERAL	ILLUSTRIOUS
ILLICIT	ILLYRIA

Tickets

```
Y Y R E L L A G G N I K R A P
R A T S O R U E N D M M F Q N
A R O V I W S Z I F A A G W W
R W I S W T K L N D Y N Q L I
B O Z A E S R I A H C K C E D
I H N K F M U S E U M C E E Y
L T R E C N O C L S V I L O F
E F Y A W N U H C M G R F A Y
F Q E I L A P F Y L K C F M R
X W P R R O Y Q R L K U A E E
R E T U R N B L D T E S R N T
M Q T T F Y H M R J J T A I T
S P I R T H C A O C P L A C O
S X Y A W L I A R T P J R T L
L C H Z M N S P E E D I N G S
```

CINEMA
CIRCUS
COACH TRIP
CONCERT
DANCE
DECKCHAIR
DRY-CLEANING
EUROSTAR
FERRY
FUNFAIR
GALLERY
LIBRARY

LOTTERY
MUSEUM
ONE-WAY
PARKING
PLANE
RAFFLE
RAILWAY
RETURN
SPEEDING
STATELY HOME
TOMBOLA
TRAIN

Archery

```
C E T H G I S F O E N I L A R
S P L A T E G M Q V W Y L O O
E L T I Q Z N K R T F Q E O V
S R I J P J I B R H O L D W E
O O U N V E K S U A X H Y B R
O Q U E G R C L T Z M S S N D
L T R U G N A P X T O T P H R
E T A Q S L T J E B U F I I A
T Q E R S A S C H A M B N R W
L S W O C H P N G E O N E E I
L P A T B H A A U W T T C K N
X E Z F E M E F A D N O J C G
W E I G H T S R T I N Z B I E
I R O W Q B M A V A W Q J L K
T C G N I R T S W O B N O C K
```

ARCHER
ASCHAM
BOW ARM
BOWSTRING
BUTTS
CLICKER
CREEP
FAST
HOLD
LINE OF SIGHT
LOOSE
MARK

NOCK
OVERDRAWING
PILE
PLATE
SHAFT
SHOT
SLING
SPINE
STACKING
TORQUE
WEIGHT
YEW

Flower Arranging

```
R  T  N  A  L  P  E  S  U  O  H  B  V  D  X
A  E  C  A  V  Q  S  H  C  N  U  B  D  I  S
R  V  B  Q  U  X  A  B  E  R  R  I  E  S  N
E  C  H  Q  F  P  V  V  O  B  O  W  L  P  R
B  G  D  H  P  A  N  T  R  V  S  Y  I  L  E
R  Q  Y  O  T  R  M  N  E  F  P  A  V  A  F
E  P  T  V  U  B  E  E  N  L  G  G  E  Y  B
G  S  C  V  U  A  G  M  I  O  J  E  R  F  X
S  R  P  S  X  Q  A  E  A  R  X  S  Y  L  T
W  M  A  R  W  J  I  G  T  I  E  O  T  E  H
Y  A  E  V  A  G  L  N  N  S  W  N  K  D  C
L  O  T  T  E  Y  O  A  O  T  L  S  A  N  D
Y  X  R  E  S  L  F  R  C  Q  A  V  O  X  S
G  P  C  D  R  A  C  R  D  B  Q  K  H  I  L
A  L  A  N  O  I  T  A  N  R  A  C  M  M  L
```

ARRANGEMENT	GERBERA
BASKET	GRAVEL
BERRIES	HOUSE PLANT
BOWL	NOSEGAY
BUNCH	POTS
CARNATION	ROSES
CONTAINER	SAND
DELIVERY	SOIL
DISPLAY	SPRAY
FERNS	STEMS
FLORIST	VASE
FOLIAGE	WATER

QUICK Words

```
T D T K E N L G D P K D K Z Y
R W K I R T E N N E E X C T A
I L A N N S H I J T T N U L J
C D E R A K Y R T S O H B U N
K S E E D L E I F I I H G F Z
S D L H G E W F S U O L C I P
M E Y W C Y H S S D Y Q V L S
R Y M R E R E T A J R Z Q E L
C E R Q U C A J N C M A E B R
N S I W C W Q M D O K H Y W B
E T F U G H X O E G N A H C Z
Z E S M S O E E M D H C N U L
O S N G N J H F I V L I M E L
R S V S N O H C T A C O T B T
F A E C N E R E F E R P J I A
```

ASSETS	ON THE DRAW
BEAM	REFERENCE
BUCK	RELEASE
CHANGE	SAND
EYED	SIGHTED
FIRING	SILVER
FROZEN	STEP
KNIT	SUCCESSION
LIME	TIME
LUNCH	TO CATCH ON
MARCHED	TRICK
NESS	WITTED

Written by Hand

```
D R A C U O Y K N A H T R E E
L H H P L E X A M P A P E R R
I N V I T A T I O N W K D U O
R N O W F S N R P I B F N T C
I E I I G R W R L I R M I A S
K M C Z T I E L U E H E M N C
L U I E O P F P T O E S E G I
N D T B I P I T O Y J S R I S
S N S A M P E R T R P A S S U
L A I N L L T A C A T G Y A M
E R L N T C G C L S G E G W Y
B O O E P O L E V N E X E T R
A M D R A C Y A D H T R I B A
L E O C K D R A C T S O P S I
Z M T X G R E E T I N G N N D
```

BANNER   MEMORANDUM
BIRTHDAY CARD   MESSAGE
DIARY   MUSIC SCORE
ENVELOPE   POSTCARD
ESSAY   PRESCRIPTION
EXAM PAPER   RECEIPT
GIFT TAG   REMINDER
GREETING   REPORT
INVITATION   SIGNATURE
JOURNAL   THANK-YOU CARD
LABELS   TO-DO LIST
LETTER   WILL

In the Shed

```
L W A S W O B E E D J S E L Q
I E D T T K N N E G E D B Y X
D W W F R I T L Q N I K O S Y
O N X O W E C C A C S E A A E
O W F T R Y S C I X I K S R A
F P D X C T O T O U E T A E B
T A L I S O N B L S V R E A P
N I B A B E L A R E E T G C A
A N Y M D O E E L E V O H S R
L T A O O D D I S H F A Z B T
P B R T A I E P A S R Q C G E
A R W P P B F R A C F N V J S
D U S S K B A N O I L C A N U
B S P H W E D A T E K C U B O
C H O P C R L R E P P O H C M
```

BAG OF SAND   PAINTBRUSH
BAMBOO CANES   PLANT FOOD
BICYCLE   RAKE
BOW SAW   RODENTICIDE
BUCKET   SHOVEL
CHARCOAL   SIEVE
CHOPPER   SPADE
DIBBER   SPIDERS
FORK   TOOLBOX
LADDER   TRESTLE
MOUSETRAP   TROWEL
OILCAN   TWINE

Indian Towns and Cities

```
X  A  L  L  A  H  A  B  A  D  J  H  W  P  I
E  N  U  P  W  X  X  D  Q  I  N  B  Q  A  H
A  E  V  L  A  K  S  T  A  N  Y  A  A  T  L
I  R  U  K  V  U  F  J  B  B  A  N  M  N  E
M  A  G  N  R  A  W  E  G  G  N  G  B  A  D
A  Q  R  A  J  P  D  W  L  I  T  A  P  Z  D
N  S  T  U  R  S  N  O  A  R  L  L  H  U  E
A  C  X  W  D  A  Z  N  D  B  Z  O  D  D  R
I  M  D  D  S  A  N  K  O  A  D  R  B  J  O
H  L  X  H  Y  E  M  C  R  F  R  E  I  S  D
D  T  I  K  H  C  N  U  Q  C  W  A  A  Y  N
U  K  O  C  H  I  P  L  F  N  I  T  B  Q  I
L  L  S  R  U  N  I  J  A  N  A  P  M  P  W
M  M  N  M  A  R  A  J  K  O  T  C  U  U  P
K  O  L  K  A  T  A  T  U  R  E  E  M  J  Q
```

AGRA	LUDHIANA
ALLAHABAD	MADURAI
BANGALORE	MEERUT
CHENNAI	MUMBAI
DAMAN	NAGPUR
DELHI	NASHIK
DHANBAD	PANAJI
INDORE	PATNA
KANPUR	PUNE
KOCHI	RAJKOT
KOLKATA	SURAT
LUCKNOW	VADODARA

GRAND Words

```
O N J Y J K B N W L S L O R X
C N M C A F X E Q R Y C I Z I
L R S S S E H C U D Q F M X R
T V O S V P T B A D P Q A T P
O Y F S E J U U C A N A L G Q
C Y M N S Y G E R V L A S R L
M N T F E H T E E A Y R L A C
A E M N T S N S N C E Q T S H
S C A E U T R O G H E O S O I
T R R D S U I I T E T I O Q L
E A N F O T U O R B L T N O D
L L I T A J M S O M Z C S C R
H K E N U V P I A N O T N C E
Z H R R B D B A B P F Y M U N
X V Y A S R E T S A M Q S A R
```

CANAL	NATIONAL
CHILDREN	NEPHEW
CROSS	NIECE
DAUGHTER	PARENTS
DUCHESS	PIANO
FIR	PRIX
ISLAND	SLAM
JURY	SONS
LARCENY	THEFT
MARNIER	TOTAL
MASTER	TOURS
MOTHER	UNCLE

Fishing

```
L V Z M C X M L S S S Y F T R
G F D A B C Q H E C V K X S S
A V P I K E S P Q R H C I H V
R D U S T I I A R A F O X N E
T A O L F A W T E B E P O T N
E L C L F R K E F D L V R L I
R R A S B T K R T J J E G B L
G O E S J Z Q N E S E H V N T
C B C L K F L O K L N R R H F
T B G F C N E S S X O I A Y I
I W I C B A G T F S L S G U R
D O L U R E N E M R A X W R D
E B A D U C A R R A B B O Z D
K B Y V O H C N A M A E R B Y
I S W P C K G I S B X Q M P N
```

ABALONE	LASK
ANCHOVY	LURE
ANGEL	PATERNOSTER
BARNACLE	PIKE
BARRACUDA	RAGWORM
BASS	REEL
BREAM	SCHOOL
COALFISH	SEPIA
CRAB	SKIN
DRIFT LINE	SOLE
FLOAT	TIDE
GARTER	TOPE

Islands of the Cyclades

```
I  L  I  D  I  L  O  S  I  K  N  O  S  A  J
F  U  S  N  T  V  D  X  Q  N  X  W  T  R  M
A  S  A  O  E  W  A  I  H  C  A  P  T  Y  A
N  C  T  S  F  M  K  E  R  O  S  G  K  F  K
A  I  O  X  S  I  M  F  F  Z  A  O  I  O  R
I  J  B  G  W  U  R  A  N  G  N  R  J  T  O
W  O  H  R  S  N  O  E  K  O  E  R  P  A  N
N  A  X  O  S  W  B  N  S  X  K  E  A  K  I
Z  B  R  O  F  X  O  S  O  B  N  R  O  J  S
J  Y  N  A  T  A  A  L  O  D  M  Q  A  M  S
S  O  R  A  P  N  J  T  I  L  U  I  R  M  O
V  O  G  D  E  M  K  Z  I  A  E  F  O  C  S
O  R  L  T  T  X  M  H  D  N  D  D  C  S  I
U  E  F  E  S  C  H  A  T  I  O  I  P  V  O
S  H  T  O  L  A  G  E  M  H  N  S  F  D  C
```

ANAFI	MAKRONISSOS
DELOS	MEGALO
DILOS	MYKONOS
DONOUSSA	NATA
ESCHATI	NAXOS
FTENA	PACHIA
IOS	PAROS
KAMMENI	SERIFOS
KATO FYRA	SYROS
KEA	TIGANI
KEROS	TINOS
LIADI	VOUS

Canadian Lakes

```
K M L Z E O H C A N O N Z N S
T K A J S D N A L S I L P P O
I A T L I N R S U P P C M F U
I B T L U Y T E I G A R R Y T
B A I H O C C S B Q B H W E H
O S D T L Y S B M A C K A Y E
H U N A I I A D Q C F A O Z R
C P I H N B N L K E O U W H N
T R T G I N A A D D Z J B G I
S W L N H E E V R A Y D H L N
I L E B R A S D O R L A K E D
B T U T O L A F F U B M K D I
V I N I Q H B Y X P D A R N A
J O B S I Q B P O Y U J M E N
M W L I M A K A S B K K J L R
```

ABITIBI

AMADJUAK

ATLIN

BABINE

BISTCHO

BRAS D'OR LAKE

BUFFALO

CEDAR

CREE

ENNADAI

FABER

GARRY

ISLAND

LOUISE

MACKAY

MONTREAL

NIPISSING

NONACHO

NUELTIN

OXFORD

SAKAMI

SOUTHERN INDIAN

ST CLAIR

TATHLINA

Hippies

```
T P B A M R A K K V Y M O D C
X T S D F K T A A V W N R C M
F F A Y C I F Q O O T I P H S
R L N L C T I O L R W E M I I
E O F D A H R L A V P V E L L
A W R N R G E P U O U O D L A
K E A E T M O D S O B L I O R
O R N I G I Y T E M H S T U E
U P C R C R E O I L P C A T B
T O I F K R L D A N I Z T T I
G W S B S P S F Y V C C I A L
U E C E J Z I V S E K E O C P
V R O R E L A X E D J T N I T
T S E T O R P R E Y A R P S X
G N I C R E I P C O M M U N E
```

CHILL OUT

COMMUNE

FLOWER POWER

FREAK OUT

FRIENDLY

GROOVY

INCENSE

KAFTAN

KARMA

LIBERALISM

LOVE-IN

MEDITATION

MELLOW

OP ART

PAISLEY

PATCHOULI

PIERCING

POSTERS

PRAYER

PROTEST

PSYCHEDELIC

RELAXED

SAN FRANCISCO

TIE-DYE

People in Uniform

```
T A C O A R U E F Y O M Y D R
D B B T O M S E N E E U R L E
R C P X G W H L L T Z A F C V
A S U K N C J A E F W C W S I
U O R S I U R R F E I R A C R
G L W B H I R D T D X I I L D
D D Z M M E O S E Z L G T E Y
T I L D A O R M E O L U E A B
U E A D R I A F R O W I R N E
O R E M A R I O U K T D E E E
C R A J A W O C I E R E T R R
S N A P D S U R G E O N R L E
T O L I P A Y J X P B H O T F
G P M J Y O B L L E B J P Y E
G Z Q H Z P A H D R V I X M R
```

ADMIRAL	NURSE
AIR STEWARD	PARAMEDIC
BELLBOY	PILOT
CHEF	PORTER
CLEANER	REFEREE
DOORMAN	SAILOR
DRIVER	SCOUT
GUARD	SOLDIER
GUIDE	SURGEON
MAID	USHER
METER READER	WAITER
MIDWIFE	ZOOKEEPER

Capital Cities of Asia

```
A  R  X  E  N  A  I  T  N  E  I  V  D  J  J
A  S  H  G  A  B  A  T  T  E  H  R  A  N  R
S  I  N  G  A  P  O  R  E  N  K  M  I  P  A
Z  N  K  R  V  C  F  V  E  O  P  S  U  G  T
Q  V  A  S  S  K  R  S  Y  Y  L  J  D  T  A
D  T  B  E  K  P  J  H  O  A  K  A  N  T  A
P  A  U  O  U  T  A  N  M  Y  O  W  A  I  B
H  I  L  U  V  L  G  A  I  V  K  S  M  D  N
N  P  R  L  I  Y  B  H  O  G  G  O  H  U  A
O  E  P  N  A  A  L  D  N  A  N  A  T  S  A
M  I  A  N  D  E  Q  I  A  C  A  O  A  H  L
P  M  G  K  D  U  J  Z  H  D  B  C  K  A  U
E  Z  B  W  A  I  I  T  A  S  H  K  E  N  T
N  L  E  D  E  H  A  T  R  A  K  A  J  B  G
H  N  P  B  W  A  D  I  Y  P  Y  A  N  E  D
```

ASHGABAT	NAYPYIDAW
ASTANA	NEW DELHI
BANGKOK	PHNOM PENH
BEIJING	PYONGYANG
DHAKA	SEOUL
DUSHANBE	SINGAPORE
HANOI	TAIPEI
ISLAMABAD	TASHKENT
JAKARTA	TEHRAN
KABUL	TOKYO
KATHMANDU	ULAANBAATAR
MANILA	VIENTIANE

Occupation

```
T I P K W R Y T A N H E R K R
V E E R E F E R E O A N O I E
R Z V H O D J B M A P O N T R
E A L B J J I S W G C V U I E
K N Z E X T E T C A T H P U T
N M R Q C R S C O U L O E T S
I P L R G T R I T R L G L R A
T O L E H T U G T I E P C I L
L C A T N O A R T N O L T R P
F N Z T E X H I E R E N E O Q
T E R O S L C R A R C D I Z R
F V M P Z I A S K E L C A S V
R E M V A L R V R E N I A R T
L K H N N U P M W T E O P A Z
M R G C B A R M A N H T K O R
```

BARMAN	POLITICIAN
BURSAR	POTTER
CHEF	PROJECTIONIST
CLERK	REFEREE
COOK	SCULPTOR
DENTIST	SERGEANT
EDITOR	TEACHER
GENERAL	TINKER
LECTURER	TRAINER
PILOT	VALET
PLASTERER	VET
POET	WELDER

Flying Machines

```
P U V O E A S P N T T J E Y C
R S P U T N I K E E T N G V T
B E Q D S H A J K F N X A G L
F A O P S M P C A G M Z R H A
R P L R A M O R I H K H I D N
C I L U R C S E R K S M O C
O A M J O R A L Q O R H Y D A
N N S H I O I G O U A U O A S
C E M A Y C N N L R I T H N T
O R T U O F I M R I C T X R E
R E P P O H C I Y B D L O O R
D B T T C H E R C U L E S T Z
E E M I C R O L I G H T R Y K
R Z E P P E L I N K N P N O T
E R I F T I P S Q H E N O R D
```

AIRCRAFT	LANCASTER
AIRSHIP	MICROLIGHT
BALLOON	MIRAGE
CHINOOK	MOSQUITO
CHOPPER	PARAGLIDER
CONCORDE	ROCKET
DRONE	SEAPLANE
HARRIER	SHUTTLE
HELICOPTER	SPITFIRE
HERCULES	SPUTNIK
HURRICANE	TORNADO
JUMP JET	ZEPPELIN

Double O

```
R O F D M O O W Z E O J F O E
O B K O E U J C L I O M O O S
C O A O D P P D O I E E D X O
R P O L G S O R E P O O R T O
K O R B L O M O O B M A B S N
N A O A P O P E C O G O H M H
O L L M C O O R K S T X O E R
O F O O Y N E N D M O G S L N
N R O I O Y I E A D O O G S G
R E H J Y F K N I O I R F P H
E K C O D O H L B L T N P O E
T O S H O O O O D O O V R O O
F O T H O U O O V I P S O K H
A C E D W K I W D E T O O B N
V C O P S A I G N P C H F I F
```

AFTERNOON
ALOOF
BALLOON
BAMBOO
BLOOD
BOOKS
BOOTED
COOKER
GLOOM
GOOD
HOOKED
MANHOOD

NOOSE
POODLE
PROOF
ROOMY
SCHOOL
SCOOPED
SPOOK
TROOPER
UPROOT
VOODOO
WOODY
WOOL

Consumer Electronics

```
M V T Q V S N A M D O O G M P
X Q H Y R D N B O A Y O O N O
S P I L I H P P H N I T U J P
V Q X S O H C R A Z O N T Y D
F S N E M E I S I R S O N Y M
S A M S U N G V O G S K B K I
C K X J Q E U L A H Q I L E S
U J H U L S A V I A K A R N S
C C A P G V M B M C P I C W I
Z D P M Y P A S W O R R J O O
E A R C A M T N E W A S C O N
N J H Q M R U N G O H A E D E
I S F H A F E I E N S F N I B
T V Y D H G S L N I Q A J V C
H L N A A A K Q O Q Q J M F O
```

AMSTRAD	NOKIA
APPLE	PHILIPS
ARCAM	QUAD
ARCHOS	SAMSUNG
CASIO	SANYO
COWON	SHARP
GOODMANS	SIEMENS
JVC	SONY
KENWOOD	TOSHIBA
LINN	VIZIO
MISSION	YAMAHA
MOTOROLA	ZENITH

Stores

```
H T I R E G N O M N O R I F R
G D R E N R E C O R G V J A T
Z N Q P H A R M A C Y G A Y F
T O B A C C O N I S T Z T R A
R E B R A B R L E M A A N I R
R E L D D A S Y C B I Y E A M
E S O F R E N I L L I M W D E
H T P L G M M B O Z N O S C R
C A P O H S E R A W D R A H S
T T X R E T T I F T U O G E M
U I Z I B O U T I Q U E E M A
B O W S T A K E A W A Y N I R
W N R T P Q K U D S V C T S K
D E L I C A T E S S E N F T E
R R T E K R A M R E P U S E T
```

BAKER	HARDWARE SHOP
BARBER	IRONMONGER
BAZAAR	MILLINER
BOUTIQUE	NEWSAGENT
BUTCHER	OUTFITTER
CHEMIST	PHARMACY
DAIRY	SADDLER
DELICATESSEN	STATIONER
DRAPER	SUPERMARKET
FARMERS' MARKET	TAILOR
FLORIST	TAKEAWAY
GROCER	TOBACCONIST

Things That Go Round

```
U V P G A F E C A R O U S E L
Q K U E H M A N Z I G K P E I
R R P J N O O N I D M I A T B
T E M O C O L D B B A L C I R
T C L L T N L L A E R X E L A
F O E L L G E C I N L U S L C
T R E D O I N A Y M R T T E I
H D H D R R R I Q C D O A T N
E N W O B C O D N F Y N T A G
E B T P C U T T I N G D I S C
A O D W T J V E E V I I O W A
R B V H H P I M N R E P N A R
T E L D N I P S J A W O S E S
H K T F A H S M A C L U F B H
G R I N D E R K A M D P F T F
```

CAMSHAFT	ROLLER
CAROUSEL	ROTOR
COMET	SATELLITE
CUTTING DISC	SPACE STATION
CYCLONE	SPINDLE
DRILL	SPINNING TOP
FANBELT	THE EARTH
GRINDER	TORNADO
MOON	TURBINE
PLANET	WHEEL
RACING CAR	WHISK
RECORD	WINDMILL

MAIN Words

```
F K S Q M T U E S U A L C S E
I G F X S V A D I A G O N A L
R M N A S C A L O W H R L R S
E K M I T O X K A K C E D O N
A E N T R A N C E N S V F T S
S I N W M P T O U N D F T O L
O I E I J E S U X T I V J E I
N N Q M E P C R Z C I Y E C A
V P E H A I Q S E Y N L W N S
E U S N C R S E I J E S E A P
T F I Q B S F B S C E W D H O
T S E N I L Y T T W Q C G C T
H S T R E A M R E C A R A N N
T Z N A R B I R W P R Q O R M
F B M D Y C J D T R E T A W B
```

BRACE	OFFICE
CHANCE	REASON
CLAUSE	ROADS
COURSE	SEWER
DECK	SHEET
DIAGONAL	SPANISH
ELECTRIC	SPRING
ENTRANCE	STAY
FRAME	STREAM
LAND	TOPSAIL
LINE	WATER
MAST	YARD

Sports Equipment

```
G D X K L L A B E S A B C T S
P Y V D C V K S R E I R T E K
U U M V F A G G T T V N V U A
C L T E Y M J O Q R O E D Q T
K S E R Y C A A T T A G Y C E
N M G F I J F L I E L D D A P
E A R E N N D P L Q T E V R N
E K A E D D G O G E M W V I E
P S T D O T K S U W T L L H G
A S E W P U T T E R E E S W U
D X R O G P M S X K V H Y O L
S V J A H H H O R A Z B D R G
N P B K O S H O J D Q K Y R Z
C L I M B I N G R O P E V A C
G L V E L S D X B P Z X T W O
```

ARROW	OARS
BASEBALL	PADDLE
CLIMBING ROPE	PITON
DARTS	PUCK
ETRIER	PUTTER
GOALPOSTS	RACQUET
JACK	RINGS
JAVELIN	SHOES
KNEE-PADS	SKATE
LUGE	SNORKEL
MALLET	TARGET
NETS	WEDGE

Active

```
K E T N E I C I F F E M L S N
C K N G S U P P L E N A I U I
I R R E L I G A T C T N V O M
U U F O R W A R D M H I E I B
Q N B V W G S P R Y U C L R L
D N R U L T E C Y Z S Y Y T E
E I T F S X A T R I I F S S P
T N Z S E T K A I G A R N U N
A G I U B D L D N C S L J D B
M I P O H E K I L A T I V N P
I H P R R S K W N I I V F I V
N U Y T I R B I M G C I A I P
A F T R O U W I N Y R N X L W
X B B W I I G Y D F A G K V X
E P S E Q X D E T I R I P S E
```

AGILE	LIVELY
ALERT	LIVING
ANIMATED	MANIC
AT WORK	NIMBLE
BRISK	QUICK
BUSTLING	RUNNING
BUSY	SPIRITED
EFFICIENT	SPRY
ENERGETIC	SUPPLE
ENTHUSIASTIC	VITAL
FORWARD	WORKING
INDUSTRIOUS	ZIPPY

Abide With Me

```
A Z J I Q T O E K T V J W R N
N O E V I L K E U T U X E I G
R L T M W O E N N N Y S A V G
Y A T S O P Y A O N I T W W N
S I E R T A T S H D S T S I K
U M B B A S Y C E U R U N G I
A G C W N P A F S Z F D T O F
S E A O T M O L L F J S V S C
A I C A O O S Z E D E I U Z I
T N R T T U L R X R N Z O R G
Z R S H R B S E T T L E E U L
Y G O V E N D U R E S M T O H
F L I W D W E L L A A G D T H
D V J Z Y G L O H I T G S L A
E F Y L G H G L N Z E E S B L
```

ATTEND	LODGE
AWAIT	REMAIN
BEAR	RESIDE
BROOK	REST
CONSTANT	SETTLE
CONTINUE	STAY
DWELL	STOMACH
ENDURE	SUFFER
FOOTHOLD	SURVIVE
KEEP	SUSTAIN
LAST	TARRY
LIVE ON	TOLERATE

```
E G A R E V O C Y R A U T C A
U S P J M U I R O T A R O M T
G N C O M P A N Y U G Z L V O
R M D C T H I R D P A R T Y N
E W U E E N D O R S E M E N T
E I H I R S I O B U N O S C I
N N L E M W T N X O H R P O N
C V O A A E R I D P N H E N E
A E A F C L R I F E O U C T J
R S D T L U T P T O M L S R O
D T I L V E B H T E R N I A C
O O N O I S R E V E R P I C F
N R G I N S U R A N C E V T Y
U A T S E S S A M I A L C Y
T N E D I C C A E N T K W Z P
```

ACCIDENT	INSURANCE
ACTUARY	INVESTOR
ASSETS	LOADING
BONUS	MORATORIUM
CLAIM	POLICY
COMPANY	PREMIUM
CONTRACT	PROFITS
COVERAGE	PROTECTION
ENDORSEMENT	REVERSION
GREEN CARD	THIRD PARTY
HEALTH	TONTINE
INDEMNITY	UNDERWRITER

B Words

```
B H U J T S G K B K Q E L K B
L A N O I T C E R I D I B B T
F B H Y P M U B A I M B O F P
B L L B W E L C S Y L S D C Y
A U G A B P H E B A S H E G B
M R K M G B B S D Y P W G H E
K B E B N N O E U B G A A B R
B Z U I I A E I A R B O E U B
I O E G D B A B S F B N N V E
Y J T A I R E B Y T E A C E R
B E K M B L A O R F E I O B V
S B M Y B E O B I A B R L T D
E L B B U B Y T M V S D O E L
T C A B L P R E Z O D L L U B
B B P J B R B O H E B Z L W S
```

BABBLE	BLURB
BABEL	BODEGA
BAGGY	BOISTEROUS
BELIEF	BOMBARDIER
BENEFIT	BOSSY
BENGAL	BRUSH
BERBER	BUBBLE
BESIDE	BULB
BIDING	BULLDOZER
BIDIRECTIONAL	BUMPY
BIGAMY	BUOY
BLADE	BYGONE

Motoring

```
L D I N O I S R E V I D Q K Z
I S E U H D S N J T G J Z H M
G J K R A Q R B B R I H L C O
H P Y O U K M U E E G A R A G
T Y R S G S P A R K I N G B M
S S D L I N S F G G G D Y I E
O R T R A E O E S N L B R O C
T E U E A N M I R R O R E H H
S P R V E U G T T P H A T S A
L I N I Z R L I R C C K T I N
E W I R Z L I I S A N E A S I
E B N D Q E X N C W F U B S C
H M G B X U K B G S E F J A V
W Q T S R F R E N R O C I H X
S O N P N O I T S U B M O C M
```

BATTERY
CHASSIS
COMBUSTION
CORNER
DIVERSION
DRIVER
FUEL
GARAGE
GREASE
HANDBRAKE
HYDRAULICS
JUNCTION

LIGHTS
MECHANIC
MIRROR
PARKING
PRESSURE
ROADS
SIGNAL
STEERING
TRAFFIC
TURNING
WHEELS
WIPERS

Anger

```
K J K X P O E W Q T D H E P U
H H E A W T I B U O T E L F O
E V G P Q U A R R E L L D P R
F S Y B E P S Y K E X D E K J
G H U V L N T T R R P I E R E
C U C O I M I F F U N R N X B
D H T A R W F O T C F B A Q T
H R F B L S V M E N V S G X P
M A E T S P H N K A P J U Z C
I N P P A L S M R E H T O B E
J N X Q M E N I R G A H C L L
H O K R G E K A Z U J Y T Q T
U Y A A L N T K L B N T T P T
U R L L L E K S O B E H L P A
R L Q L T N E M T N E S E R R
```

ANNOY	NEEDLE
BOTHER	NETTLE
BRIDLE	QUARREL
BUG	RATTLE
CHAGRIN	RESENTMENT
EXASPERATE	RILE
FITS	ROUSE
FURY	SPLEEN
GALL	STEAM
INCENSE	TEMPER
IRK	VEX
MIFF	WRATH

Hard to See

```
C L U O D P Y H D E D U O L C
Y K Q D S Z O J T U S Q V D Y
R D E L A E C N O C S P C W K
V X H H B J P P B E G K O L O
E V N O Y K R U M L U D Y Y M
I N D I S T I N C T A P F D S
L O V E R C A S T H S M E L S
E K R A D B O B S C U R E D M
D E U V L T H E P D R E C E U
Y N U O Y I F T D U L W U N D
E U O Z T L A Y L A F G C M G
A M Z L S L D B P O A L J C E
Y U T G I L E N G V E Q F L D
F W M Z M I D G D A S C W S Y
Y M O O L G Y E R C A S T E D
```

BLURRED	MISTY
CLOUDED	MUDDY
CONCEALED	MURKY
DARK	OBSCURED
DUSKY	OVERCAST
FADED	PALE
FOGGY	SHADOWY
FUZZY	SMOKY
GLOOMY	SMUDGED
HAZY	UNCLEAR
ILL-LIT	VAGUE
INDISTINCT	VEILED

SELF Words

```
K U N X J J K D L A I N E D P
Y H S T N B E C S S E L H J O
G R T F G L F P Q S P D O P T
N O O R Y L E Q G U R E P V X
I E C T O I Y V V R R S T S E
D C S G C W E F I E E O C I R
A Q D S N I E A P D K L Y J K
O K P H R D D R R Q E C E R K
L F E W E C A A A G E N S E H
T L X C S I G T R W S E T T Q
P H E T S E R L N T A U E R J
Z I G E R E Y U O W N N E A E
T A B U S E T B U O D O M T B
Z A Q I A Y T I P J O B C S J
F F G F U T U P E L I T R E F
```

ABUSE	LESS
ASSURED	LOADING
AWARE	LOVE
CONTRADICTORY	PITY
DECEIT	PRAISE
DENIAL	REGARD
DOUBT	SEEKER
ENCLOSED	STARTER
ESTEEM	STYLED
EVIDENT	TAUGHT
FERTILE	WILL
HELP	WORTH

Dictionary

```
Y Y G O L O N I M R E T A E W
S F L A M R O F N I X D A J C
B E L W F F I C T L A R U L P
T R G E R U T C U R T S Q W N
N M E A X D A H R T N F G T G
A A Q V P I I S E K Y Y C N I
I W O R D S C E M C S E A T E
R C I L T A N O O Z J L C C R
A X N O T S U J N B S E N G O
V B R M X A N K U Q L E E N F
N Y A B E P O S K A R J V I Y
F C W B T C R C I E W K B T D
P O E T I C P D F J F G I S T
Q P I T S P E E C H X D G I O
G R A M M A R R A G L U V L S
```

ADVERB	PRONUNCIATION
DIALECT	REFERENCE
FOREIGN	SLANG
GIST	SPEECH
GRAMMAR	STRUCTURE
HISTORY	SUBJECT
INFORMAL	SYNTAX
LEXICON	TERMINOLOGY
LISTING	TEXT
PAGES	VARIANT
PLURAL	VULGAR
POETIC	WORDS

Gardening

```
L H E S U C O R C I N E G J O
S S N E L W D K I B R R X B U
H A E W H O N E Y S U C K L E
T N E P A L A T F B B W B A B
O I S A Q L I N S H S M E C H
M A L X R A N X R Z J I R K O
V T L P E M O S O M Q O R C R
B N A I B T T N F L S D I U S
S U W D M L G E I E H W E R E
E O E V U A N W S O A P S R R
L M U L C H I A F W N I S A A
P I O P U T L Z W F O G L N D
P X O N C M L R E O U C F T I
A B F S G N E B M B R R M Z S
H T W O R G W R G I W R A E H
```

APPLES	MAIZE
BERRIES	MALLOW
BLACKCURRANT	MOTHS
BUGS	MOUNTAIN ASH
CROCUS	MULCH
CUCUMBER	ONION
EARWIG	PHLOX
GROWTH	ROSES
GRUBS	ROWAN
HONEYSUCKLE	SOIL
HORSERADISH	WALLS
LAWN	WELLINGTONIA

Six-letter Words

```
N A S K N A H T K S M A S B W
E G Y Q X I B F G H I O D G A
D A X V E G A J V C V B U J L
D O E J Y T O R Q U E F N G F
A K H C T R E H T O M O T V Q
M K N A Y E N D Y S G C O N Y
A G C R N E E Y R N O D L A Y
G H E R P D H A I E M R D B W
Z L S O X P L K K A W N R L J
B E S T O W C E D S O A N O U
V L U R R A B V E M A D R N W
D B T Q B E E Q F A B L E D J
F B T Y A R E O D Y P L A O M
Y A Y D B P C T Q V L T G N I
A G K C D T O L A E Z N W B P
```

ADVERB	MONDAY
ALASKA	MOTHER
ATTACH	OPAQUE
BACKING	SORROW
BESTOW	STRAIN
CARROT	STREET
DRAWER	SYDNEY
FABLED	THANKS
GABBLE	TORQUE
HANDLE	TROPHY
LONDON	UNTOLD
MADDEN	ZEALOT

Happy

```
G E D E L L I R H T D Y T L P
N H U U I N B C H E E R F U L
I E Q P G T N A Y O U B D F W
N C P B H L S O C D W Z W Y J
N Y E E T O J F R L A I V O J
I L R A H R R J B I G K C J K
R E K T E M M I Z L N T I H B
G V Y V A Q Y V C U I P T B A
N I O C R Z G O M F L L A K G
I L E H T I L B U E I W T A Y
H J C I E F A P A E M L S K L
G O F N D C D S H L S U C M Z
U L C O N T E N T G N U E P N
A L G A I D X A X N L C J N B
L Y R Y R R E M Y I Q K V O T
```

BLITHE	LAUGHING
BUOYANT	LIGHTHEARTED
CHEERFUL	LIVELY
CONTENT	LUCKY
ECSTATIC	MERRY
EUPHORIC	OVERJOYED
GLAD	PERKY
GLEEFUL	PLEASED
GRINNING	SMILING
JOLLY	SUNNY
JOVIAL	THRILLED
JOYFUL	UPBEAT

Antonyms

```
F P S K Y E D I S N I H O N M
R E D L O C E U V Y N B C L M
O R O M T M Q Q M A E Y A C P
P O U M I N O R U D A C L Y S
T D T W B N O G I H R I G T B
I W S B E T H E R D E C R R C
M O I N S T N O C K R A F I N
I L D A Y T J Q O U I U D D W
S L E E X A B B Q G R F L A P
T A W L M I L W H T P V R E V
I H W C W I W T H K M M E S W
C S I D N R I E R O E D C D I
I P L W O X R P F R D E M A T
K L D W P E S S I M I S T I C
Z D O O H E S L A F T R U T H
```

CALM	FURTHER
STORMY	NEARER
CLEAN	INSIDE
DIRTY	OUTSIDE
COLDER	MAJOR
WARMER	MINOR
CURVED	NAUGHTY
STRAIGHT	OBEDIENT
DEEP	OPTIMISTIC
SHALLOW	PESSIMISTIC
FALSEHOOD	TAMED
TRUTH	WILD

Places That Start and End the Same

```
A A L O P K Q F W R O C L A W
J L R S T F B F L R Z X Y B C
A M A A I R E G L A T G F A W
H I A B M Z O U E S V A N C T
V P B N A S M P W T W G I E Y
X O R A A M A O O B O I L O P
J G E K R T A R L C O Y I A C
V J T D B A S L U W O R I W B
K E S W I C K A E S A N K A Q
K B E O L O L N D T A U I S K
O J H T S E S D N B R P T R J
D O C L G B W O L S R G I A O
I H O Z O Q G A K H M Z B W A
A I R R K N L Y U Y I G E X Y
K O O B E A F R I C A H T J L
```

AFRICA	OHIO
ALABAMA	ONTARIO
ALBANIA	OPORTO
ALGERIA	ORINOCO
ARABIA	ORLANDO
ASMARA	OSLO
ASTANA	OWENSBORO
COGNAC	ROCHESTER
KESWICK	RUHR
KODIAK	TIBET
KURSK	WARSAW
LOWELL	WROCLAW

Shades of Brown

```
W N G K T D P Y X P S X R P T
W W E F A L L O W I A F E A A
I A B E D E G X N J X X B R E
I F U D V E T O Y D D U M B H
E O U R J I P N U E E X U W W
U A I R U I L U N J O R W N R
V C I J A S U O A K N Z A S U
A O H P H M T I C T R C R L S
N C H X E H L Y S E E Y L X S
D O H X T S Y I V P A F E E E
Y A P R R T E A H C O M Z O T
K J A Z P N E D N O M L A E E
E E T I N B C C X L S Z H S V
H S N A B E T T E N U R B S M
S E K L B S Q G K R E G N I G
```

ALMOND	OLIVE
BEAVER	PECAN
BRUNETTE	PINE
BURNT SIENNA	RAW UMBER
COCOA	RUSSET
EARTH-TONE	RUSTY
FALLOW	SEPIA
FAWN	SINOPIA
GINGER	TAUPE
HAZEL	TEAK
MOCHA	VANDYKE
MUDDY	WHEAT

Show Jumping

```
K L R G Q K W N V H A S C L E
Z Z P M U J R E T A W N A T R
N E C B G C R R S T U O E E S
K F A U L T S R E S P D D R J
L B L O I N O L Y I A I J V A
U S C C P S E S P U R R I T S
A K A W E V E C K Q S R G E S
B L G T I S Q U S N H T A L D
U X T S R O H T R J R N N B C
I E I O L A S U F E R E A A A
H O H J U O T P L X J V R T N
N C O M P E T I T I V E A S T
V O O V L N A I R T S E U Q E
T O U C H R P G F Y Q G I F R
N G H U T Y T E K N A L B C M
```

ARENA	POSTS
BARRIER	REFUSAL
BAULK	RIDER
BLANKET	ROSETTE
CANTER	STABLE
CLOCK	STIRRUPS
COMPETITIVE	TELEVISION
EQUESTRIAN	TOUCH
EVENT	TRAILER
FAULTS	TURNS
GRASS	VERTICAL
HORSES	WATER JUMP

Double N

```
G R K T Y K P D O N N Z W N G
N A E N G E C Y N A K Z N S B
N L N J W N N C N I G Y L H H
P U N X X N L O A N N E T N A
S N E R A E C N I N C Q U N Y
W N D R N L P N C I X L N N F
Q A Y N S U N E N Z I E G E L
S T U D N I N C N N H P N N A
K F O N W U I T W O N N I M I
I G E K N N Q I S D E N N W N
N T R N N F O O N L N N N H N
N O E A I T O N N A C L I I E
Y R T Y N N A N T E A E G N R
Y I C N M N O E A N A Y E N E
K N N C K Y Y R N N I M B Y P
```

ANNULAR	KENNEL
ANTENNA	MINNOW
BEGINNING	NANNY
CANNOT	NUNNERY
CINCINNATI	PERENNIAL
CONNECTION	PUNNET
FENNEL	SKINNY
FUNNEL	SUNNY
GRANNY	TYRANNY
HENNA	WHINNY
INNATE	WINNING
KENNEDY	ZINNIA

Words Starting ART

```
A L E T R A R T H L A R T R A
M R Q E R E A R T H R O P O D
T R T C U L L T N A S I T R A
R K O I A B N C A R T E M I S
A W C F K R J A I R A M R O A
A X E I T C T F I T C R A A R
R A D T A R I E Y S R A T U T
T R T R R P A T R A E A R Y I
H T R A T Q A R I Y R T J T S
U L A X A R F A R R H T R C T
R E A R T I S T E D H T O A R
A S T W A R T P R A R T A I Y
R S O Y R E L L I T R A R R S
T R E K O H C I T R A R T A V
K L U F T R A L A I R E T R A
```

ART DECO	ARTICHOKE
ART FORM	ARTICLE
ARTEFACT	ARTIFICE
ARTEL	ARTILLERY
ARTEMIS	ARTISAN
ARTERIAL	ARTISTE
ARTERY	ARTISTRY
ARTESIAN	ARTLESS
ARTFUL	ARTOIS
ARTHRITIC	ARTS
ARTHROPOD	ARTWORK
ARTHUR	ARTY

Welsh Place Names

```
S Y W O P N E H T R A M R A C
N G B M A N B R O G N A B D L
C O G F C T B S S C I E G O T
S E R G R G W C W M B R A N R
H O R E H B V E A H U D G E H
M A F E A V A U N E Q Y L T B
H O R L D R L N S C H E A K C
R P Y L R I E H E C G E Z O X
F H P Z E F G B A N N H N Z L
R I K Z Y C Q I A W L W F G I
R T E N P C H L O O Y P Y L E
U E N S F Q L T M N B I W C N
E N F A X E W N J I G E Z Z Z
V B I R D E N B I G H Q N X O
H Y G X N N I H T U R V G G R
```

ABERAERON	MORFA
BANGOR	NEATH
CARMARTHEN	NEBO
CEREDIGION	NEFYN
CONWY	NEWTOWN
CWMBRAN	POWYS
DENBIGH	PYLE
EBBW VALE	RHYL
HARLECH	RUTHIN
KENFIG	SWANSEA
LLANGELER	TENBY
MAERDY	TREFOR

Edible Hues

```
S E M I L T I U C S I B T R P
P A E P L U M J T R H E X K V
B J L E O J V G A V A X T L J
T Q O M N E H X I L C R E A M
T U N I O G I O G N A M M M W
Q R N O L N A W V S G U R A B
X E Z T R E I P M L O E O C P
E H B O S F M G M S I E R V B
D Q A M G E F O X A H C A W N
Z A N A K E H A N Y H T N H A
D R A T S U M C S E E C G S J
E B N O M G G U R R E M E C D
N U A Y Y M K R A U O L I V E
I R P P Z D Y L I J X S S N C
W E T A L O C O H C A R R O T
```

BANANA	MANGO
BISCUIT	MELON
CARROT	MINT
CHAMPAGNE	MUSTARD
CHERRY	OLIVE
CHESTNUT	ORANGE
CHOCOLATE	PLUM
CLARET	SAFFRON
CREAM	SALMON
GINGER	TEAL
LEMON	TOMATO
LIME	WINE

Zoology

```
F  E  L  I  N  E  N  L  J  O  I  N  T  E  D
E  E  E  R  B  I  A  L  A  C  A  U  D  A  L
A  V  T  C  A  N  I  N  E  I  H  J  Y  R  M
Y  L  A  C  S  V  V  T  M  A  N  T  L  E  F
Q  A  D  T  J  E  A  R  C  S  J  O  V  I  D
E  V  U  Y  H  R  T  N  H  N  M  C  L  Q  A
V  I  A  Y  R  T  D  B  S  U  U  A  U  O  P
L  N  C  D  J  E  T  I  I  E  R  J  R  R  C
A  U  P  W  S  B  D  L  L  I  R  A  S  O  V
V  E  D  L  D  R  L  I  I  E  L  I  M  I  W
I  A  T  V  E  A  P  D  P  U  N  P  N  R  D
B  Z  G  A  P  T  I  Q  L  S  O  N  K  E  G
O  T  A  I  D  E  B  A  D  U  X  L  A  T  Q
P  O  B  R  L  E  A  L  N  X  Q  U  W  N  L
Z  C  B  R  D  E  P  D  F  A  N  U  R  A  N
```

ACAUDAL	DISJUNCT
ALULAR	FELINE
ANNELID	FILARIID
ANSERINE	INVERTEBRATE
ANTERIOR	JOINTED
ANURAN	MANTLE
AVIAN	PALLIUM
BIVALVE	PEDATE
CANINE	SCALY
CAUDATE	SPIDERY
COLONIAL	UNIVALVE
COMPOUND	VAGILE

Things We Love

```
O B L R M L S R R K U S D W G
S S T O R I E S H W O E I C K
N G R M A E R C E C I S A H T
O N M E Q P E P I A C O M I H
I I A P W C F N O A S R O L P
N L S T B O S H G E L I N D U
O K B U B B L E B A T H D R P
D C C S L C Y F S M P R S E P
E U P A E N I O M R P M Y N I
I D R U N K G L S L O R A C E
R B O A Z D A R X E R H V H S
F K R T Y Z Y C I S U M O T C
C G Q X W A L K I N G F S M D
I N C E N S E E K I T T E N S
Y L L E J N T W S K H V Y X P
```

BUBBLE BATH	ICE CREAM
CAKES	INCENSE
CANDY	JELLY
CAROLS	KITTENS
CHAMPAGNE	MUSIC
CHILDREN	POETRY
DIAMONDS	PUPPIES
DUCKLINGS	PUZZLES
FLOWERS	ROSES
FRIED ONIONS	SEASIDE
GRANNY	STORIES
HORSES	WALKING

Double F

```
F V P F F D W C H A F F E R F
X I B F E S D M F N O T F A Z
F C W I V L I E V S T A F F C
F L T U W F B D F E Y F O F H
Y B N Q F F Q A R F F F C I A
C R E E I Q L B F K O I S A U
L X D O F F L I F F P R D V F
Y A I S F U H D T Q A M T F F
F L F F F W F F O J C A O S E
W A F F U G S K F F Y T F J U
A H I F L R A F F L E I F C R
F W D F I U J I F F Y V E F W
F M F Q D T E S U Z Z E E F L
L C L I F F S N U F F E D P U
E E F M D U F F T F L U F F Y
```

AFFABLE	JIFFY
AFFIRMATIVE	MIFFED
AFFLUENT	QUIFF
BLUFF	RAFFIA
CHAFFER	RAFFLE
CHAUFFEUR	SCOFF
CLIFF	SNUFFED
DIFFIDENT	STAFF
DUFF	STIFFLY
EFFORT	TOFFEE
FLUFFY	WAFFLE
GUFFAW	WHIFF

Animals' Young

```
S P Z D E F P S P T E L G I P
P X A X L M N Y Y P F O A L D
I R U L J O W Z I Q S M X M S
D U C K L I N G W G J Z L L B
E D L B L J E U D S M K F U Z
R L I I O T S U M C W F C U D
L E V E R E T O J H H L I K U
I T Y E H K L R L P E A K Y Q
N E B B R T L S D M L C K I K
G L H N J E U J Z Y P A C K D
P G G S U N W A F N W Y I N R
O A C Q F G Z D S G Y T H T L
M E R R M Y S K A G T I C Y G
P X Y R I C E S W E I V K H O
X L S Q U A B C N T L O C O R
```

CALF	JOEY
CHICK	KID
COLT	KITTEN
CRIA	LAMB
CUB	LEVERET
CYGNET	NYMPH
DUCKLING	PARR
EAGLET	PIGLET
ELVER	SMOLT
FAWN	SPIDERLING
FOAL	SQUAB
FRY	WHELP

Birds of Prey

```
K B N G R S O Q R N D Q G I X
W W B O O O N H O O L G X S Y
D K A S F J A C A W D C F U B
S W E H F F L D O R A N R W B
P A N A H A I Y R R R E O A O
A H I W F S N R A U I I R C H
R N R K F W I C G E N N E T E
R E G E A J A F G U O N L R R
O K E T A R T R L W Y O E R U
W C R E A X E E L M H S W R T
H I E L K M R R C R E P D A L
A H P G M T B U Z Z A R D V U
W C O A S B S N E N P E L I V
K A L E T I K Y K K H Y H I X
S D K W O R C N O I R R A C N
```

BARN OWL	HOBBY
BUZZARD	JAEGER
CARACARA	KESTREL
CARRION CROW	KITE
CHICKEN HAWK	LAMMERGEIER
CONDOR	MERLIN
EAGLE	OSPREY
FALCON	PEREGRINE
FISH HAWK	ROADRUNNER
GOSHAWK	SPARROWHAWK
GRIFFON	TAWNY OWL
HARRIER	VULTURE

Narnia Chronicles

```
U  Q  C  C  B  F  E  H  S  L  A  M  I  N  A
Z  W  J  N  P  E  Y  P  N  N  Z  J  F  S  R
B  N  D  A  D  R  A  V  N  A  S  A  L  S  A
E  C  N  I  H  R  T  Y  R  N  R  A  Z  A  L
N  V  U  R  G  M  R  I  I  M  N  N  S  T  Z
I  G  M  I  T  A  M  O  S  N  Z  C  I  S  K
R  T  D  T  E  R  I  W  O  R  L  D  W  A  R
R  M  E  S  L  C  C  M  N  N  O  F  S  H  C
A  S  Z  F  M  H  N  N  I  J  W  C  E  S  B
D  U  A  C  A  E  I  T  A  W  N  I  L  G  W
Z  I  J  R  R  N  R  U  R  V  O  N  T  S  P
P  E  N  F  M  L  R  M  T  Z  D  A  T  H  I
K  R  H  P  R  A  O  N  M  J  N  I  A  I  R
P  O  H  C  O  N  D  U  C  T  O  R  B  F  Y
P  P  Q  B  Q  D  U  S  W  I  L  I  C  T  P
```

ANIMALS	NARNIA
ANVARD	OREIUS
ARCHENLAND	RHINCE
ASLAN	ROONWIT
BATTLES	SHASTA
CHARN	SHIFT
CONDUCTOR	TELMAR
DARRIN	TIRIAN
EDMUND	TISROC
GUIDE	TRAIN
LONDON	TUMNUS
MIRAZ	WORLD WAR

In and Out

```
P  I  R  T  S  T  U  O  O  W  O  U  T  I  N
O  E  I  Y  E  C  I  O  V  T  U  O  N  I  A
U  V  N  N  T  N  E  D  N  E  P  E  D  N  I
T  I  C  I  T  F  I  B  O  U  T  T  A  K  E
L  T  E  F  N  U  X  N  N  U  N  O  U  T  R
K  C  N  E  L  S  O  N  T  A  T  Y  E  O  Q
D  A  S  G  S  U  A  U  F  E  R  C  I  O  T
R  N  E  A  N  C  A  N  T  A  L  R  A  S  J
A  I  I  R  E  I  I  H  E  L  E  L  E  S  P
W  N  N  T  B  X  T  W  T  F  Y  V  E  T  T
T  Q  O  U  L  T  T  U  N  U  N  I  O  C  K
U  U  N  O  A  U  U  I  O  I  O  C  N  U  T
O  I  I  W  O  S  R  O  O  D  T  U  O  G  T
N  R  D  N  A  L  N  I  I  N  G  E  S  T  U
I  E  I  N  S  E  N  T  I  E  N  T  I  N  O
```

INACTIVE	OUTBREAK
INCENSE	OUTCAST
INDEPENDENT	OUTDOORS
INFANT	OUTHAUL
INFERIOR	OUTING
INGEST	OUTLYING
INLAND	OUTRAGE
INQUIRE	OUTSTRIP
INSANE	OUT-TAKE
INSENTIENT	OUTVOICE
INTELLECT	OUTWARD
INVEST	OUTWEARY

Rhyming Words

```
Y J W K Z O E E P E T Y R E A
O W M A G L P T T F P H W V F
K O O B K O O C H E C K N N O
H T N H M S F T E T L O W G Z
P Y Y A G P O L O R O L O E Z
G M L S M Q S P V D Y L T M Q
O H U O N B H M O P O F N P X
O H I J P C Y O N N I I W I K
H O A F T Y V P E A A O O G O
O V L O I A L V A R T W D E W
O G H X V D Z O Y M A N O F T
B J C F D Y Z U R Y B F A R O
O Y I U F A H N L W B Y R F W
E J G D O P I A P U G M H I T
I Y B E M A Y D A Y C N P W A
```

AIRFARE

BOOHOO

COOKBOOK

DOWNTOWN

FAN-TAN

FIJI

HI-FI

HOTCHPOTCH

KIWI

KOWTOW

LOGO

MAYDAY

NAMBY-PAMBY

OBOE

PAYDAY

POLO

ROLY-POLY

SLEEPY

SOLO

TEPEE

TO-DO

VOODOO

WAYLAY

ZULU

Volcanoes

```
J L O A T B U S L Y M C I U P
R U G S W F W R T I A T I A Y
K E L C H I C H O N O A H U O
Y E R Z N I B L O L I Z X X K
A N T E W M M B N A O K J H S
I E B O S L N A A M I L O C V
O E E X I O L O L I A J J C E
J L S M I Q E F M J Y N L J H
K E M J M E E A T A G U N G C
Z P U O F G U I S R F N O Z U
L F J N E N L P U U I T I R Y
T J V F A N A A R K S D M V L
I J R L W F A R U A H I E C K
O Y O Y E Y T E M S E M Y N W
M A Q R W O J M I T R H C G T
```

AGUNG	OAHU
COLIMA	OSHIMA
EL CHICHON	OYOYE
ETNA	PELEE
FISHER	SAKURAJIMA
FUJI	TAAL
JAILOLO	TIATIA
KETOI	TOON
KLYUCHEVSKOY	TRIDENT
LOLORU	TSURUMI
MAUNA LOA	UZON
MERAPI	YEGA

Things with Wings

```
T Y G S W O R R A P S G N A T
M S H I H S P S E N A R C D K
T Y H A R K A L C I I X H M T
O H W P N N H I P S A W O S M
G K A D T N C J L A R S Z T O
Y N U J H O I E M P Q U Y O T
N T I W G E R W I U L M U R H
O W N D I I T T I C I A B K S
H F R L L H S T Y D R U N I D
P A E A O I O K G O R O E E R
Y I V N R Y U E R E S X W E I
R R Y G C I V B H R W I A T B
G Y W E I Y P C I C U G C A S
O Z T L M O B M I N L S Y B Q
S O R E Z M E E B E L B M U B
```

ANGEL
BAT
BIRDS
BUILDING
BUMBLEBEE
CHERUB
CRANE
CROW
EAGLE
EROS
FAIRY
GNAT

GRYPHON
HAWK
MICROLIGHT
MIDGE
MOSQUITO
MOTH
OSTRICH
SAILPLANE
SPARROW
STORK
WASP
WYVERN

US States

```
A  D  I  R  O  L  F  A  L  N  A  B  M  P  I
I  N  E  W  Y  O  R  K  K  W  H  E  M  J  A
G  T  N  O  M  R  E  V  O  S  R  L  A  N  H
R  E  W  U  O  I  O  I  O  H  A  D  I  R  V
O  K  E  H  E  I  L  N  S  L  C  L  N  H  T
E  N  I  A  M  L  O  A  V  V  O  P  A  O  U
G  O  A  J  I  G  S  M  A  R  F  A  V  D  A
M  X  R  N  E  N  I  H  A  H  D  F  L  E  M
C  F  O  R  A  C  I  C  D  A  W  A  Y  I  O
V  I  O  K  H  I  H  G  V  W  L  C  S  S  H
S  H  T  I  V  T  S  E  R  A  B  X  N  L  A
X  V  G  E  U  I  N  I  B  I  H  U  N  A  L
Q  A  Y  O  X  I  P  A  U  I  V  T  E  N  K
N  G  S  M  K  A  M  I  X  O  L  A  P  D  O
S  K  K  R  L  A  S  A  P  M  L  H  S  D  I
```

ALABAMA	NEVADA
ALASKA	NEW YORK
FLORIDA	OHIO
GEORGIA	OKLAHOMA
HAWAII	OREGON
IDAHO	PENNSYLVANIA
ILLINOIS	RHODE ISLAND
IOWA	SOUTH CAROLINA
KANSAS	TEXAS
LOUISIANA	UTAH
MAINE	VERMONT
MICHIGAN	VIRGINIA

Shapes

```
Y E T N E C S E R C D A R D K
D S L A B S W M T I A J V I G
I A S B U N X R S E N A C O A
M Y I I C B A C J I G B L B Y
A N L A R E T A L I R D A U Q
R C O P H D Q T Z E V P V C Y
Y G B G N P R A Q T B S O E C
P H L U A I H S U B M O H R S
E E O O A T F X P G U W O E U
Q R N N B D C X I D J S Q H E
D J G C A E H O V L S V K P L
M L S K J S Q U A R E D C S C
E F P T I O S T I N A H B Z R
Y B G H R T W B O L R T R R I
O E R B I N E C Y Z L J S E C
```

CIRCLE	OCTAGON
CONE	ORB
CRESCENT	OVAL
CROSS	PRISM
CUBE	PYRAMID
CUBOID	QUADRILATERAL
DISC	RHOMBUS
GLOBE	ROUND
HEART	SPHERE
HELIX	SQUARE
KITE	STAR
OBLONG	TRIANGLE

Admirable Adjectives

```
G L Z S E M E R P U S V E V S
A E A E D T O Y T S U R T H P
T Z N Y G O R G E O U S I N Q
L Q K T O X O L L A I N E G W
B W B Y L L R G L L I U Z A O
W R P N R E L Z E N O X Z B O
N O E K E A A B G N S V E K Q
S U R P R I S I N G E D E A X
V I R T U O U S X F I R R L K
M M J V H S Q R E E G Y O L Y
O B I F S Y L R N C D L Y U G
D H H O N E S T M P E D X R S
E L B A S N E P S I D N I I Z
S B L B S M B R I L L I A N T
T E R R I F I C K I I K S G D
```

ALLURING
BRILLIANT
GENEROUS
GENIAL
GENTLE
GOOD
GORGEOUS
HONEST
INDISPENSABLE
KINDLY
LOVELY
LOYAL

MODEST
NECESSARY
OBEDIENT
PEERLESS
SHINING
SUPERB
SUPREME
SURPRISING
TERRIFIC
TRUSTY
VIRTUOUS
WORTHY

Composers

```
Z W D D S S U A R T S I X K C
R M I Y N W A O N I B K R T B
W A L T O N R I E A H C P R V
B H X A Z N D Z N N E U B A V
T L K A R O V D O T U L Q G C
E E F Y R S D I N I S G R L Q
Z R F O B M S D V L L A Q E U
I R B L O R Y I B A Y R E C Z
B H E L B A R B L R L D E N F
J I A B H A E A T B A D C B S
C L A N E I U R V S A H I T X
O C Q S D W R T X E L W M Z T
H E N R A E Q O F N L O F S Q
H W E N Q H L K H D U L H I I
K V S N J H R F T Q O F G L L
```

ARNE	HAYDN
BACH	HOLST
BARTOK	LISZT
BERLIOZ	MAHLER
BIZET	RAVEL
BLISS	SAINT-SAENS
BORODIN	STRAUSS
BRAHMS	VERDI
DVORAK	VIVALDI
ELGAR	WALTON
GLUCK	WEBER
HANDEL	WOLF

Drinks

```
D O A R W M N M O J N T I D I
T M P A R U E U Q I L C B N W
V P I E U P Z R G V A R I B R
Z C Z L L O A I T M A T R E X
T X H S K U N O P N R E D E E
Z Y P M G G J A D A T I P R A
Z A S H E R R Y M A C E U V Z
O C T R X I U A W Z R I N X E
P Z A F H I B L N N V E C I G
U L T R O P A C O T I O H T W
E P P E R R Y D O L H J D L Y
D U G P E S N T O G Y S X K M
A W Y N H I T V B W N A U Y A
E C I U J T I U R F L A G E R
M M F T E R A L C P P K C O Q
```

BEER	MEAD
BRANDY	MILK
CAMPARI	MINERAL WATER
CIDER	OUZO
CLARET	PERNOD
COGNAC	PERRY
FRUIT JUICE	PORT
GINGER ALE	PUNCH
JULEP	RUM
LAGER	SHERRY
LIQUEUR	VODKA
MARTINI	WINE

H Words

```
H E L Y U H E T M I S H R T H
W H T B R L C D H F G M H W M
P S A S D O H T H I H H Y H S
Y D B R A I K A U H O P E Y T
H T U W L H K C Z H V L N M S
I H W L V E J I I E E A A N P
N T Y V I Y Q A Y H L T E A H
T H O D U L E U H R H I F L U
E R K H H V V K I I J P N A B
R E S I S C X Q C N S S H H C
L H E D G E E C H O U O O U A
A T H D L H O N E Y H H B S P
N A E E E U U K L T H C B T E
D E H N G Y P G L H Q W L L H
H H W H F F W O O K H L E E H
```

HARLEQUIN	HINTERLAND
HASTE	HOBBLE
HAZEL	HOCKEY
HEATHER	HONEY
HEDGE	HOSPITAL
HELLO	HOVEL
HEMP	HUB-CAP
HICCOUGH	HURDLE
HICKORY	HUSTLE
HIDDEN	HUTCH
HI-FI	HYENA
HILLY	HYMNAL

King Henry VIII

```
F  N  E  G  A  I  R  R  A  M  T  P  X  G  X
C  N  I  J  I  K  X  Y  O  D  O  O  N  J  R
R  O  J  B  A  K  P  A  E  P  Q  I  W  U  P
A  N  E  P  A  L  A  C  E  S  K  Z  O  E  F
N  S  R  B  L  N  E  R  Q  F  L  M  I  N  R
M  U  E  G  O  G  N  E  O  X  Y  O  R  G  H
E  C  F  V  S  L  W  E  D  E  Z  X  W  L  K
R  H  O  E  E  Q  E  Z  S  W  I  C  E  A  P
R  Z  R  P  A  L  K  Y  W  X  A  J  L  N  S
C  R  M  V  Q  E  C  O  N  P  A  R  Q  D  P
J  X  A  D  U  U  N  Z  G  N  J  N  D  A  M
R  E  T  S  E  J  E  O  E  K  K  Y  R  J  C
W  D  I  V  O  R  C  E  R  R  Y  R  N  E  H
P  Z  O  W  Q  L  Q  K  N  H  X  A  K  H  C
L  T  N  E  M  E  L  C  M  D  T  M  Z  Y  I
```

ANNE	MARRIAGE
BOLEYN	MARY
CLEMENT	NONSUCH
CLEVES	PALACES
CRANMER	PARR
DIVORCE	POPE
EDWARD	QUEEN
ENGLAND	REFORMATION
HENRY	SEYMOUR
JANE	THRONE
JESTER	TOWER
KING	WOLSEY

Out of …

```
K M L W E Q X A Y N P U G H E
B R J C T W S R O O D Z E C O
J U A S C L T I Y V H G M A M
K L C E P Y T C E J C R A E G
P P E A H I W G K I L T E R M
Q R D G D T G L K Y T V V R T
Y Z E N V H H R N B T V F R I
T A O D E U O E E C B M U L P
E C W W R W O K R O X O W I D
X L I S Y O S C S U C O F N A
E N D T M L G U S Q N E C E N
D N V O I R Y L O E G N M E G
V C Q D Q B A I J V T I I N E
R E T C A R A H C X I A N N R
I R J Z K V S H O T H L D Q G
```

CHARACTER	LINE
CONDITION	LUCK
COURT	MIND
DANGER	ORDER
DATE	PLACE
DOORS	PLUMB
FOCUS	REACH
GEAR	SHOT
HABIT	THE ARK
HARM'S WAY	THE RUNNING
KEY	WIND
KILTER	WORK

Puppets

```
N E B D N A L L I B Z Y U E Z
H H W C M H D R T E E T H M Y
A R I A Y K R E P U L O G M K
R T E P S P I N K Y D O N O A
O F L T E D D Y M N A S M U T
O R G A S G F H M S O L N R E
L O Q I N N G R O V E R E Q K
Y I L N C T O Z N O G B H P E
B G A S W E A M W K M G C L S
O I M C L V X J E R E F T V T
O G B A D I U E P I R R I U R
L O C R U D G U D X K O M V E
R P H L Y Y N R R D A O W I L
T O O E J C V R I G I L O L T
A T P T H C M T S V I K Q C F
```

ATLANTA	LAMB CHOP
BERT	LOOBY LOO
BILL AND BEN	MITCH
CAPTAIN SCARLET	MR PUNCH
COOKIE MONSTER	PERKY
DR TEETH	PINKY
ELMO	ROWLF
GONZO	SOOTY
GROVER	TEDDY
JUDY	TOPO GIGIO
KATE KESTREL	VIRGIL
KERMIT	ZELDA

Sculpting Materials

```
I  Z  B  E  N  O  T  S  D  N  A  S  L  D  Z
C  R  S  R  G  A  L  U  M  I  N  I  U  M  E
O  E  E  Y  A  T  L  A  S  A  B  E  U  I  H
E  T  E  N  O  S  G  H  Z  D  L  X  Q  Y  C
N  S  K  I  O  O  S  O  J  B  K  Z  A  J  A
O  A  P  Y  L  T  J  S  R  F  D  L  F  W  M
T  L  O  D  Z  D  S  A  R  I  C  J  X  I  R
S  P  R  R  P  O  M  E  R  E  P  P  O  C  E
P  F  C  C  P  O  U  O  M  E  B  P  Z  T  I
A  W  E  D  B  W  N  C  R  I  N  M  I  G  P
O  R  L  I  J  O  E  I  Q  M  L  N  A  A  A
S  L  A  T  E  M  W  H  G  L  A  S  S  P  P
C  G  I  A  T  T  O  C  A  R  R  E  T  P  B
B  X  N  I  C  L  O  Y  G  G  G  R  R  R  O
E  T  E  R  C  N  O  C  E  Z  N  O  R  B  D
```

ALUMINIUM	LIMESTONE
AMBER	MARBLE
BASALT	METAL
BRASS	PAPIER MACHE
BRONZE	PLASTER
CLAY	PORCELAIN
CONCRETE	SANDSTONE
COPPER	SOAPSTONE
GLASS	TERRACOTTA
GOLD	WAX
GRANITE	WIRE
IRON	WOOD

Occupations

```
Q X N T N R K I C V E U X E W
F M A W E O I G E I B B A C I
W A I T O W J T M S L P E O T
F S R C P L A N N E R S M R X
E O M R T T C Z T M L U X E L
S N A V I U V O Z F R M N P A
T R N N C E T P A A T E W E T
I I E P I U R O R E F E R E E
M L N T A E T T R D C S O W R
A E P K N L S T Y D C P H S I
T P F I E I F W E R O T I D E
O X R P G R R J T R O Q C A A
R A H E L S V P T O H H H O B
M G R A V E D I G G E R Q R Z
X D Z P K J N U Y F F A V U I
```

AIRMAN

CABBIE

CHEF

CLOWN

COOK

CUTTER

EDITOR

ESTIMATOR

FARRIER

GRAVEDIGGER

MARINER

MASON

NURSE

OPTICIAN

PLANNER

POET

PRINTER

REFEREE

REGISTRAR

ROAD SWEEPER

SORTER

TINKER

TUTOR

VET

Rocks and Minerals

```
B L T X A R O B Z Z P O N A E
B S E R P E N T I N E S E A N
Y N J N S H A L E X L P A N O
Q O F R I B R W A A I G A O T
E C I M U P Q O T D A I R C S
U R I C B Q S E O T D U I A D
A I C H H U P T E I F J G D N
I Z S O P A E A S F L I N T A
I G G W A R L B N I G A E G S
E N I V I L O C A E H I O T V
B I R F M O W M E Q L C U D N
Y H N R N I Z A A D M A S A F
R E D M A R L L L T O Q G W F
E C G F I A Y R E M E N F D U
R X T R E H C K A S Z M Y T T
```

AGATE	OBSIDIAN
BORAX	OLIVINE
CHALCEDONY	PUMICE
CHERT	RED MARL
COAL	SANDSTONE
EMERY	SCHIST
EPIDOTE	SERPENTINE
FLINT	SHALE
GALENA	SLATE
IGNEOUS	SPINEL
JET	TUFF
METAMORPHIC	ZIRCON

Bays

```
K Y M Z Q N S X Y G T V U B A
A R H G D D E L A G O A R O X
M T A M Z G M T W V F Y I T A
O N L H X R A A L S B I K A F
R A G Z S E J M A W H J U N X
E B R O K E N P G Z A J B Y H
C N S E T N I A S S E L A Y H
A G M A N I L A G R Q X V K U
M G E Q V V R P V N D U O I D
B J E O E O R I U E G W L J S
E W X S R U S H D D Y N T W O
F S T T D G A C N I F F A B N
E O P H A W I W Q M Z Y Z H V
N C O Y K G U A N A B A R A P
A E Y E F B G Q N B T B Y Q E
```

ABUKIR	HAWKE
BAFFIN	HUDSON
BANTRY	JAMES
BOTANY	JERVIS
BROKEN	LES SAINTES
DELAGOA	MANILA
FAXA	MORECAMBE
GALVESTON	PHANG NGA
GALWAY	PRUDHOE
GEORGIAN	SHARK
GREEN	TAMPA
GUANABARA	WALVIS

Shades of Brown

```
C T V M J Y P F E M R F Q W A
H H O V W S S V N D L L A T V
N F O P Y W I Y O M T T S W I
C X I C H L N N T V Y A E X N
H N W E O W C B H S L I U A Q
E A A C A L I G T O U B B P K
S T Z T I Y A W R I V R R I E
T A P E N D U T A Q U O U C M
N I Y C L D O V E N U N I H Y
U P M D Q U U Y E B S Z P A A
T E P C N M D T C L P E Y M H
V S E S O O T W O L L A F O C
S U C X O E M L C J R C F I O
P K A W L Q H L O F Q V V S M
O K N T J X Q J A C A M E L F
```

ALMOND	MOCHA
BRONZE	MUDDY
BRUNETTE	OLIVE
CAMEL	PECAN
CHAMOIS	PINE
CHESTNUT	RUSTY
CHOCOLATE	SEPIA
COCOA	TAUPE
EARTH-TONE	TAWNY
FALLOW	TEAK
FAWN	WHEAT
HAZEL	WOODY

Links

```
X P U S M A E T V Y X U J U R
C H Q L D S S W W H K C I C B
S T E N F E C Z B P H S G O P
C D L J R L C C H A N C S M U
S V N E T P Y O I O K E E B S
A E H O I U S N I C T R I I E
S D S V B O S T H A G W S N I
A E N I B C C A I E W D D E T
S J I G A N B C S U N Y F S S
E O S L U I O T A I C A U T E
G I G J L S L S B Y S R O X T
D N U O S A K E G T O N I I I
I S L A L W Y P E J K K Q C N
R J P Z C O N N E C T S E L U
B L E S A B S E H C U O T S S
```

ADHERES

ALLIES

ASSOCIATES

BINDS

BONDS

BRIDGES

CHAINS

CIRCUITS

COMBINES

CONNECTS

CONTACTS

COUPLES

FASTENS

JOINS

JUNCTIONS

KNOTS

LIAISES

MERGES

PLUGS IN

TEAMS UP

TIES UP

TOUCHES BASE

UNITES

YOKES

Double T

```
B A N T T J U T T G T I E H Y
G P N R D I R A N N B E L F T
M I U G E E Y E T I N Z T B T
G H G H E T T O T T E R T U I
M S Z G T O T T J T O G E T D
U E L T H O E A O U A C K T T
T L E J V T Q W H P X L I E K
T T Y O S T T O H S S L C R I
O T M T R A A Y B C B E O S T
N A U P E T T I C O A T T T T
E B I B T R T X V T T T T T E
W Y R E T T A B Q T I U I X N
N S T M E Y C G B O P C D I X
T Q T N L F H O A N C E C T Y
T E Y O J R E T T U G Z T Z F
```

ATTACH
BATTERY
BATTLESHIP
BITTEN
BUTTER
CLATTER
COTTON
DITTO
DITTY
GHETTO
GUTTER
KETTLE

KITTEN
LETTERS
LETTUCE
MUTTON
PETTICOAT
PUTTING
RICOTTA
SHATTER
SPOTTED
TATTOO
TOTTER
YTTRIUM

Fictional Animals

```
W L H Z R A B R A B A B U L Y
R H A D E D M K U A L I D A D
V O N E R O Y E E A Y Z N M G
O O I G A L F L C H Z A B S C
E P D Y P P I K S R N S N Y C
R E V I F H M H A O X I A E H
E H Y F A A E K E A B K S P L
U T J T L L S L F B R K L Z W
K E H K O H O W I A A O A U X
O I I B A P O N L D D B N R Z
O N M S A D H N P U A W T S T
L N B N A W E G R M R O B D H
A I F H E D W I G B T O F L N
B W S I E S X U G O P W W O O
W F S C M D K L R N A S N F V
```

ASLAN	LARK
BABAR	NANA
BABE	NAPOLEON
BALOO	NIBBINS
BLACKMALKIN	RAKSHA
DINAH	ROWF
DUMBO	RUDOLPH
EEYORE	SHADOWFAX
FIVER	SHELOB
FLAG	SKIPPY
HATHI	TOTO
HEDWIG	WINNIE-THE-POOH

Historical Dig

```
Y T I U Q I T N A B S S L K S
D N L O W H S H V E E F Z T R
E I F O S S I L E T R K U Z P
T L I S S D D S I C Z H I T H
A F D N K J I S E N T O O L S
V L I D N U O M A N B S G K N
A O M G T G L V A L U U J T I
C B D K T Q N L R R W R O D R
X D V H R K G F T Y Y Y C D I
E N D S C R A P E R A P S Y H
R N T I H C H V F L T A V S N
I I O C X D R P A N T P E O E
P Y T H K U E T C N E V S R M
E I V J S Z Q P T Q A V T V V
D L W O B V V O Y C B M O R R
```

ANTIQUITY	MENHIR
ARTEFACT	MOUND
BOWL	OVEN
CAVES	PAPYRUS
COINS	PITS
DITCH	PYRAMID
END SCRAPER	RUNES
EXCAVATED	SITES
FLINT	SKULL
FOSSIL	SURVEY
HUTS	TALAYOT
KILN	TOOLS

I Words

```
I I R E L B I S R E V E R R I
J M S U I S I S O L A T E N I
I M P A L A U I U I Q S Y A S
L I P L I F D M O A I V I W I
I N R Y A L U X H C B Q S O B
I T C H I N G I N T E L N I E
I E K N I B T I R Q S X W Z R
N R G K M I M A G I N I N G I
I L I I P Y L I T I L N I K A
Q O R T E P E B N I I B I S R
U C I X T T A U U T O C E I I
I K S V U X R S T O G N I E X
T I H I O E S T C A N A U G I
Y N E H U R I E C N I N A N E
I G D I S H Y I N D O L E N T
```

IBERIA	INIQUITY
IBIS	INLET
IDLING	INTERLOCKING
IGUANA	INURE
IMAGINING	IOWAN
IMPALA	IRISH
IMPETUOUS	IRREVERSIBLE
IMPLANTATION	ISOLATE
INANE	ISRAEL
INCISE	ISTHMUS
INDOLENT	ITCHING
INGOTS	IVORY

Religious Leaders

```
H T I M S R E H T U L E I K J
G A Q G W M E I R E T K G V Y
W P Z O R O A S T E R Z N R B
A T A Q H A L T Y L Q G A O X
E R K R A E H S U G R C T L X
R J T A H D R A E E K C I I O
A H S S A P Z M Y L Q U Y Y
S Y O E U T M J L Y I Q S L Q
M L H H S H N Z W I N G L I U
U A N I E O T R V J D A A S B
S O H N J H M A R B S N H A W
P T J A T U W R R N A D D I O
B Z V O R N F O X A Y H D A J
M U O H R B W K C X Z I U H U
D B Z K J N A O F T P C B H X
```

ABRAHAM	KNOX
BOOTH	LAO-TZU
BROWN	LINDSAY
BUDDHA	LUTHER
ERASMUS	MOSES
FOX	PARHAM
GANDHI	SMITH
GRAHAM	ST PAUL
HERZL	WOLSEY
IGNATIUS	ZARATHUSTRA
ISAIAH	ZOROASTER
JESUS	ZWINGLI

Opera Composers

```
C G K C U L G I O R D A N O S
J S B E E T H O V E N S D F C
O A T B E L L I N I U I O F H
X L O R F X R E N G A W N E E
U U L M A Z Z T H M Y Y U N R
M T T A B V U M V X K C O B U
Z P E X V O I E E S N N G A B
L O Z N C A R N V N F M A C I
L D I R E D C O S V O B N H N
E E B L I S K N D K R T A T I
C D D G R I S I O I Y R T S C
R G Z N A E Z A T E N A E I C
U F C H A M B T M G L Z M N U
P B C Q F H E P I H N O S A P
P T T D I N G A C S A M X I V
```

BEETHOVEN	MASCAGNI
BELLINI	MASSENET
BERLIOZ	MENOTTI
BIZET	MOZART
BORODIN	OFFENBACH
BRITTEN	PUCCINI
CHERUBINI	PURCELL
GIORDANO	SMETANA
GLUCK	STRAVINSKY
GOUNOD	TCHAIKOVSKY
HANDEL	VERDI
LEONCAVALLO	WAGNER

Prepositions

```
Q E F C D N O Y E B M Z N R H
Q C O N C E R N I N G W B T G
O K F V G S P P N B O E U H U
A U I N E E A P Y D H O U R O
H O O N N R A S E I H C N U R
G L G K S S T S N T P J N O H
A N P Q T I P D I U N D E G T
A C O V E I D W U N E Z R H D
G S Q M T G L E C R Q N H E H
A D G E A U W D W M I Z C T X
I R G N I D U L C N I N A P A
N A O N W D N I M X I V G E P
S W K U E Q U G N S S O R C A
T O V V N A B O U T C B Y X O
P T L U Z D R A A M O M G E V
```

ABOUT	EXCEPT
ACROSS	INCLUDING
AGAINST	INSIDE
ALONG	INTO
AMONG	NEAR
AROUND	OVER
BEHIND	PAST
BEYOND	SINCE
CONCERNING	THROUGH
DESPITE	TOWARDS
DOWN	UNDER
DURING	WITHOUT

Herbs

```
P Q L J C Q L T Y E R F M O C
K O N E C W Z E A C I N R A C
R K S B R W M Q M G D V L U I
K J D S L R M F A O W E G C E
E P S H Y C O R I A N D E R C
L W P P S H L S S N M B S L A
T C E B E I Z J E D F A A N M
S G G O C A D F Y V V A A L S
I H A R X K R A M O I N U A M
H U V A Y F C M R M G H G L M
T F O G I A O Y I E T E C L L
K H L E P K N C L N S P U I K
L O Y E S B L I U H T R S D N
I Q R M G A C N S S X A O R U
M E W K E A W N I E B G Y H Y
```

ANGELICA	HORSERADISH
ANISE	HYSSOP
ARNICA	LEMON BALM
BASIL	LOVAGE
BORAGE	MACE
CAPER	MILK THISTLE
CHIVES	RUE
COMFREY	SAGE
CORIANDER	SAVORY
DILL	SORREL
FENNEL	SPEARMINT
GARLIC	THYME

Commonplace

```
N X L L A C I P Y T U T G H F
A M G C I A S O R P R L N S R
I N O M M O C A G I N A I R H
R E Z H L D L G T R I U L O L
T V L Z A U Q E Y N A S D U L
S E E I G L G N C B L U D T I
E R L E G A R E V A P R I I M
D Y R H U M D R U M A S M N E
E D T A V R E A E D K X S E H
P A X M E O O L N O Y T B E T
P Y S M U N D A N E O O A L F
P L A N O I T P E C X E N U O
E L P M I S E S K U N O A W N
R W N J W T C Y V P J V L B U
Q P A G M S U O I V B O Y B R
```

AVERAGE	PLAIN
BANAL	PROSAIC
COMMON	REGULAR
DAILY	ROUTINE
EVERYDAY	RUN OF THE MILL
GENERAL	SIMPLE
HUMDRUM	STANDARD
MIDDLING	STOCK
MUNDANE	TRITE
NORMAL	TYPICAL
OBVIOUS	UNEXCEPTIONAL
PEDESTRIAN	USUAL

Countries of the EU

```
Y W F D N A L N I F R D M R A
L U K R A I V T A L N U O O I
A N C F A D G I N A I M P F N
T I A K X N N A L G A C O K E
I T I A H A C O L N I Y R A V
Q E N E U C P E I P N A T A O
C D O H O S B A Y A M L U I L
Z K T K G M T R M N A T G R S
Y I S S K R A R E M V M A A O
L N E C B G E D I G D L L G R
C G E G N G I E Q A Q A K L E
S D O U S Z V I C C Y P R U S
A O H G R U O B M E X U L B C
Z M S D N A L R E H T E N F Y
N I A P S V D N A L E R I B R
```

AUSTRIA	ITALY
BELGIUM	LATVIA
BULGARIA	LITHUANIA
CYPRUS	LUXEMBOURG
DENMARK	MALTA
ESTONIA	NETHERLANDS
FINLAND	POLAND
FRANCE	PORTUGAL
GERMANY	ROMANIA
GREECE	SLOVENIA
HUNGARY	SPAIN
IRELAND	UNITED KINGDOM

J Words

```
J R J O R H D R D Q L J I P J
F O F E E E E J E Z J W N B R
Z L J O B J L J O N J A D E D
Y I J L J T G G G L I X E J Q
T A L R E J G N G L T O D R J
N J Z K S E I L U U W E J K E
U J C N T R J J A L J Q D X A
A A L B E B Y L E K O R R S L
J G J B R O Z J A K C A J L O
U U B J R A Z U W J K A L E U
W A A J U A A D E R E E J W S
J R J O C M J O T Q Y R A E G
R T E E R O B M A J I Q S J U
J O T T E R H L A K N V A E J
B J I T I C T W E J G Y J E Y
```

JABBERING	JERBOA
JACKAL	JERSEY
JACKET	JESTER
JADED	JEWELS
JAGUAR	JIGGLE
JAILOR	JOCKEYING
JAM JAR	JOINER
JAMBOREE	JOLTED
JAUNTY	JOTTER
JAZZY	JUGGLER
JEALOUS	JULIAN
JEERED	JUMBLE

Room Inside

```
Y M C M T P Y R C E L L A R C
W R I E O Z I K E A Q M X A W
G E T V U O N Y D U T S B W N
G A T S E Y R J A S V I Y B W
T I A O E Q R K D A N E I O L
E F O U I V K E A L L O B B Y
L I O R D L Y S Y O P I K E E
C J L L A I E R S O L H I A G
I V L Y T N T T E N F C T P N
B E A X R P G O O S K H C A U
U B R F K A O E R X R B H N O
C L D F M X R R R I B U E T L
T N E M E S A B C Y U G N R X
J Y R T R E R L I H S M V Y L
T R O D I R R O C L G Z U M F
```

ATTIC	LIBRARY
AUDITORIUM	LOBBY
BASEMENT	LOFT
CABIN	LOUNGE
CELLAR	NURSERY
CLOAKROOM	ORANGERY
CORRIDOR	PANTRY
CRYPT	PORCH
CUBICLE	SALOON
FOYER	STUDY
KITCHEN	TOILET
LARDER	VESTRY

Palindromes

```
X D E L I A F A I L E D P R R
K E K C I V I C K D P O U E I
A E M I N I M V K O T R P E S
Y R E D D E R V D T O N I R E
A B Y D C A E G O M O K L M T
K R S P C T F S I W H M S A O
H E L K B G E R I N O D S D V
T E E U U E R W U O T I L A O
H D R J S O O V K O T I I M T
V A T O R N F E P N O S P V E
K I T R T J P S V N H Y U D S
D T I P T O P W O A O U P V I
O M E W J O R I H S O L O S R
W E M D T T L S Y J T E N E T
P G P O O L L O O P B Z P T U
```

CIVIC	PEEP
DEER BREED	POOL LOOP
DELIA FAILED	PUPILS SLIP UP
KAYAK	REDDER
KOOK	REFER
LION OIL	RISE TO VOTE SIR
MADAM	ROTOR
MINIM	SHAHS
MIRROR RIM	SOLOS
NOON	TENET
NOW I WON	TOO HOT TO HOOT
OTTO SEES OTTO	TOP SPOT

Small

```
J G E L B I G I L G E N L N Z
J S H R I M P Y F L U A I A R
H G I H E E N K F A M D S E E
L Y M K K L A I V I R T N M V
S I R I O G N B S Y C I Z I I
Y H T P N P E E W E E N P A T
T M R T M I T W E W J Y A A U
N N E U L I A C F X M Z R I N
A D U O N E N T B I J O E D I
C V E I Z K Y O U N G G D W M
S R F P W E E N Y R D M E A I
O N O W P Q S N U I E P Q R D
I Q Y N N I H T N W E G L F R
C K J F I R L K C B A N T A M
Y K O P V M Y C A N T W A X J
```

BANTAM	NEGLIGIBLE
CLIPPED	PARED
DIMINUTIVE	PEEWEE
DINKY	POKY
DWARF	SCANTY
ELFIN	SHRIMPY
INFINITESIMAL	SHRUNKEN
KNEE-HIGH	THIN
LITTLE	TINY
MEAN	TRIVIAL
MINIATURE	WEENY
MINOR	YOUNG

Peter Pan

```
A D E Y Y D E R U T N E V D A
V P E I R R A B M J G H F O Y
O F M M S Z E S E T A R I P K
H B S H H A D S N A Y L O O T
S D R O W S F V R T A P O D D
G B M I C H A E L U U H X S N
N Q I U T Y D N E W N G D P O
I M S N W R P Y E I R I R M T
L A N T U Y E R A E A I D N G
R R H I O L G T E M N C X E N
A Y O U G R P N R C L C O Y I
D G J N E A Y E E O U R G P S
B Z U V C M M S C R G N S Q N
I J E C C Z S K L E N A N A E
G N Q X B U C Y L G M O G K K
```

ADVENTURE	MERMAIDS
CAPTAIN HOOK	MICHAEL
CLOCK	MR SMEE
CURLY	NANA
DARLING	NEVER GREW UP
GEORGE	NIBS
GREEN	NURSERY
J M BARRIE	PIRATES
JOHN	PRINCESS
JUNGLE	STORY
KENSINGTON	SWORD
MARY	WENDY

Fictional Sleuths

```
T C E K A L B N O T X E S Z C
N A G G V Z B E V T B O P S S
F G L E P I G O J K K H S Y T
O N Y L G W Z Y B E O H T G S
Y E K G I W E M E F B Y K P U
L Y L X E G U R X X E D R T A
E E Q U I N C Y F C B V E L E
S L C U G N T M A A T D X F S
N N G A E E N L A R B P I P U
A Y M G R H H A Z E L L J Z O
G L S G L T I N M G C H A N L
E C I U S Q E L R R V O Z O C
R A X S B M O R S E C R Y E R
M A G G I E F O R B E S D A N
F G E W O L R A M P I L I H P
```

BERGERAC	MAGNUM
BIGGLES	MAIGRET
CAGNEY	MANNIX
CARTER	MCGILL
CHAN	MORSE
CLOUSEAU	PHILIP MARLOWE
CREEK	QUINCY
FOYLE	REBUS
HAZELL	REGAN
LACEY	SEXTON BLAKE
LYNLEY	SGT HO
MAGGIE FORBES	ZEN

Egyptian Deities

```
B K R J H T O H T N J B F Z U
E Z C E T E P N E R O A P T O
G W F N N O F K O B P M G P H
T E M H K E S U K E K W A W T
P M R U P F N Q T D Z X J T E
M E E F G R A U P Z L E T A S
A B T R R K A D T E O E D N G
A L A O E L X S A E F Q U U O
T D I S H S P H H E T N H B S
R W J A T R G U N X W K R I I
S M V Y Q E E E N F N O S S R
S U Z F O I T F R E H I Y L I
X T Z C I P Y N E T I D J A S
S Y H T H P E N A N B T U V I
T A W E R E T H I E H W H G X
```

AMON	NEPHTHYS
ANUBIS	NUN
APET	OSIRIS
BASTET	PTAH
GEB	QUDSHU
HATHOR	RENENUTET
ISIS	RENPET
MA'AT	SEKHMET
MERESGER	SETH
MUT	TAWERET
NEFERHOTEP	TEFENET
NEITH	THOTH

Artists

```
I  W  P  H  A  V  O  N  A  C  G  T  C  X  U
R  E  S  R  O  M  O  S  L  F  E  J  U  B  Y
A  A  B  P  X  L  L  N  C  S  P  L  E  S  B
N  Q  A  Q  A  L  E  E  S  Q  T  R  O  O  F
I  T  R  M  V  U  G  B  N  R  R  S  Y  C  F
T  E  T  F  K  B  N  U  P  U  J  D  N  A  A
R  N  E  C  R  M  A  R  G  U  X  B  C  R  Y
O  O  L  G  K  I  L  U  Z  Q  U  W  U  A  E
P  M  O  Y  K  R  E  E  T  T  Y  I  X  C  L
V  K  M  L  B  T  H  D  U  M  D  J  H  C  G
J  B  E  L  E  Y  C  T  R  Y  F  U  D  I  O
D  E  A  R  H  L  I  R  N  I  T  A  U  O  K
V  K  J  S  J  L  M  P  E  V  C  S  Q  L  I
E  G  R  I  S  U  A  S  R  E  A  H  E  O  M
R  N  I  E  T  S  N  E  T  H  C  I  L  W  I
```

BARTELOMEA	KLEE
BERRUGUETE	LICHTENSTEIN
BLAKE	MICHELANGELO
BOYD	MONET
CANOVA	MORSE
CARACCIOLO	NASH
COLE	PORTINARI
DUFY	RUBENS
ERNST	SULLY
ETTY	TRIMBULL
FRIEDRICH	TURNER
GRIS	WEST

Board Games

```
S T N T X P O Y Z A S S E Y Q
M I D C E I R R C C C S L I D
O M B D I H Y I U C P E I S I
D M X Q P S X I D S A H M R P
G U I M P E R I A L T C E E L
N S R R M L L T I U O R R V O
I R T U P T O Q K O L D A E M
K T N O M T S W A L L H U R A
T N A H O A T U S C I T Q L C
R N T P J B C B G I Q G S B Y
S S O R R Y I L O O K U T P H
E L B U O R T O U W R R I H O
Y E O D Z U I K X E U O I R T
C S H V X T E U H K D Q K C E
O D X N O I S S E S B O L U L
```

ACQUIRE	MEXICA
BATTLESHIP	OBSESSION
BLOKUS	PATOLLI
CHESS	REVERSI
CIRKIS	SORRY!
CLUEDO	SQUARE MILE
DIPLOMACY	SUGOROKU
HOTEL	SUMMIT
IMPERIAL	TANTRIX
KINGDOMS	TOTOPOLY
LOST CITIES	TROUBLE
LUDO	TSURO

Greek Mythology

```
P N N P H N M M E D U S A C P
V V L C O A G C Q O R Y A N T
C A T H E C T O R R A O J O E
X H P N A S T A C I N R R H M
Y Y A O U A U I V S I T A T P
T D R R R U R Y E R A F W Y L
S R A E O C Q C O C C O N P E
E C V H E N A H T E Q N A S O
I R I C H R C U O Z Y E J Y F
W M V A G I A P C S P L O C A
K C R R L R C F P U R E R H P
H P F E R E E T U C I H T E O
Y M T N X D X Z I L A I Z N L
A H Z E C F N O D I M R Y M L
E G Y R A C F H Z O Y X A M O
```

ACHERON	LETHE
CHARON	MAENAD
CIRCE	MEDUSA
CLIO	MYRMIDON
DORIS	PRIAM
ERATO	PSYCHE
GRACES	PYTHON
HARPY	STYX
HECTOR	TEMPLE OF APOLLO
HELEN OF TROY	TROJAN WAR
ICARUS	TYPHON
ICHOR	URANIA

Sold in Boxes

```
S P Y V E R S M D C P S S A P
D A D Y E G K R S E W P O P S
A O U P G L I R N E N P R E N
P S A E I L E C R D M I P I B
G P L R L H I C I H R O W N H
N P T S S L S K M G L H W C P
I S F A S H S S A E L A R D S
R T W I B G W N V S E L I T T
U E U F R L H N I A Z O V C K
O E P T K E E S D S S S E E X
C W Q S E G W T R A I E T R G
S S E E F U F O S A T A S E P
W I M K L V S Q R D G E R A E
R Y D A S L I A N K S I S L N
M K B C E S S H O E S V C J S
```

CAKES	RAISINS
CEREAL	RIVETS
CIGARS	SCOURING PADS
DATES	SCREWS
DRILLS	SHOES
EGGS	SOAP
ENVELOPES	SUET
FIREWORKS	SWEETS
NAILS	TABLETS
PAPER	TILES
PENCILS	WASHERS
PENS	WINE

```
O Z T N K Y M L F Z W S B N D
X C E U D H T O E W P G L P D
M I B R O S I E F E N O O A F
E E N R Z I B Y B M H L C R H
G T E B E N I L Z O L W K L O
A Z V X C G S W A A I B B E U
T I E R S L J O B C C R E Y S
N M T M O E H L U C K Y T Z E
E R Y T L S T R A I G H T U P
C P S S B C C O P O F B I V P
R B U T N H W H Z R D F N G C
E R O O A Y A G L E E D G Y G
P K Y N C V O I S I N S B P D
E Y C A E I N H B O E R S E Z
F E Q S N I L E H P R O A G T
```

BALL	PARLEY
BLACK	PERCENTAGE
BLOCK BETTING	PRESS
CHANCE	SINGLES
COUP	SLOTS
EVEN BET	STRAIGHT UP
HIGH OR LOW	TIERS
HOUSE	TOKE
LINE BET	TRIO BET
LUCKY	VOISINS
ODD BET	WHEEL
ORPHELINS	ZERO

Things You Can Peel

```
E Z P U E T K X C Y L M S F T
B N U M T S G F A B E P A R G
R B K S A R N B Q W Z E K L B
B E J R O T A T O P L Q L R E
H A K E A U S E B D Q E H M K
R S N C W B Z E L J H U T R O
N L I A I G E O G S B M O P H
O F E N N T G E G A W R M N C
I G Q B R A S G R R T I A K I
N X T O A A E B A T R S T A T
O W O R O L V P Q H S P O P R
Y T M M Y G P L S K R L S P A
K A D O Z E N D I A Y I R L K
H P M C R X O N W A Q N S E E
T O R R A C Y N G T N I A P T
```

APPLE	POSTAGE STAMP
ARTICHOKE	POTATO
BANANA	PRAWN
BEETROOT	RHUBARB
CARROT	SHRIMP
EGGSHELL	SKIN
GOLD LEAF	STICKER
GRAPE	TOMATO
LABEL	TREE BARK
NAIL VARNISH	WAX
ONION	WRAPPER
PAINT	YAM

Stop

```
Q C S R A B K E C I F C Z M F
R A W U V T T U O E P I W F F
D N D U B E H T N I P I N W O
N C L P F V Y A H R M K C A Y
A E L U U I E Q B P N R W N A
M L I T G P S R E A F R H Z L
R Z K I K D A D T X N T R M K
E S O L C E E R V O I D X Y Y
T L W P O S C U W W F F O D F
N T U S L I L A Y O F N E N L
U B I N B S K A R S V S W Q A
O V M U N T W B W C T E I S E
C O E B Q A I F T R W Q T V P
A T O T O D B Y O A R O Z O E
Q E L D Y Q K Y S P B G C G R
```

ABANDON	KILL
ANNUL	LAY OFF
BLOCK	NIP IN THE BUD
CANCEL	QUIT
CEASE	REPEAL
CLOSE	SCRAP
COUNTERMAND	SPLIT UP
DESIST	SUBVERT
DESTROY	VETO
DO AWAY WITH	VOID
FORBID	WIPE OUT
IMPEDE	WRAP UP

Saints

```
F Z A O D E C A U S C E W S L
T A O I B I E N U E X Y U X A
V T U R L R V T J Y G R R U T
E G A S D I I A L G U A V K E
N B P N U V C H D A J L J L R
I D A S P I E E M L E I Z E U
R R G T N L R W C L R H R B T
E A H E I C E T Q E O V A W N
H N M E H H R N E S M T H I E
T R R C T A I E R M E H C A V
A E M T I C A C C V E H S B A
C B A K W I Z N Q L O D N I N
I M L E S N A I Y L A F A Y O
I B Z B M O N V A N X R V X B
H P A S A M Z S S U L L A G C
```

ANDREA	GALLUS
ANSCHAR	HELIER
ANSELM	HILARY
ASAPH	JEROME
BARBE	MATTHEW
BERNARD	MAURUS
BONAVENTURE	MONICA
CATHERINE	NAZAIRE
CECILIA	NICHOLAS
CLARA	SWITHIN
DAVID	VINCENT
DEMETRIUS	VITUS

Classical Music Titles

```
M W A N I R Y M H T E B C A M
G P I F N A E D E R F N A M E
D A R H A T T A P I O L A M S
L S E S U N P E I P U J I G S
B T B P J A G C P D D Q W K I
T O I R N M H C I O D R E A A
Q R J I O B R O O N A L O R H
F A A N D T H N R Q G M C E I
E L T G E Q A C E U A J E L K
A R I L I T P E V I S U A I M
S C M E I C S R Q X N P N A O
Y A I T C V O T W O E I I L S
H R L O O N D O Y T O T D Q S
O S S I R M Y B R E N E E V A
N O I T C E R R U S E R S F T
```

ANTAR	MANFRED
CONCERTO	MESSIAH
DON JUAN	OCEANIDES
DON QUIXOTE	PASTORAL
EGMONT	REQUIEM
EN SAGA	RESURRECTION
EROICA	RHAPSODY
HAMLET	SPRING
IBERIA	TAPIOLA
JUPITER	TASSO
KARELIA	TITAN
MACBETH	TRAGIC

Dances

```
O B L I A S E R T O R T X O F
U O B S T Z E V D L A N J J A
G O K H E E Z K I N P O L K A
P G W A L T Z Q G J M A M B O
M I D K E T T O V A G U K G K
I E E E V Q U A D R I L L E C
N J A C R W G Z Q S I Y I H E
U I N A C N A C H M O N A X L
E T S L O M V I B S S R E Q M
T T V C W P M O J X L L T X F
E E I S A M B A D E M E S I N
K R P R Y P Y I S P H Y I T S
I B R U M B A T J I G H W W A
F U R K K L O B K K A K T T G
L G B S D N A Q C F F O I Q T
```

BOOGIE	MINUET
BOP	POLKA
CANCAN	QUADRILLE
CHARLESTON	REEL
CONGA	RUMBA
FOXTROT	SAMBA
GAVOTTE	SHAKE
JIG	SHIMMY
JITTERBUG	TANGO
JIVE	TWIST
LIMBO	VELETA
MAMBO	WALTZ

Double M

```
M R A M M A R G E S N E M M I
R E J V Y U M M E F C A J M T
A M M M I P T E G A M M U R M
A M M Y M H A N P G A X M F D
E U E T A C I N U M M O C X E
R S O M H M L M M L E M L M C
O K M L M J M U J P A I A W I
G E P U E E N U A A H M M Z M
R L H M D I C M N I M A M M M
A G M S T O L A M M A M I A U
M Y D I M D M S T M P M E N S
M O O M Y M M U D U S O S D M
E N A M A B M S J N M T T G I
M N N E D M G M M E G H I M O
D M M R Y D T I M M U S W M U
```

AEROGRAMME	IMMUNE
AMMAN	JAMMED
AMMUNITION	JEMMY
CLAMMIEST	LAMMAS
COMMAND	MAMMAL
DUMMY	MAMMOTH
EXCOMMUNICATE	RUMMAGE
GRAMMAR	RUMMY
GUMMED	SIMMER
HAMMER	SUMMER
HUMMING	SUMMIT
IMMENSE	TUMMY

Fashion Designers

```
G T N E R U A L T N I A S C N
X P T X R M N V O B X K N H C
E X F L O U B O U T I N B O W
C M J G T J H W O D N D I O R
A B E M A N U E L S P X R L Y
S E F Y F Z P F X I S T V D A
R R T U C O T I Y N H A I F G
E T R K L A O S V A F W S I A
V I M I S R S Z E M K U G E I
E N Y H C D L E F R E G A L C
H Q L A G C E Q K A E I X D N
A E L I K R I L U V K V S I E
Y I C C U P E C L A R K E Q L
F V J D A I N E Z I N M K L A
T I W K N X X T N K S T U B B
```

ARMANI	LACROIX
ASHLEY	LAGERFELD
BALENCIAGA	LOUBOUTIN
BERTIN	OLDFIELD
CHOO	PUCCI
CLARK	QUANT
DIOR	RICCI
ELLIS	SAINT LAURENT
EMANUEL	SASSOON
EVEREST	VERSACE
GREEN	WORTH
KLEIN	YUKI

Mythical Creatures

```
N W H M E V E I B M O Z H T U
Y F F P M I K S I L I S A B W
C O L G L T N B I M F F R J O
S Y H Z N Y F E C R H M P T B
A N C A N O S A G M E Z Y A H
M Q I L R M M L I E G N B N D
R G R Q O K A E Y R X A E U F
A P Z P C P L C W M Y S A H X
R T P F I P S Z X A S A T Y R
E I H U N X Q N G I B D T T T
M B O R U Z I A E D G T R Q E
I B E I Q H O E D I N O D L P
H O N E P M V Y N I L B O G N
C H I S A G H G W L K B Z H B
E S X J D R I B R E D N U H T
```

BABA YAGA   MERMAID

BASILISK   NESSIE

CHIMERA   PHOENIX

CYCLOPS   PIXIE

FAIRY   SATYR

FURIES   SIREN

GENIE   SPHINX

GIANT   SYLPH

GNOME   THUNDERBIRD

GOBLIN   TROLL

HARPY   UNICORN

HOBBIT   ZOMBIE

Solutions

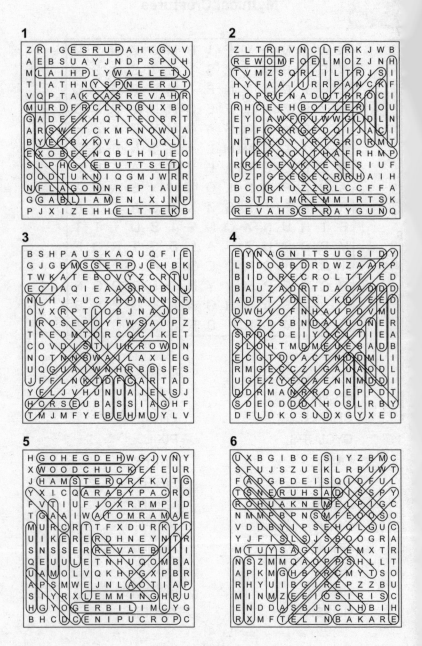

Solutions

7

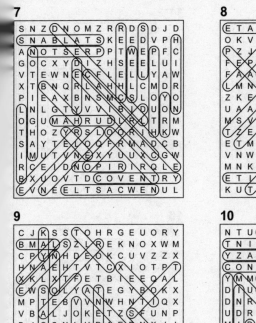

8

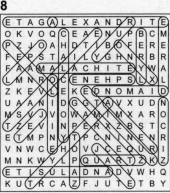

9

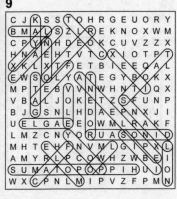

10

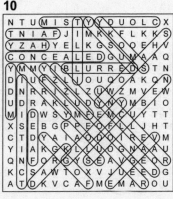

11

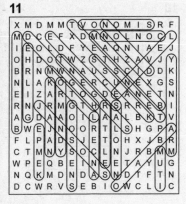

12

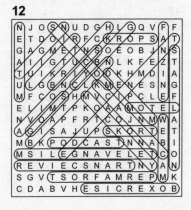

Solutions

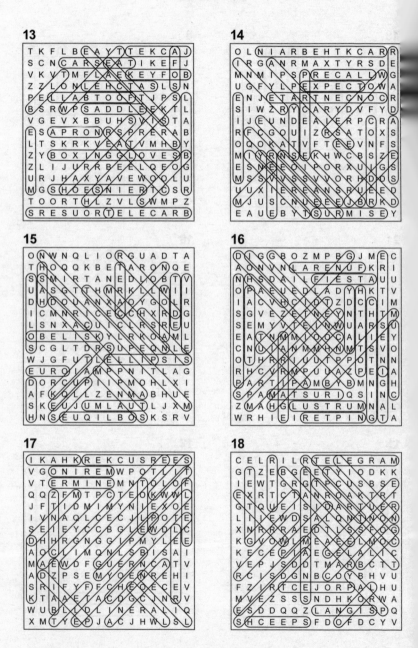

Solutions

19

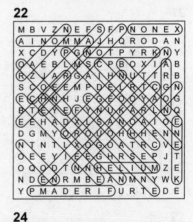

20

21

22

23

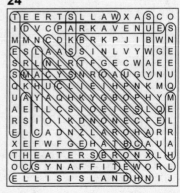

24

Solutions

25

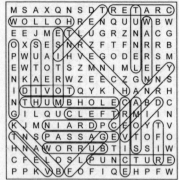

26

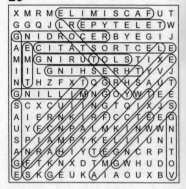

27

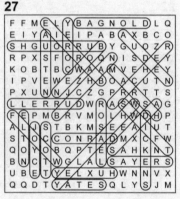

28

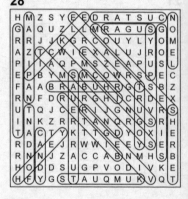

29

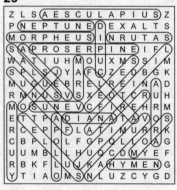

30

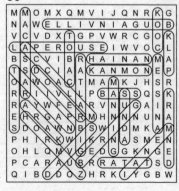

Solutions

31

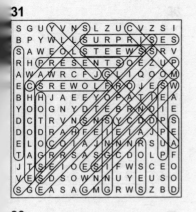

32

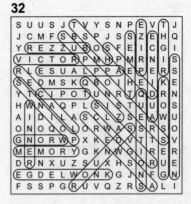

33

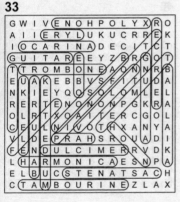

34

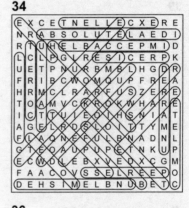

35

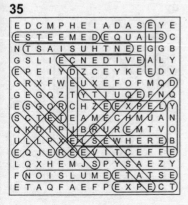

36

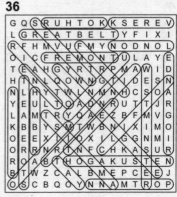

Solutions

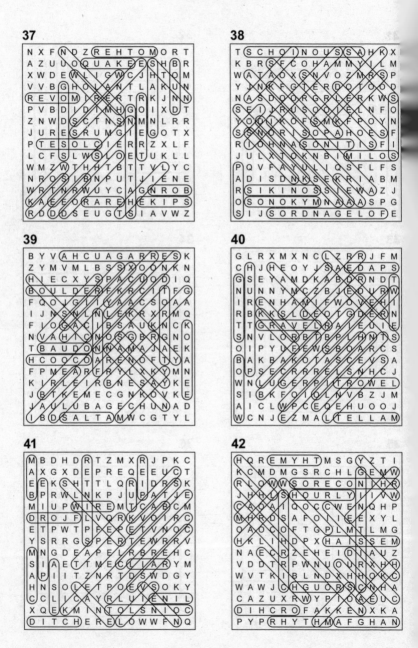

Solutions

43

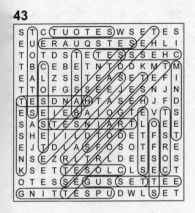

44

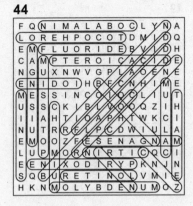

45

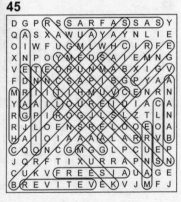

46

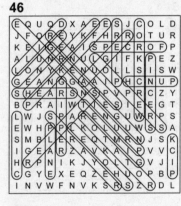

47

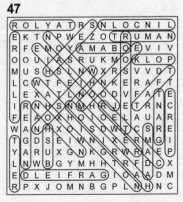

48

Solutions

49

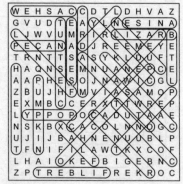

50

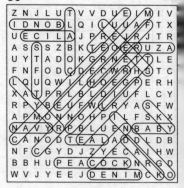

51

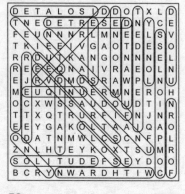

52

53

54

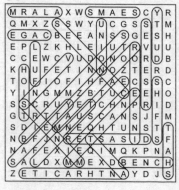

Solutions

55

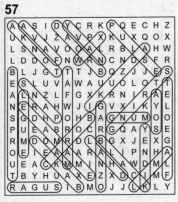

56

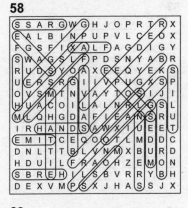

57

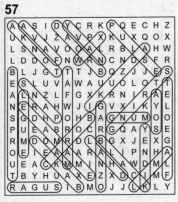

58

59

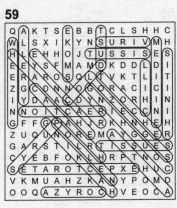

60

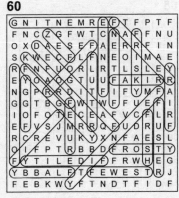

Solutions

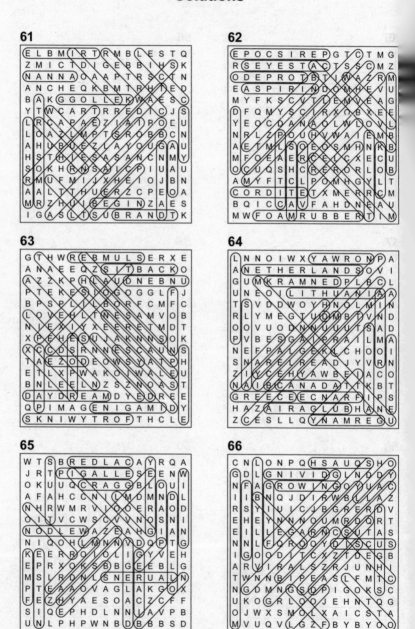

Solutions

67

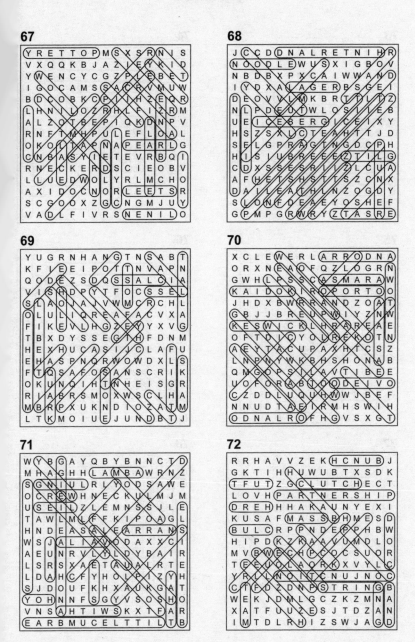

68

69

70

71

72

Solutions

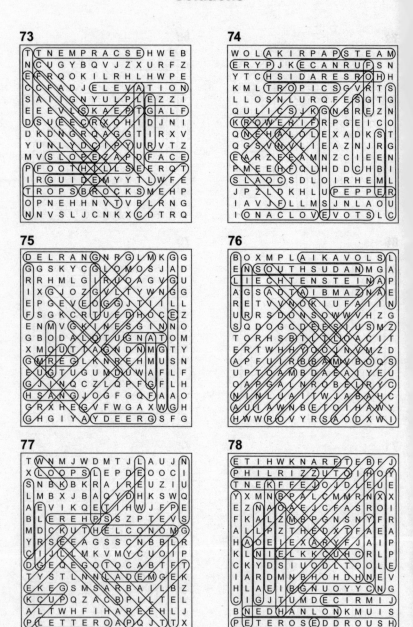

Solutions

79

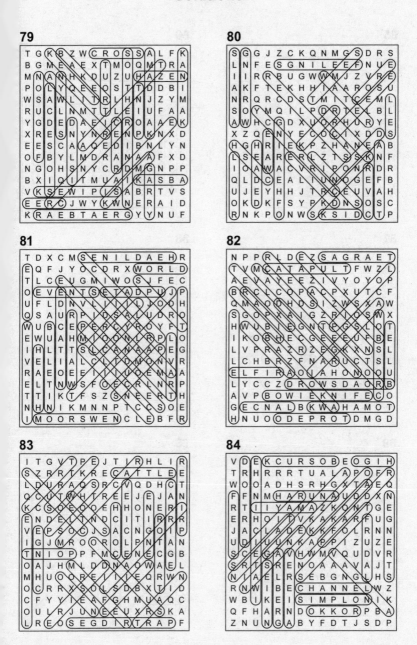

80

81

82

83

84

Solutions

85

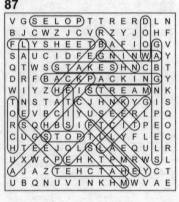

86

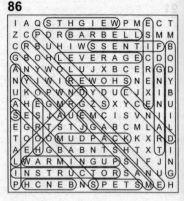

87

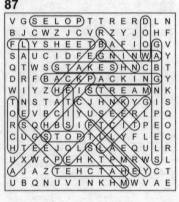

88

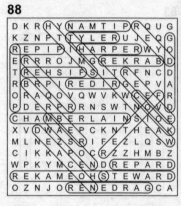

89

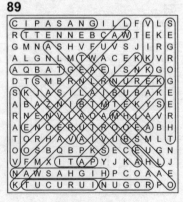

90

Solutions

91

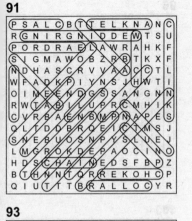

92

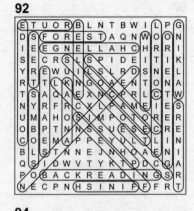

93

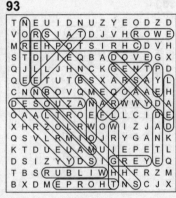

94

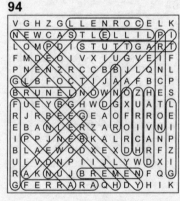

95

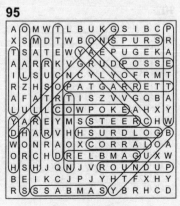

96

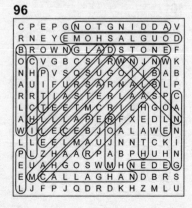

Solutions

97

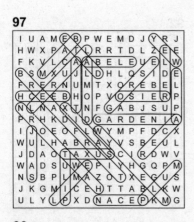

98

99

100

101

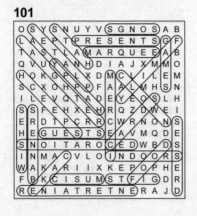

102

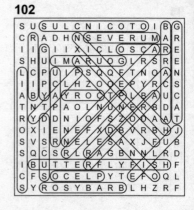

Solutions

103

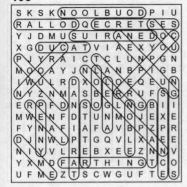

104

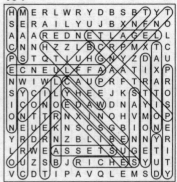

105

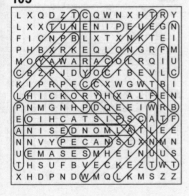

106

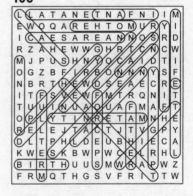

107

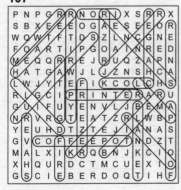

108

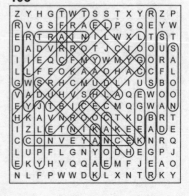

Solutions

109

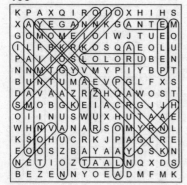

110

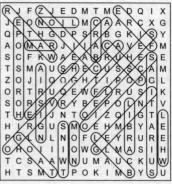

111

112

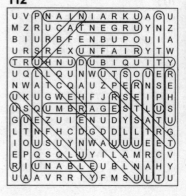

113

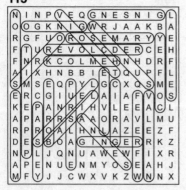

114

Solutions

115

116

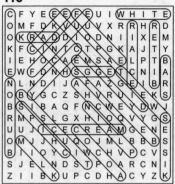

117

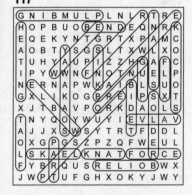

118

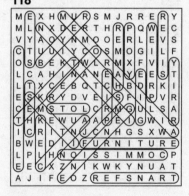

119

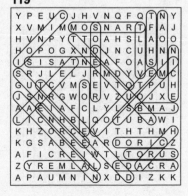

120

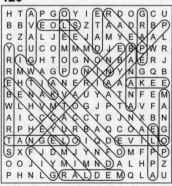

Solutions

121

122

123

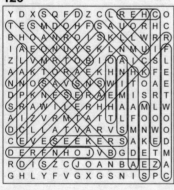

124

125

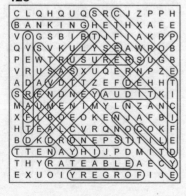

126

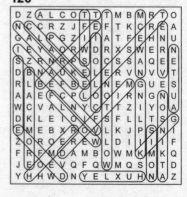

Solutions

127

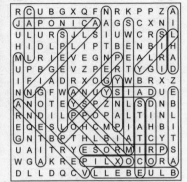

128

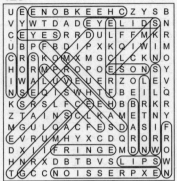

129

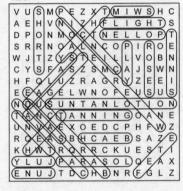

130

131

132

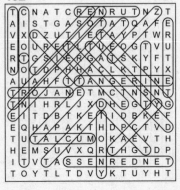

Solutions

133

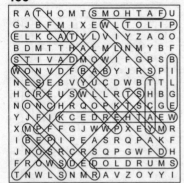

134

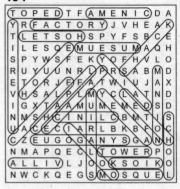

135

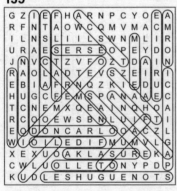

136

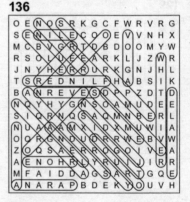

137

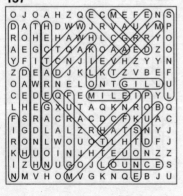

138

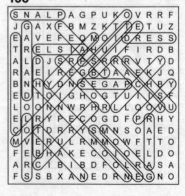

Solutions

139

140

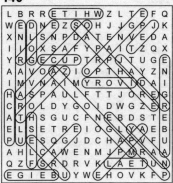

141

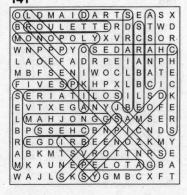

142

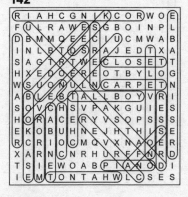

143

144

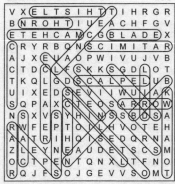

Solutions

145

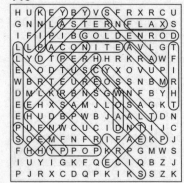

146

147

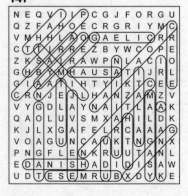

148

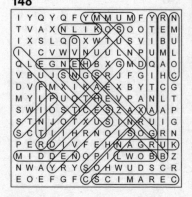

149

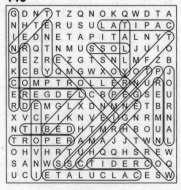

150

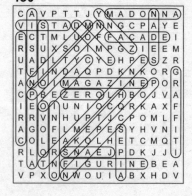

Solutions

151

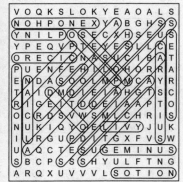

152

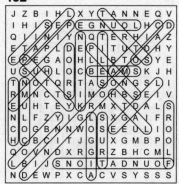

153

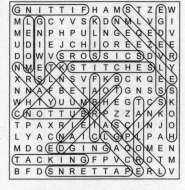

154

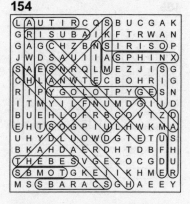

155

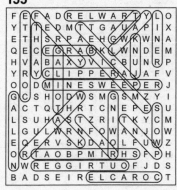

156

Solutions

157

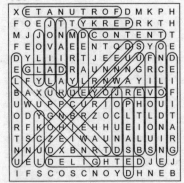

158

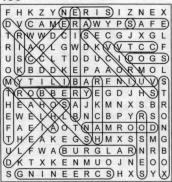

159

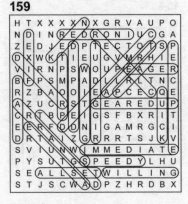

160

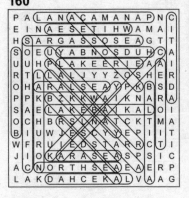

161

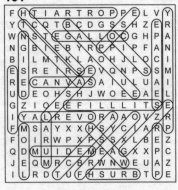

162

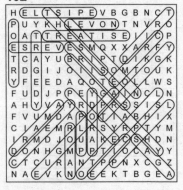

Solutions

163

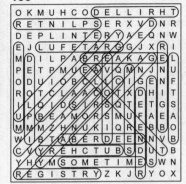

164

165

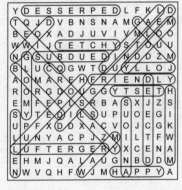

166

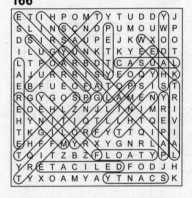

167

168

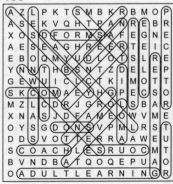

Solutions

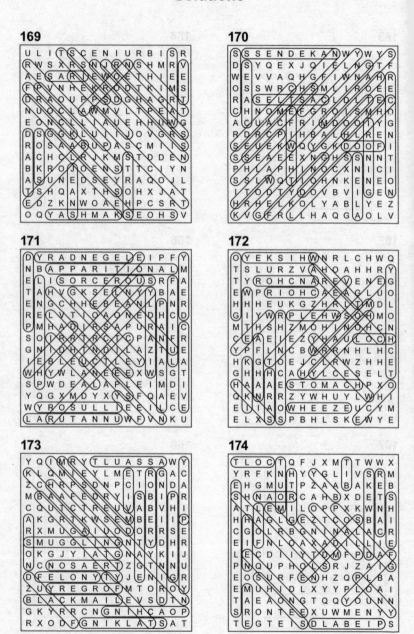

Solutions

175

176

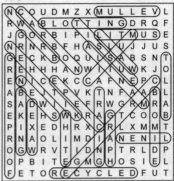

177

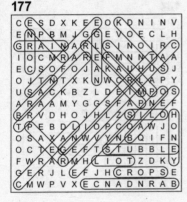

178

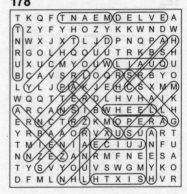

179

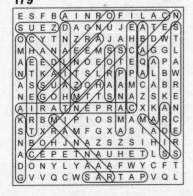

180

Solutions

181

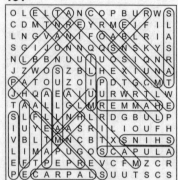

182

183

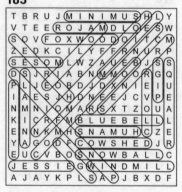

184

185

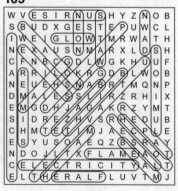

186

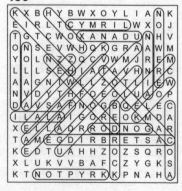

Solutions

187

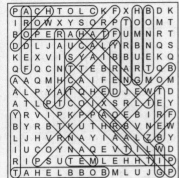

188

189

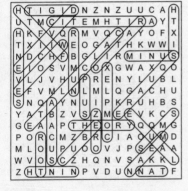

190

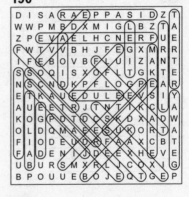

191

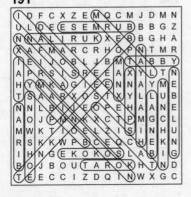

192

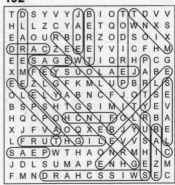

Solutions

193

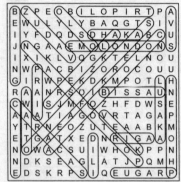

194

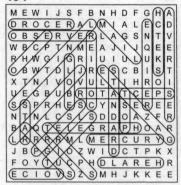

195

196

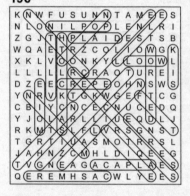

197

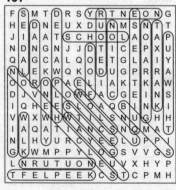

198

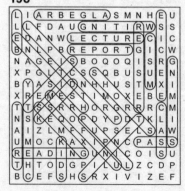

Solutions

199

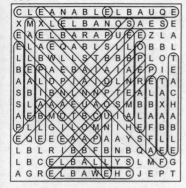

200

201

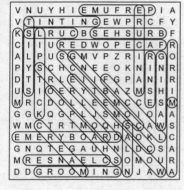

202

203

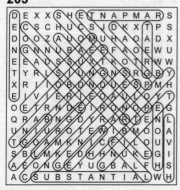

204

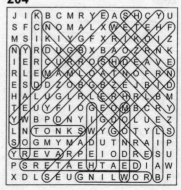

Solutions

205

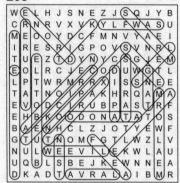

206

207

208

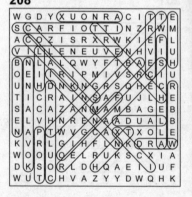

209

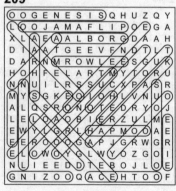

210

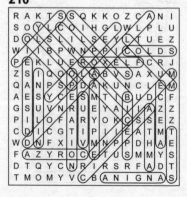

Solutions

211

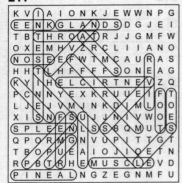

212

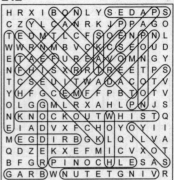

213

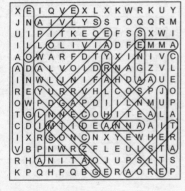

214

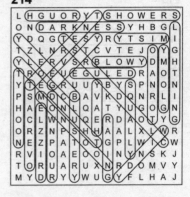

215

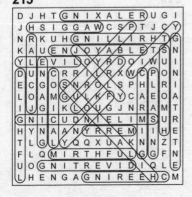

216

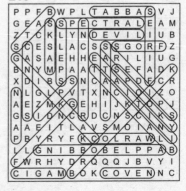

Solutions

217

218

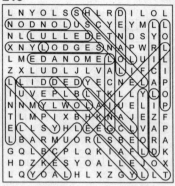

219

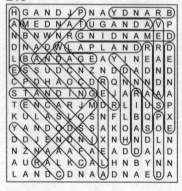

220

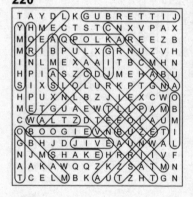

221

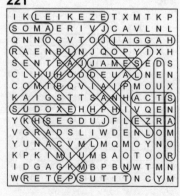

222

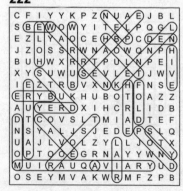

Solutions

223

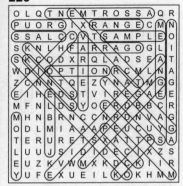

224

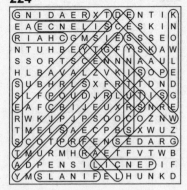

225

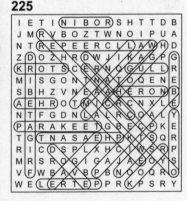

226

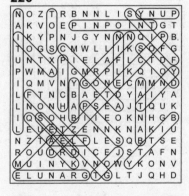

227

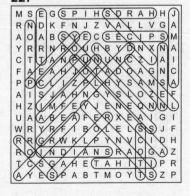

228

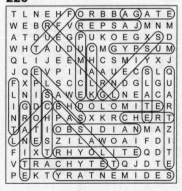

Solutions

229

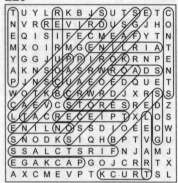

230

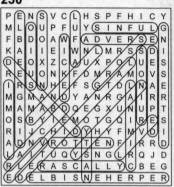

231

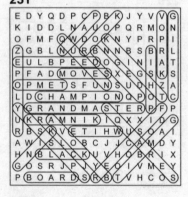

232

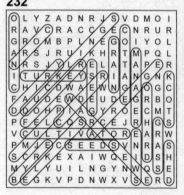

233

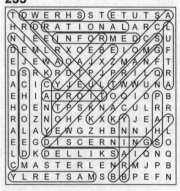

234

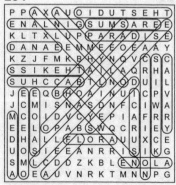

Solutions

235

236

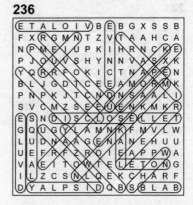

237

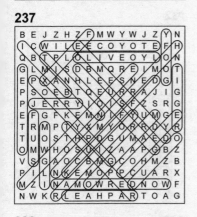

238

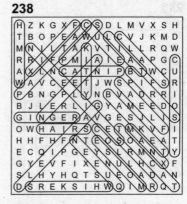

239

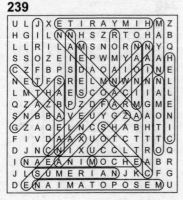

240

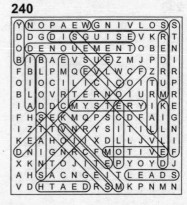

Solutions

241

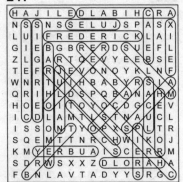

242

243

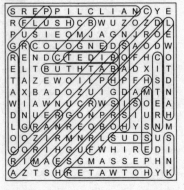

244

245

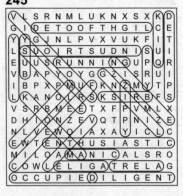

246

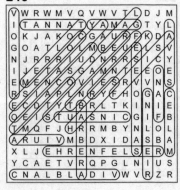

Solutions

247

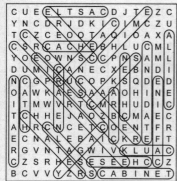

248

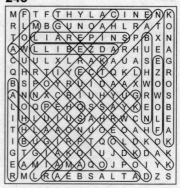

249

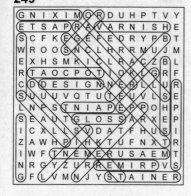

250

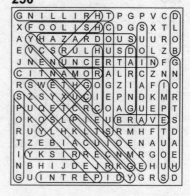

251

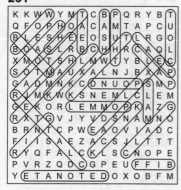

252

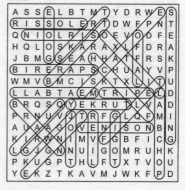

Solutions

253

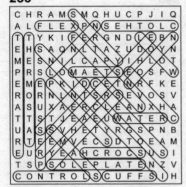

254

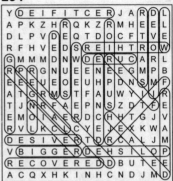

255

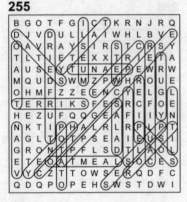

256

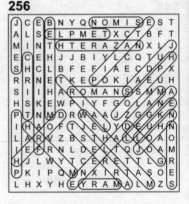

257

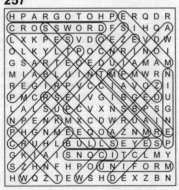

258

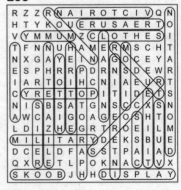

Solutions

259

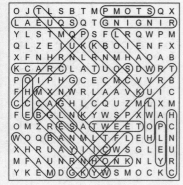

260

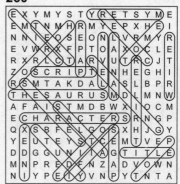

261

262

263

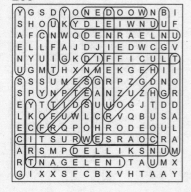

264

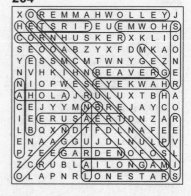

Solutions

265

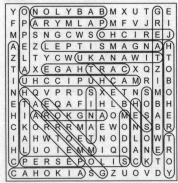

266

267

268

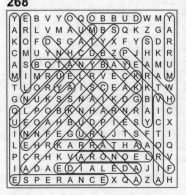

269

270

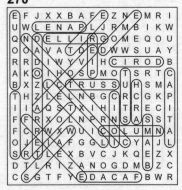

Solutions

271

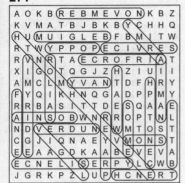

272

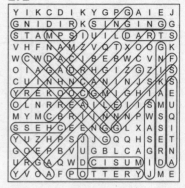

273

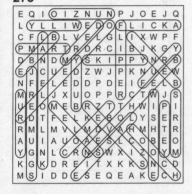

274

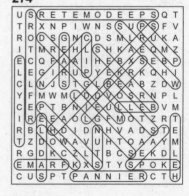

275

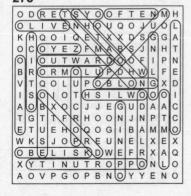

276

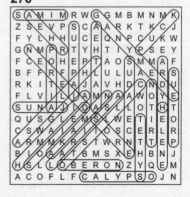

Solutions

277

278

279

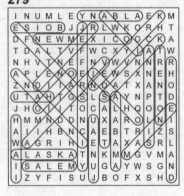

280

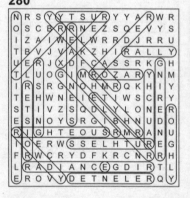

281

282

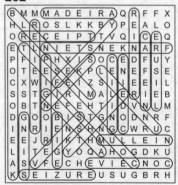

Solutions

283

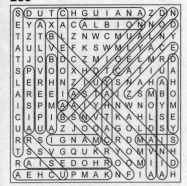

284

285

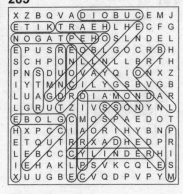

286

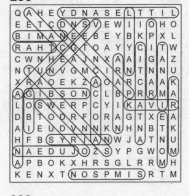

287

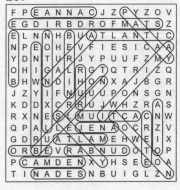

288

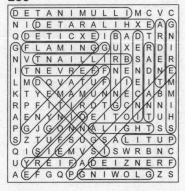

Solutions

289

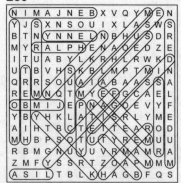

290

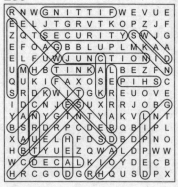

291

292

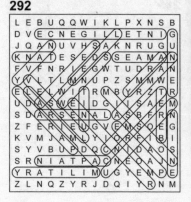

293

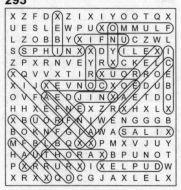

294

Solutions

295

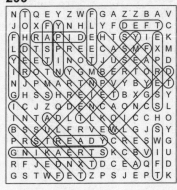

296

297

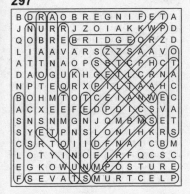

298

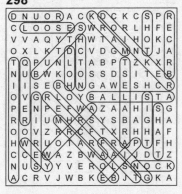

299

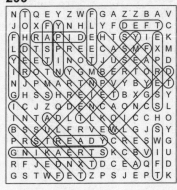

300

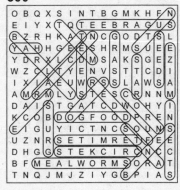

Solutions

301

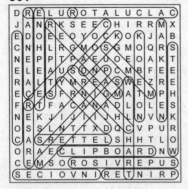

302

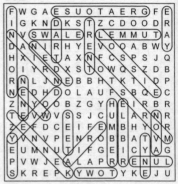

303

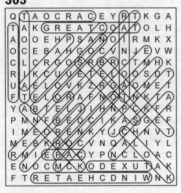

304

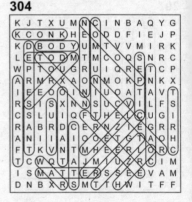

305

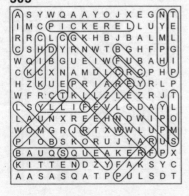

306

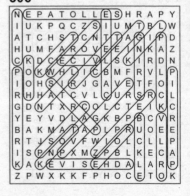

Solutions

307

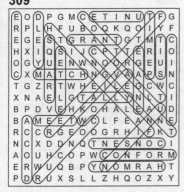

308

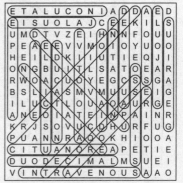

309

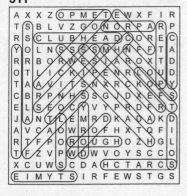

310

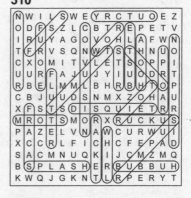

311

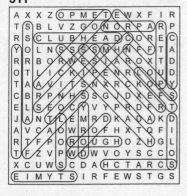

312

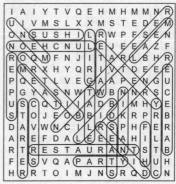

Solutions

313

314

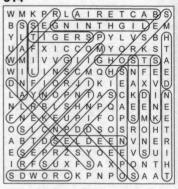

315

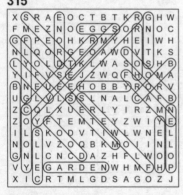

316

317

318

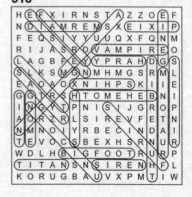

Solutions

319

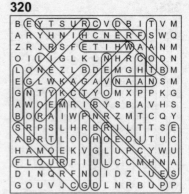

320

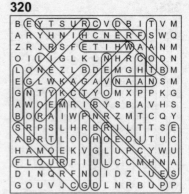

321

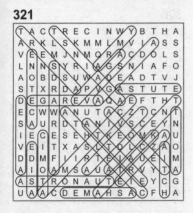

322

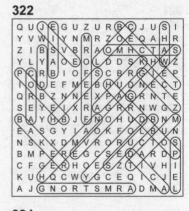

323

324

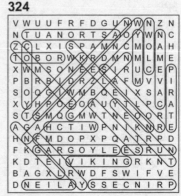

Solutions

325

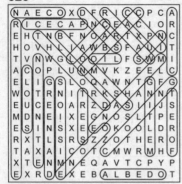

326

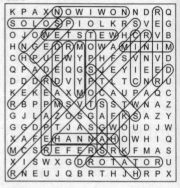

327

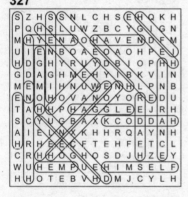

328

329

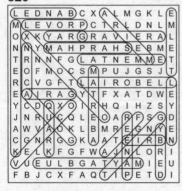

330

Solutions

331

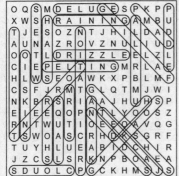

332

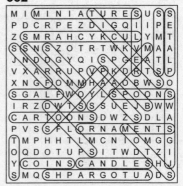

333

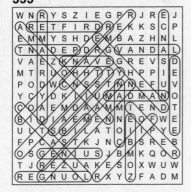

334

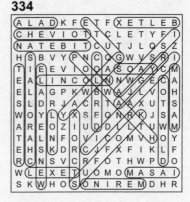

335

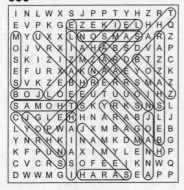

336

Solutions

337

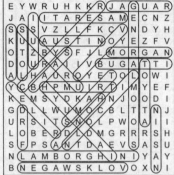

338

339

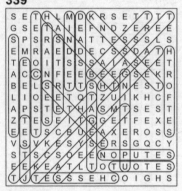

340

341

342

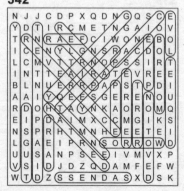

Solutions

343

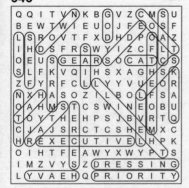

344

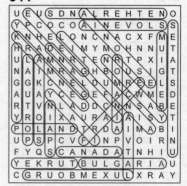

345

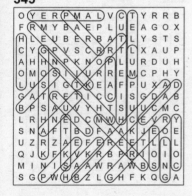

346

347

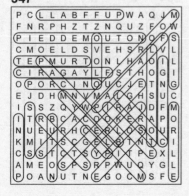

348

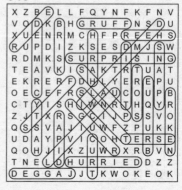

Solutions

349

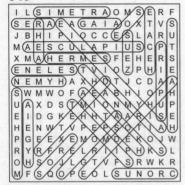

350

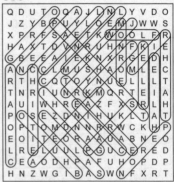

351

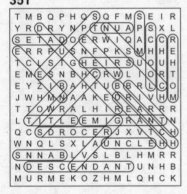

352

353

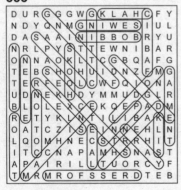

354

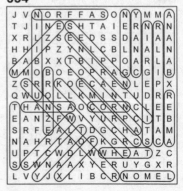

Solutions

355

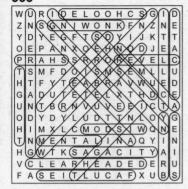

356

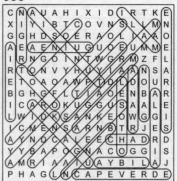

357

358

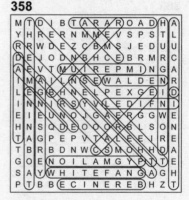

359

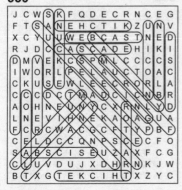

360

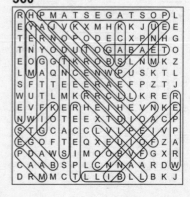

Solutions

361

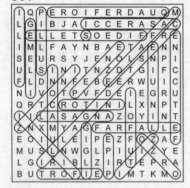

362

363

364

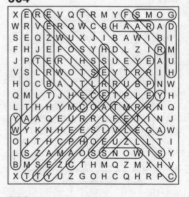

365

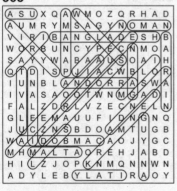

366

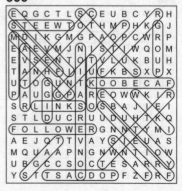

Solutions

367
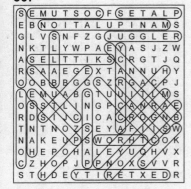

368
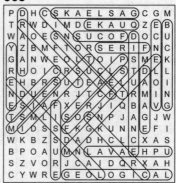

369
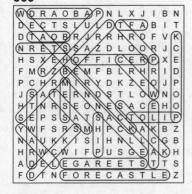

370
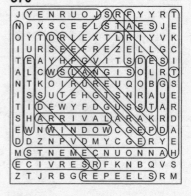

371
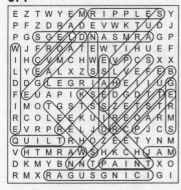

372
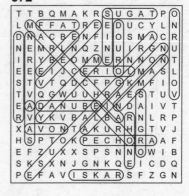

Solutions

373

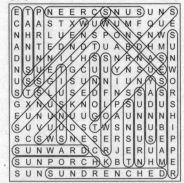

374

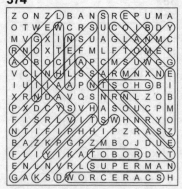

375

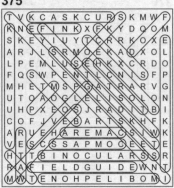

376

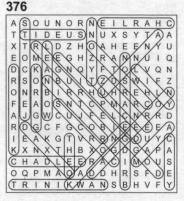

377

378

Solutions

379

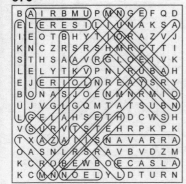

380

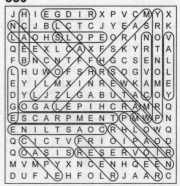

381

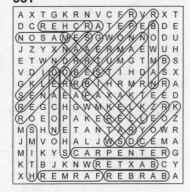

382

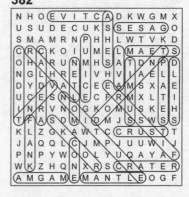

383

384

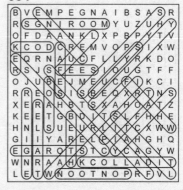

Solutions

385

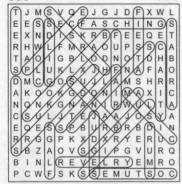

386

387

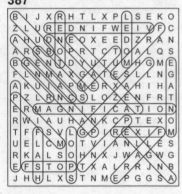

388

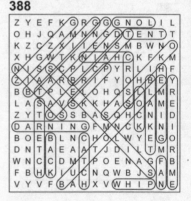

389

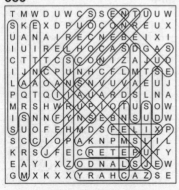

390

Solutions

391
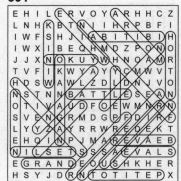

392
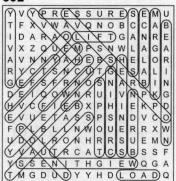

393
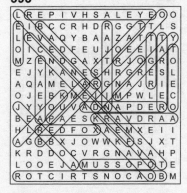

394
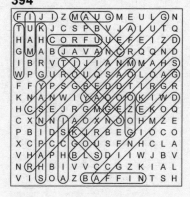

395

396
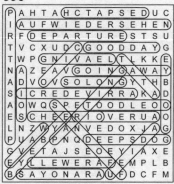

Solutions

397

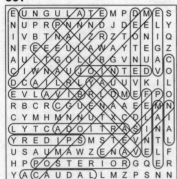

398

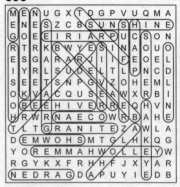

399

400

401

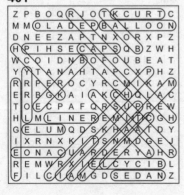

402

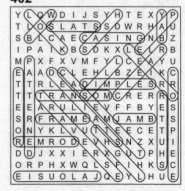

Solutions

403

404
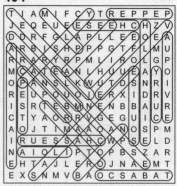

405
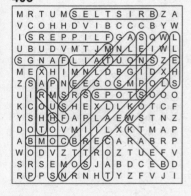

406
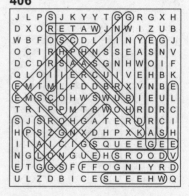

407

408
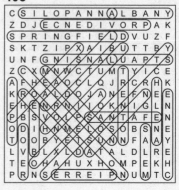

Solutions

409

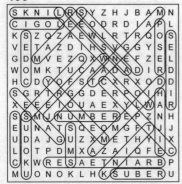

410

411

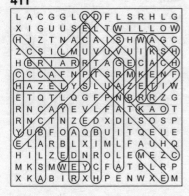

412

413

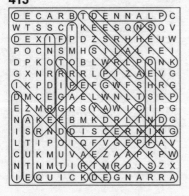

414

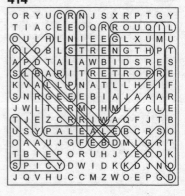

Solutions

415

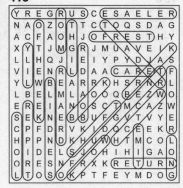

416

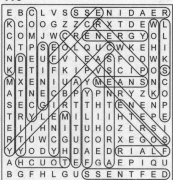

417

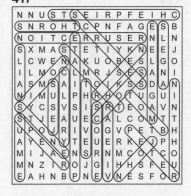

418

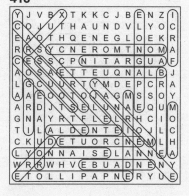

419

420

Solutions

421

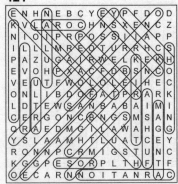

422

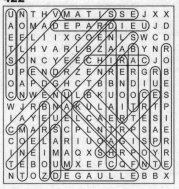

423

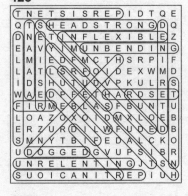

424

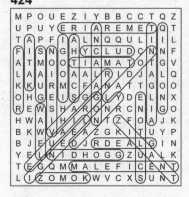

425

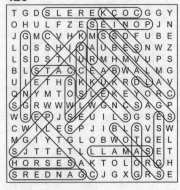

426

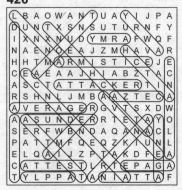

Solutions

427

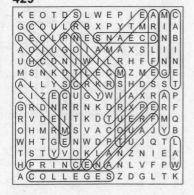

428

429

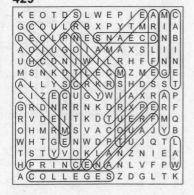

430

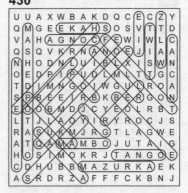

431

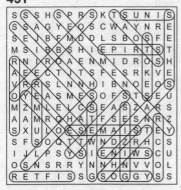

432

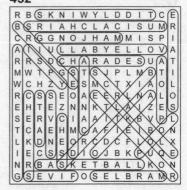

Solutions

433

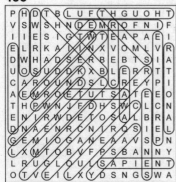

434

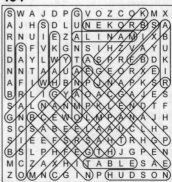

435

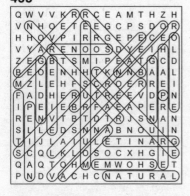

436

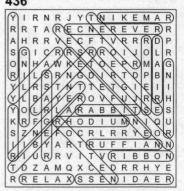

437

438

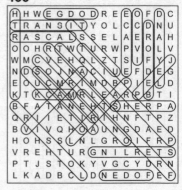

Solutions

439

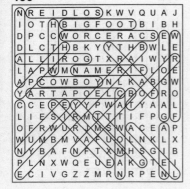

440

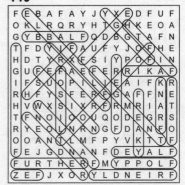

441

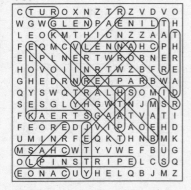

442

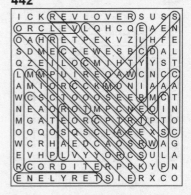

443

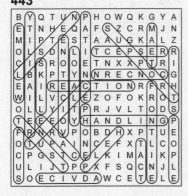

444

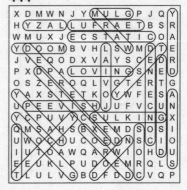

Solutions

445
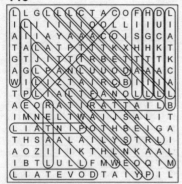

446

447
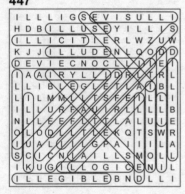

448
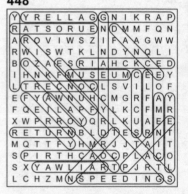

449
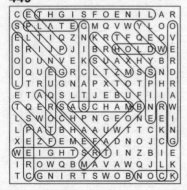

450
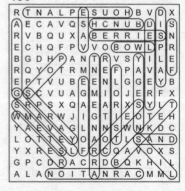

Solutions

451

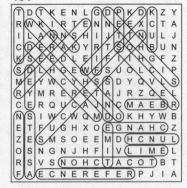

452

453

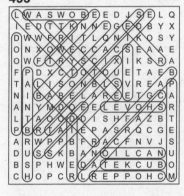

454

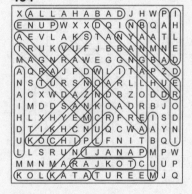

455

456

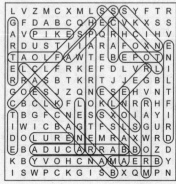

Solutions

457

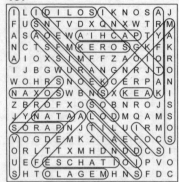

458

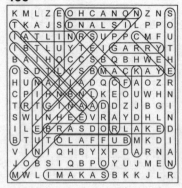

459

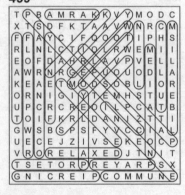

460

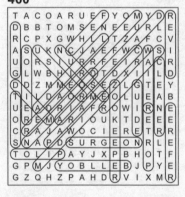

461

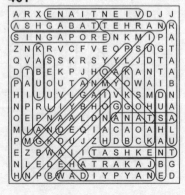

462

Solutions

463

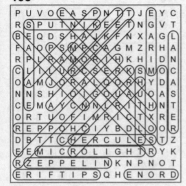

464

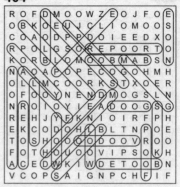

465

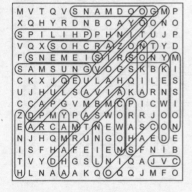

466

467

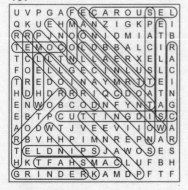

468

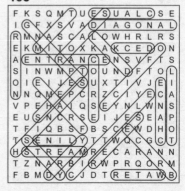

Solutions

469

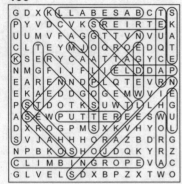

470

471

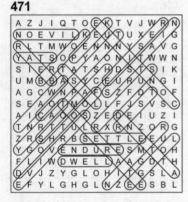

472

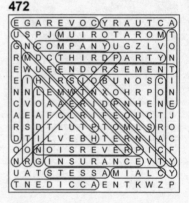

473

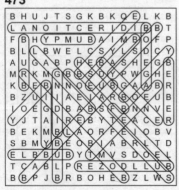

474

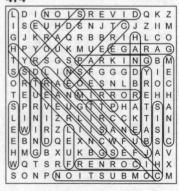

Solutions

475

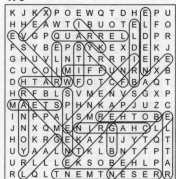

476

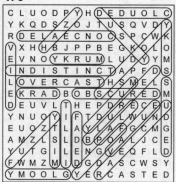

477

478

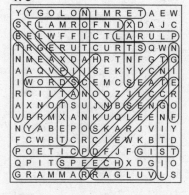

479

480

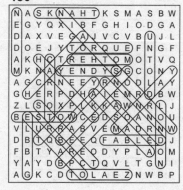

Solutions

481

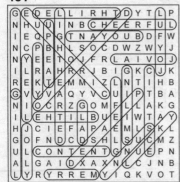

482

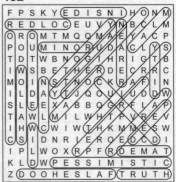

483

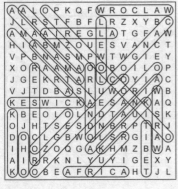

484

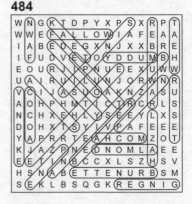

485

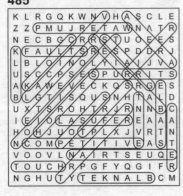

486

Solutions

487

488

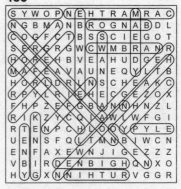

489

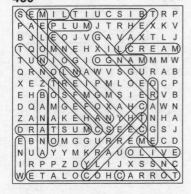

490

491

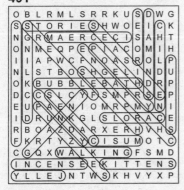

492

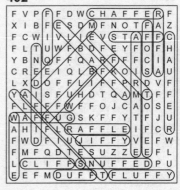

Solutions

493

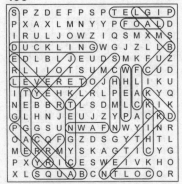

494

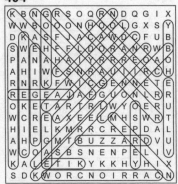

495

496

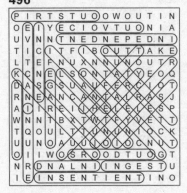

497

498

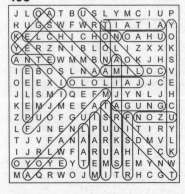

Solutions

499

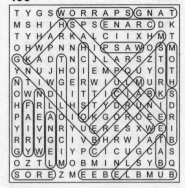

500

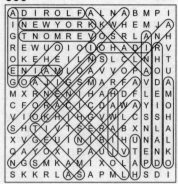

501

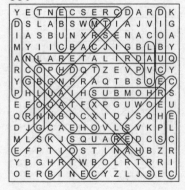

502

503

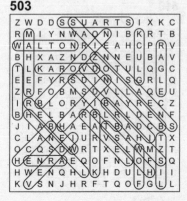

504

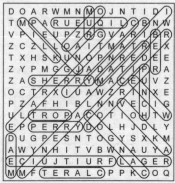

Solutions

505

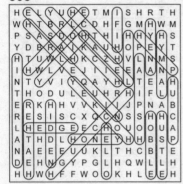

506

507

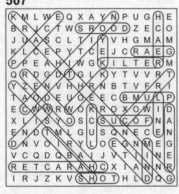

508

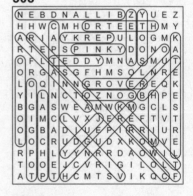

509

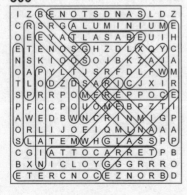

510

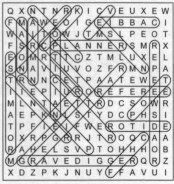

Solutions

511
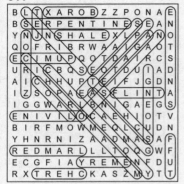

512
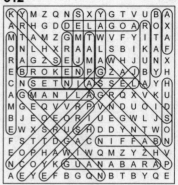

513

514

515
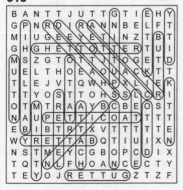

516

Solutions

517

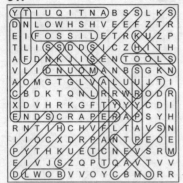

518

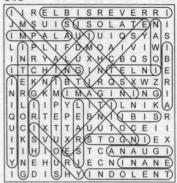

519

520

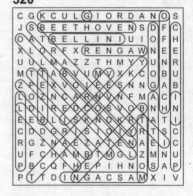

521

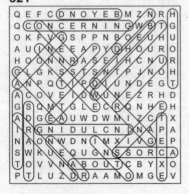

522

Solutions

523

524

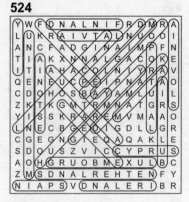

525

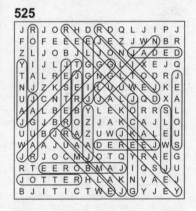

526

527

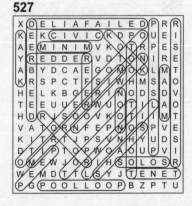

528

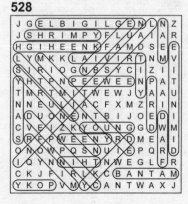

Solutions

529

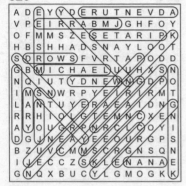

530

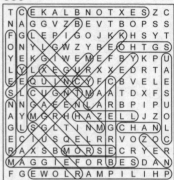

531

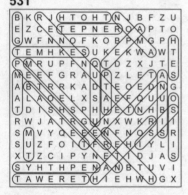

532

533

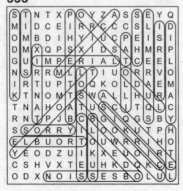

534

Solutions

535

536
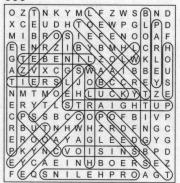

537

538
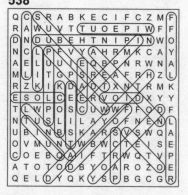

539
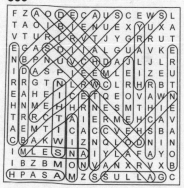

540
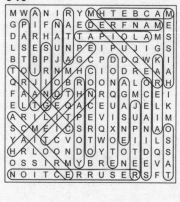

Solutions

541

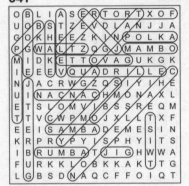

542

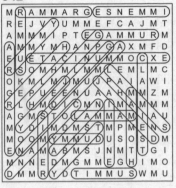

543

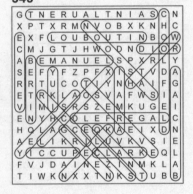

544

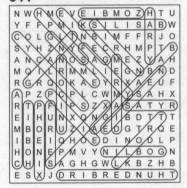